弥生の木の鳥の歌

習俗と宗教の考古学

金関恕 著

池上遺跡出土の鳥形木製品

雄山閣

目次

第一編　考古学の東と西

第一章　日本考古学の歩み——民族国家形成の基盤——

1　戦前の歴史の教科書

戦前、小・中学校などで用いられていた国史の教科書を、戦後育ちの方々がご覧になれば、特にその始まりの部分をお読みになれば、奇妙な感じをお持ちになると思います。例えば、中学校の教科書として広く使われた西田直二郎氏の執筆になる『中学国史通記』上級用の初めには、明治天皇の言葉を引き「修史は万世の大典である」、つまり編纂された歴史の書物は、いつの世までも残る基本的な書物である、と書かれています。次いで歴史編纂の目的は「君臣の名分を明らかにし、華夷内外の分を明らかにすることである」という趣旨が示されています。支配者である天皇と臣民との身分秩序、日本人と外国人との違いをはっきりさせることが歴史の目的として設定されているのであります。華夷の区別は、もちろん人の区別だけではなく、礼儀作法などのしきたりや習俗など、伝統の文化と外来の文化の区分を明らかにすることでもあります。

2　歴史編纂の目的

歴史の記述に目的のあることは当然です。ヘロドトスは「人が行って来たことが忘れられないように、ギリシア人と未開の人々の偉大な行いが、当然受けるべき栄光を失うことがないように」という熱情で歴史を記述しました。おそらく人類は、文明社会といわれる社会を営み始めても、歴史を記述しようという欲求を、本来的には持っていたのではないと思います。歴史は、民族や国家の危機に際して、書き継がれ始めたものなのでしょう。

もちろん歴史記述の目的は単純なものではありません。中国の伝統的な修史は、新王朝の史官が前王朝の盛衰を論じ、歴史を政治の鑑としました。司馬遷のような大歴史家が、天道の是非を歴史に問うたこともよく知られています。

以前から名著の誉れが高く、最近翻訳されたY・H・イェルシャルミ『ユダヤ人の記憶、ユダヤ人の歴史』(Y. H. Yerushalmi 1982 *Jewish History and Jewish Memory*)には(旧約)聖書がなぜ歴史記述の形をとって書かれたかという問題、あるいはむしろ、正典が決定されてから後に、なぜユダヤ教を支えるラビたちが、民族の歴史を書き継ごうとしなかったのかという問題について、鋭い考察が示されています。すなわち神に対するユダヤ人の行いと、それに対する神の意志の表れが歴史的に記録され、正典が制定されるまでに、ラビたちは歴史の法則を充分に学び知ったのだ、というわけであります。しかし、明治維新以来の修史の目的は、新政府の発足にあたって抱かれた国民統合の危機感の克服にあったのではないかと思います。

3　神話世界の作用

戦前の国史に戻りましょう。私たちの世代の者が学習した戦前の教科書では、冒頭の部分が『古事記』あるいは『日本書紀』の一書(第四の一書)の別の伝に沿い、天御中主神、高御産巣日神、神産巣日神に始まり、伊邪那岐、伊邪那美の二神の国生みと天照大神の誕生など高天原の物語に続いています。次いで、天孫降臨から舞台は下界に移り神武天皇の東征物語が記述されています。この辺りに挿絵として示されているのは、香川県出土と伝える絵画紋銅鐸と、図の奈良県佐味田宝塚古墳出土の家屋紋鏡です。弥生時代の中頃のもの、古墳時代の前期のものが、神代の工芸品として扱われています。藤井貞幹が「古物の研究は古記の欠を補う」と言ったのは江戸時代のことでし

図　家屋紋鏡（佐味田宝塚古墳）

たが、挿図に挙げる程度の補いでした。このような教科書が使われていた時代でも、考古学の世界では別の古代社会像が作り上げられていました。

明治維新の前後から、とうとうたるヨーロッパ文明の影響にさらされ、固有の伝統を見失いがちであった日本では、国史教育の場において、M・エリアーデ氏が指摘しているように、歴史的現実の枠を打ち破るための神話世界復帰の機運が強かったのではないかと思います。神話を朗唱し、古式豊かだと信じていた儀礼を反復執行し、歴史的現実の世界から逃れようとした記紀編纂以前の時代と同じように。

神話に基づいた叙述に始まる戦前の歴史の教科書では、九州東南の一角から東北の大和に進出した神武の物語が展開されています。東征する天孫族が「華」であり、大和とその周辺の土着の民が「夷」であったということになります。私たち戦前の生徒達は、神武東征から後の物語は歴史的な事実の反映が濃厚であろう、九州方面から瀬戸内海を通って大和を征服した勢力があり、大和には征服されてその支配下にはいった原住の人々がいたに違いないと信じていました。またそのような信仰が強制され、疑うことの許されない時代でもありました。

4　戦前の考古学の評価

そのころ考古学者はどのような評価を受けていたのでしょうか。ここで個人的体験を交えた挿話の開陳をお許しいただきたいと思います。私の父、金関丈夫は昭和の初年ごろから京都大学の考古学教室に出入りし、後には、台北の大学に在職中、京都大学の文学部で形質人類学の講義を隔年、担当したこともありました。戦中の中断を経て帰国した金関丈夫は、当時の京都大学の考古学の主任教授であった梅原末治氏に対して、実証的な考古学の研究が戦前、戦中の狂信的な国家主義者の攻撃や迫害にさらされたことはなかったかと問いただしたことがあります。梅原氏は、そのようなことはなかった。当時、考古学の成果は歴史学の枠の外にあり、考古学によって歴史が書き直されるなどということは、国家主義者たちに考えられてもいなかったと答えました。

もちろん戦前の時代と言っても、時代思潮の傾向には波があり、考古学の成果がいつも国家主義の厳しい監視にさらされていたわけではありません。渡部義通氏、禰津正志氏のような歴史家や考古学者が考古学の成果を採り入れた古代史の叙述を試みたこともありました。禰津氏は一九三四年のころの日本考古学を「資料報告書は無数に出され、資料の集成や写真集も刊行され、土器の分類は混線する。しかも無方法的な資料追随主義の趨勢に行きづまりを感じた学者たちは原始農業を呼号する」と嘆き、「遺物、遺跡に基づいて全社会機構を復原することが考古学者の中心的課題である」という趣旨を述べたこともあります。しかしこうした主張を貫いた学者が後の右翼の狂熱的な時代にひどい迫害の対象になったことも事実であります。

5　考古学の復権

考古学者は遺跡や遺物を発掘し、それを機械的に報告する。それが学者のする仕事であろうかという批判は、日本だけのことではありません。アメリカ合衆国の人類学者W・テーラー氏は、一九四八年に出版された著書『考古学の研究』（Walter W. Taylor 1967 *A Study of Archeology* による）の第二章で、「考古学は歴史学か人類学か」という問題を設定し、「考古学は歴史学にも人類学にも属さない。そもそも学問ではなく単なる技術である」と結論づけています。テーラー氏以後、G・ウィリーとP・フィリプス氏の共著書（G. R. Willey and P.Philips 1958 *Methoed and Theory in American Archaeology*）でも、A・C・スポールディング氏（A. C. Spaulding 1960 *The Dimension of Archaeology*）も同じように、考古学を技術として扱っています。アメリカで考古学を学問の世界に復権させたのは、有名なビンフォード氏だと言ってよいでしょう。ビンフォード氏の主張は、発掘調査した資料を正しく評価し、歴史学の筋道を組み立てる仕事も、人類学の理論に組み入れる仕事も、考古学者以外の誰ができるであろうか、という論点から反論しました。禰津氏が発言している時代、海外ではV・G・チャイルド氏が、まさに考古資料に基づく歴史を書き始めていましたが、日本ではまだ時が熟していなかったのでしょう。考古資料によって歴史を叙述するためには長い準備の期間が必要でした。弥生時代に関しても、次ぎに述べるように一世紀近くの調査・研究が積み上げられたのであります。

6　弥生時代の設定

一八八四年の三月、東京本郷弥生町向ヶ岡貝塚で、口縁の一部の欠けている一個の壺が採集されました。採集の報告はその五年の後、発見地の地名を採った弥生式土器という仮称が学会に登録されたのは一八九六年のことであります。弥生式の名がつけられたのは、報告者の坪井正五郎氏が、この土器の肩の部分の織物の痕（縄紋）によって石器時代の土器の一型式だと考えたことから発して、「式」の字が加えられたのでしょう。八木奘三郎氏は、やや遅れてこの種の土器とマライ式土器との類似を説き、大野雲外氏が土師器の類に含めようとしたこともありましたが、八木氏とN・G・マンロー氏はこの種の土器の時代を、石器時代と古墳時代の中間に当たると正しく位置付けました。八木氏は「中間土器」、マンロー氏は intermediate pottery の名を与えようとしています。今世紀の初めごろには、弥生式土器の出土する遺跡が九州から東北まで数えられるようになりました。

一九一〇年ごろまでは、弥生式土器の時代は石器を使用していた時代であろうと考えられていましたが、今世紀の一〇年代になって弥生式土器と青銅器の伴出する例が知られ始め、弥生式時代が石器時代と金属器時代への過渡期に当たることが認められるようになりました。

7　国津神と天津神

鳥居龍蔵氏は、一九一六年に書いた「古代の日本民族」の中で、アイヌの人々を除く古い日本人として、固有日本人、インドネジアン、印度支那民族をあげています。鳥居氏は縄紋人がアイヌの人々の祖先であろうと考えていました。固有日本人とは古代史の言う国津神であり、弥生式土器派のものだとしています。この弥生式土器派の人々は、石器を使用する段階に東北アジアから日本列島に住み着き、金属器使用の時代に至ってまた北方の同族が渡来して来たという考えであります。この後来の金属器使用者の渡来を『古事記』などの伝承に当てはめているのは、天孫降臨の故地、すなわち高天原を東北アジアとする比定を暗に示しているわけであります。

次のインドネジアンは、現代の日本人の一部に縮毛の形質、つまり毛髪のちぢれた人々が見られることのみから発想されています。鳥居氏はこの形質がネグリートに発するものであり、インドネジアンがネグリートと混血し、固有日本人の流入より遅れ、海流に乗って南方より日本列島に移住し、久しく九州地方を本拠としていたと考えています。

最後の印度支那民族としたものは、銅鐸と銅鐸の絵画の示す風俗によって考えられました。銅鐸は長江より南で出土する銅鼓と関係があり、銅鼓は漢民族の流入以前にその地にいた苗族の系統の人々の産物である。日本列島にも稲作文化と銅鐸の文化をもたらした苗族系統の人々があったと考えています。さらに帯方郡、高句麗、百済などの滅亡という政治的な変動に応じて、渡来民のあったことを考慮し、日本人雑種民族説を掲げました。ただし「只独り此の間に帝室のみは連綿として同一系統を続けて来て居られるのであって、これは実に世界に類のない事である」と付け加えることは忘れられていません。

8　弥生時代の年代の確定

考古学の成果を採り入れた鳥居氏の壮大な構想が出されていた時期は、また精密な考古学研究の成果が挙げられた時期でもありました。そのころ中国古鏡の編年研究に力を注いでいた富岡謙蔵氏の手元に、福岡の黒田藩の儒者であった青柳種信の著書、『柳園古器略考』黒川本がもたらされました。富岡氏は、福岡県の須玖（すぐ）や三雲（みくも）遺物を中心に整理を試みました。その結果「これらの遺跡の甕棺に副葬されていた、いわゆる精白鏡の類は、王莽鏡に先立つ前漢の鏡であり、伴出した青銅の武器類も同時期であろう。その時期は一方では石器も使用されていた。こうした鏡の出土は、漢と日本の交通を証明し、さらに、例外はあるものの、出土が北部九州に限られていることは、当時の文化の発達や文化流入の経路を示している」ことを述べています。今でもほとんど改訂の余地はない結論であり、弥生時代の中期に紀元前一、二世紀の年代を与えることが確定したと言ってもよいでしょう。

9　弥生文化研究の基礎の確立

この時期には、高橋健自氏や梅原末治氏らが中心となって銅鐸や青銅製の武器、あるいは武器形の祭器について資料を集成し、形式分類を行いました。海外留学を終えた浜田耕作氏が、W・M・F・ペトリー氏に学んだ、当時としては最新の方法論の成果を披露し、大阪府国府遺跡、鹿児島県指宿遺跡などで層位学的な発掘調査を実施し、各種遺物の集成図を刊行しました。一九二二年に出版された浜田氏の『通論考古学』は、考古学方法論の教科書として広く、また長く読まれ、考古学の水準を高めると共に、その普及にも役だったと評価できるでしょう。

一九二〇年代の後半から三〇年代にかけては、森本六爾氏、小林行雄氏らを中心とする東京考古学会が目覚ましい業績を築いた年代でした。森本氏は弥生文化を原始農業の所産だと考え、一九三三年とその翌年それぞれ刊行された著書『日本原始農業』と『日本原始農業新論』では、群集する竪穴、沖積平野における遺跡の分布、貯蔵庫としての竪穴、耕地、農具、農耕社会の土器の機能による形の変化など、多くの本質的な問題が採り上げられています。小林氏が主役を演じた土器の型式学的な研究も一九三八年に『弥生式土器聚成』が刊行されて実を結び、現在の弥生時代像のスケッチが完成し土器編年の基礎が確立されました。

弥生時代研究にとって、一九三〇年代は、来るべき戦後に考古学が直面する緊急的な発掘調査が、散発的に行われ始めた時代でもありました。市街地の拡大、道路の建設など、この時期の土木工事の盛行が緊急調査の原因の一つでしょうが、一方では、遺跡破壊に際して遺物を採集し記録を残すべきだという、世間的な良識が実を結び始めたことも見過ごせないと思います。例えば奈良県唐古（からこ）・鍵遺跡の場合、国道建設のための土採り工事と並行して、一九三七年に奈良県が主催し、京都大学が協力する調査が行われました。工事の事前調査ではないとしても、広い地域にわたる大規模な調査であり、小林行雄氏による出土遺物、とりわけ土器や木器の整理と研究報告は、その後の模範になったといってもよいと思います。

10　弥生時代像の確立を目指して

第二次大戦中の空白の時代を経て、戦後には日本歴史学の大きな転換がありました。神話的世界への回避を否定し、歴史的現実を直視する歴史学への転換だとも考えられます。考古学が積み上げて来た業績が新しい歴史学の構築のために組み込まれる時代が訪れました。日本考古学協会の設立の直後に、協会の「登呂遺跡調査特別委員会」の手によって空前の規模で行われた静岡県登呂遺跡の発掘調査は、水田跡、竪穴住居跡群、数多くの木製遺物などの出土によって、農業集落としての弥生社会の一端が明らかにされました。この調査は、当時、国民的な期待がかけられていたように感じたものであります。

11　小林行雄『日本考古学概説』

この書物の初版が出版されたのは、一九五一年のことであります。戦後六年を経て完成されていますから、その間に行われた登呂遺跡の発掘調査成果も採り入れられていますが、ほとんどの資料は戦前の調査成果に依存しています。私はこの書物に盛られた内容と結論を、黙々として行われて来た、一八八四（明治一七）年以降の日本考古学の総決算だと思っています。戦後五〇年を超える考古学の活動を検証する場合、この概説の記述の何が書き換えられ、何が新たに積み上げられたかという方法も可能だと思います。

与えられた「民族国家形成の基盤」とは、弥生社会成立と古墳時代への展開の問題を取り扱わなければなりません。しかし、私の不手際で、序論的な話に多くの時間を費やし、肝心の問題を充分に論ずる時間がなくなって来ました。ここでは、弥生時代についてごく基本的な問題だけを取り上げることでお許しいただきたいと存じます。

小林氏は縄文時代から古墳時代までを取り上げたこの概説の全三〇章のうち、弥生時代には九章を割いています。もっとも、「序説」と「縄文式時代の人種」の章でも弥生に触れるところがあります。「序説」では縄文式時代を経済段階の上では採取経済の時代と断じ、弥生式時代に「水稲栽培を標式とする原始農耕の発生を見るにいたった」として生産経済の段階への移行を認めました。

生業の変化と同時に「新しくおこった土器が弥生式土器であって、またその時代を弥生式時代と呼ぶ」と言う、概説の時代の定義は、現在でも踏襲する考古学者があり、一方では「水稲農耕を主な生業とする文化的な変化で弥生時代の開始を画そうとする」新しい定義も出されました。なお時代の名称は、現在では弥生時代にほぼ統一されています。

トムセンの提唱した三時期区分法との対応関係について、概説では「鉄器の使用が普遍化したのは、おそらく弥生式時代の後期においてであったと考えられる」とし石器時代から鉄器時代への過渡期としてとらえられています。今日では、三時期区分法を全世界の文化に適応することに問題のあることが指摘されていますが、当てはめるとするならば、小林氏の考えの通りであります。

「序説」では階級発生の萌芽が農耕社会としての弥生式時代に認められるかどうかという問題点が指摘されていますが、明確な解答は与えられていません。しかし「弥生式時代の工芸」を論じた章では、石器、木器、金属器などについて専門工人の存在を考え、分業的な社会機構の成立に拍車をかけたと述べています。なおこの概説を通じて『漢書』の地理志、『魏書』倭人伝などは全く引用されず、弥生式時代をもって先史時代であると分類しています。今日では、社会階層の問題を論ずる場合には、考古学者も中国の史書を参考に使っていますのでこの点には違いがあります。私自身は弥生時代の後期になれば萌芽的なものにしろ社会階級が成立していたであろうと考えています。

この概説の縄文時代の最後の章に当たる「縄文式時代の人種」では、縄文から弥生への移り変わりの時期に新しい移住者があったと考えるべきかどうかについて論じられています。小林氏は縄文から弥生への変化を激変としてとらえ、いわば予言的に、新しい人々が、おそらくは朝鮮半島から水稲農業や金属器文化などの複合文化をもたらしたと想定しています。この想定は、一九五三年から開始された、山口県土井ヶ浜遺跡の発掘や、同時期の北部九州の諸遺跡の発掘調査で多数の弥生人骨が出土し、それらの形質人類学的研究によって証明されました。ただし縄文から弥生への移行の問題は、佐賀県菜畑（なばたけ）遺跡、福岡県板付（いたつけ）遺跡などで、従来縄文晩期の土器とされていた土器の時期に、水田の遺跡が発見され複雑な問題を投げかけるようになりました。なお「弥生式文化と大陸文化」の章では、かつて鳥居龍蔵氏の想像、すなわち、弥生時代開始の後に、中国南部から銅鐸と共に農耕を伝えた人々があったという想像が成り立たないことを論証しています。

弥生時代の年代については、その中期（第Ⅱ～Ⅳ様式）が、甕棺出土の漢鏡と貨泉によって、「上限が紀元前一世紀の初頭より遠く遡りえぬものであり、…下限は紀元後一世紀の前半以後に求むべきことが考えられるのである」とされています。現在、樹輪年代測定により中期の後半が前一世紀とされていますから、年代をいくらか古く考えてよいかも知れません。

おわりに

小林行雄氏の『日本考古学概説』を例として採り上げて見ました。私は戦後の考古学活動が、こうした戦前の基盤に目覚ましい成果を積み上げたことを否定するものではありません。大規模開発に対応する大掛かりな緊急発掘調査によって、戦前には想像もされなかったような広い面積が一挙に発掘され、弥生集落の構造、軍事的緊張の社会、国としての統合の歩みなどが描き出されました。南海との貝貿易の実態、南海と沖縄を結ぶ交易路線、弥生前期の文化の東北への拡大など枚挙に暇がない状況です。自然科学との協力も戦前よりは遥かに緊密になりました。中国大陸、朝鮮半島の考古学の成果も目を見張るものがあり、日本出土の外来系の遺物の研究に重要な示唆が与えられています。

古代国家の形成への過程も考古学者の構想が続々と発表されています。一方では文献史家も考古学の成果を縦横に採り入れ、実態に迫った古代史を編んでいます。しかし、戦後五〇年の考古学の華やかな成果の以前に、戦前の乏しく暗かった時代に、国家史観の暗い陰で、構築されて来た先人の功績を忘れてはならないと思うのであります。

（「日本考古学の歩み　民族国家形成の基盤」『日本考古学』第六号　一九九八年）

第二章　弥生前期の社会——山口県北浦・土井ヶ浜遺跡——

一

ここにいう北浦とは、山口県における響灘の沿岸部を指す。この地方で考古学的な遺跡・遺物に対する調査は明治年間に、鍵谷徳三郎氏によって始められ、以後、弘津史文・三宅宗悦氏ら諸先覚が、あるいは石器を採集し、あるいは土器の出土を報じている。(1)また、下関市北郊の梶栗浜で一九一三年、長州鉄道の敷設工事に際して、一基の箱式石棺が出土し、棺中の副葬品として多鈕細文鏡と細形銅剣が採集されたことは広く知られている。(2)この遺跡については、その後、森本六爾氏による踏査研究の成果が出されたこともあった。(3)しかし、北浦南部は、古くから要塞地帯として調査に制限が加えられ、十分な考古学的活動を行ない難い状態にあった。

第二次大戦後に至って、この地においても、本格的な調査研究が始められた。その中心的役割を果して来られたのは、国分直一先生であった。国分先生は、吉村次郎氏によって結成された下関始原文化研究会を育成し、市民による郷土の考古学研究活動に力を尽された。北浦における弥生時代の社会についても、その総合的な研究の成果が、国分先生によって発表されている。(4)現在では、北浦の弥生時代の社会を、各論的に検討すべき時期が熟したと考えられよう。ここではまず、北浦における弥生時代前期についての概念を提示し、次いで、土井ヶ浜遺跡の調査成果を手がかりとして、この地域の弥生時代の人口問題を考察して見たい。

従来、西日本における弥生土器の編年研究を進めるためには、北浦——長門西部——地方の土器型式の発展を如何に理解するかという問題がかかっていた。すなわち、畿内・瀬戸内東部を中心として立てられた編年体系と、北九州を中心として立てられた編年体系を繋ぐ上に、この地の土器型式の分期論が重要な意味をもっている。小野忠凞教授を中心として精力的に進められた高地性遺跡の総合研究においても、特にこの問題が取り上げられている。[5]前期と中期の分期について考え方を整理しておくことは、次の土井ヶ浜遺跡を考察の対象とする場合、必要だと考えられるからである。

一九五三年以降、五次にわたって行なわれた土井ヶ浜遺跡の発掘調査では、二〇〇体以上の埋葬人骨が出土し、形質人類学の上にも、また考古学の上にも大きな問題を投げかけた。[6]保存のよい人骨が示す、埋葬地区の性差・年齢差の意味については、なお解明されていない点が少なくない。しかし、筆者は、こうした埋葬状況を通じて、この墓地を共同に使用した集団人口が推察できるのではないかと考える。ここでは、試論として、この人口問題を提出したい。土井ヶ浜遺跡の調査は、筆者にとって北浦における最初の調査であり、これに参加された国分先生からは、以後多くの教示を与えられている。国分先生の古稀を祝して、土井ヶ浜遺跡を主題とする論文を捧げる機会をえたことは、筆者にとって望外の幸である。

二

山口県西部の響灘に面する沿岸部は、中国山脈の西麓が海岸に迫り、複雑な海岸線の様相を呈している。しかし、西麓部の丘陵は岬として海に突出し、岬の間には処々に砂浜が連なり、それらの後背に小規模な海岸平野が広がるという、通じた地形の特色が観察される。弥生時代前期の間、海岸砂丘の後背湿地は、初期の水稲耕作民に好条件を備えた生産の場を提供した。これらの小海岸平野には、当時独立した社会が営まれていた。また、これらの独立単位は、おそらくは一つの連合的な纒まりを形成し始めたと推測されるが、こうした推測はこの地域を通じて共通の土器文化が発達していることによっても裏づけられるであろう。今、下関市よりこの海岸線沿いに北上して、各海岸平野を瞥見するならば、まず武久川の貫流する武久低地帯がある（図1）。ここでは早くも明治年間に石器の採集されたことを伝え、[7] 戦後には弥生土器の破片も見いだされている。[8] この低地帯の北には、稗田から垢田にかけて丘陵が連なり、これによって、その北の川中低地帯と隔てられている。綾羅木川の開析した川中の低地帯は、友田川の拓いた富任の低地帯に南接し、それらの流域面積は広く、規模の点では北浦屈指の海岸平野である。郷・梶栗浜など弥生時代の遺跡はこの低地帯に位置し、山口県最大の前方後円墳として知られる仁馬山古墳をはじ

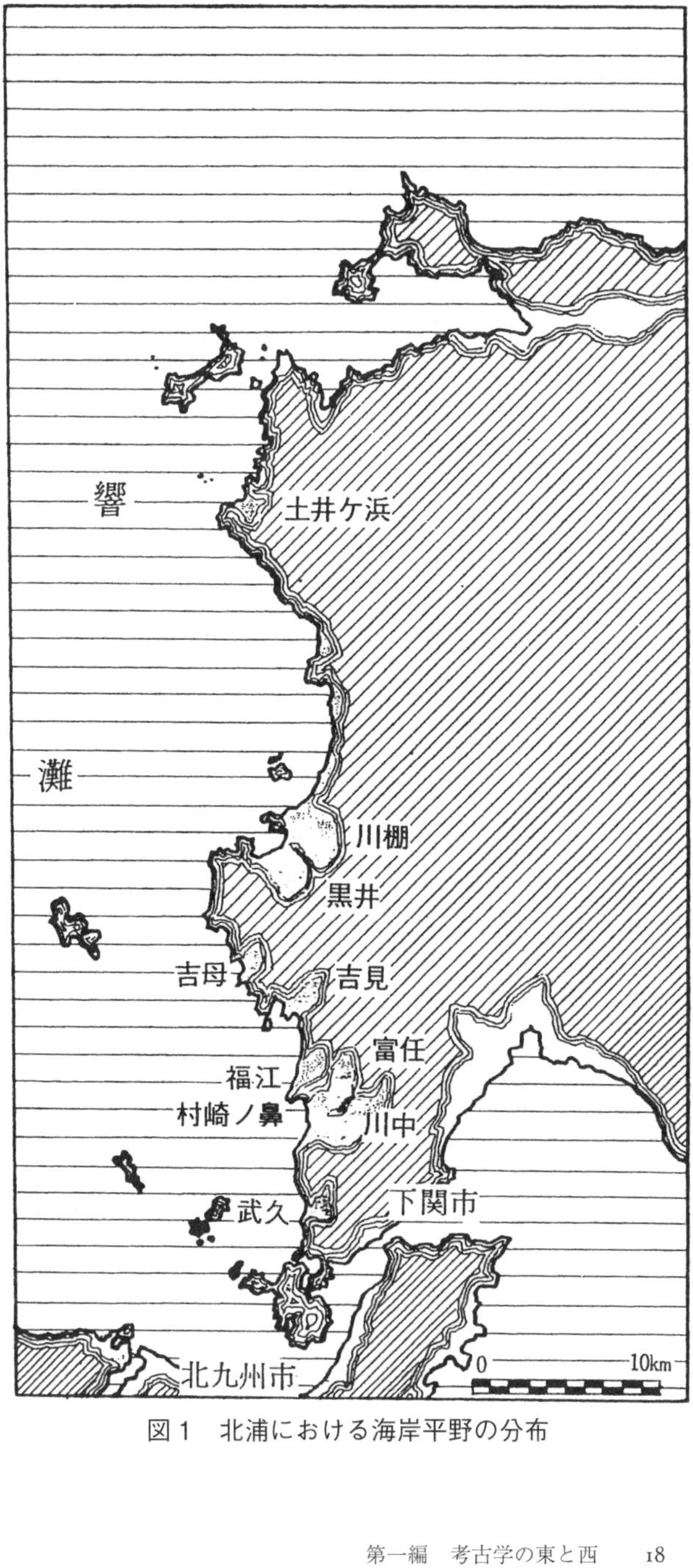

図1　北浦における海岸平野の分布

め、多くの古墳も散在している。川中・富任低地帯の北では、村崎ノ鼻が海岸に突出し、さらに北に、福江・吉見などの海岸平野がある。しかし、これらの低地帯については、弥生前期の遺跡発見の報をきかない。吉見より屈曲した海岸を経て、北西約三kmの地点には、弥生時代中期の墓地遺跡が立地する吉母浜の低地帯が広がっている。[9]海岸には砂丘が発達し、規模こそ小さいが、吉母川の拓いた谷は、海浜近くに居住した半農半漁民に生産の場を提供したものであろう。吉母浜低地帯の北は、室津の山塊が海に迫り、急峻な海岸となっているが、山塊の北には、黒井、川棚の両低地帯が展開している。共に、南の川中低地帯に匹敵する大規模な海岸平野であり、弥生前期から古墳時代にかけての遺跡がこれらの地に密集した状況を呈している。中でも、川棚平野の海岸寄りの砂丘に営まれた弥生時代前期の墓地は、中ノ浜遺跡の名によって知られ、時期的にもっとも古く、墓域もまたもっとも広い。[10]おそらく北浦の沿岸では、川棚、あるいは川中のような規模の大きな海岸平野に弥生時代の最初のコロニーがつくられ、人口の増加と共に、より小規模な海岸平野が二次的なコロニーとして拓かれたのであろう。[11]川棚低地帯の北には、小串、湯玉、宇賀本郷などに、小低地はあるが、弥生時代の遺跡は知られていない。それより北、神田岬と和久の岬の間に、弧状の砂浜が連なり、その後背に、小規模な低地帯が広がっている。低地帯の中央に、海岸線とは直角方向に形成された古砂丘があり、ここに、土井ヶ浜墓地遺跡が位置しているのである。遺跡付近における低地帯の幅は、二五〇m内外で、谷の奥行きは深い。弥生時代の耕作地が、どの程度の広がりをもっていたか明らかではないが、低地でも平坦な部分をとるならば、大略一〇ha内外ではなかったかと想像される。これを一応一単位とするならば、川棚・黒井は共に八単位余り、川中もまた八単位、武久は一単位内外であったであろう。

三

ここで弥生前期としたのは、従来、遠賀川式土器として分類されていた土器が、生産され使用された時期をさす。しかし、これについては、なお若干考察を加えておく必要がある。すなわち、今日細分されているこの地方の土器型式の、いずれを遠賀川式土器に含めるかという問題が遺されているからである。遠賀川式土器が「西日本の前期弥生式土器の総称」であることは、その命名者である小林行雄博士によって定義づけられている通りである。[12]しかし、北浦地方で見いだされている土器には、福岡県下で採集された標式的な遠賀川式土器と同様の特色を備えたものから、その特色を遺しながらも地方的に変化したと認められるものまで多様にわたっている。畿内や北九州と比較して、遠賀川式土器の地方的変化を遂げたものが、ここでは幾分長い継続期間をもっていたのではないかとも見られる。

このような弥生土器の分期については、基本的に、三つの立場がありうるであろう。第一は、遠賀川式土器の特色を遺したものは、地方色の濃いものを含め、前期として分類する。第二は、標式的な遠賀川式土器のみを前期とし、地方的に変化したものは除外する。第三は、地方的に変化したものを型式学的に配列し、北九州の編年との平行関係を考慮した上で、その中間に一線を引いて前期と中期に分類する。

古く、森本六爾氏が、弘津史文教授と自身の踏査に基づき、長門における弥生土器を、古・新の二式に分類しうるという予測を立てて以来、[13]この地方における土器型式の分期については、いくつかの試案が出されてきた。山本博教授は萩市大井遺跡の発掘調査を通じて多数の弥生土器を採集し、[14]これらを分類して、大井遺跡出土土器の主体をなすものが、中山平次郎氏の第二系にあたることを記述しておられる。[15]すなわち、大井遺跡出土の主要な弥生土器は、遠賀川式土器であることを認めておられるのである。昭和十四年に刊行された『弥生式土器聚成図録』では、長門の属する西部瀬戸内の土器が、A—Cの三様式に分けられ、大井遺跡出土の羽状文・斜格文・山形文・木葉文・重弧文などで飾られた壺形土器は、そのA様式に分類されている。[16]この場合、これが遠賀川式と認識されていることは明らかである。

第二次大戦後、下関市及びその周辺では、主として吉村次郎、伊東照雄氏らの努力により、遺跡の分布調査が行なわれ、また多くの土器も採集された。小田富士雄氏は、長府博物館に収納されていたそれらの土器を整理研究し、その主要なものを集成、報告された[17]。その報告の第二部考察篇において、小田氏は、弥生土器を九類に分かち、北九州の型式編年との対比を試みられた。小田氏の分類は、長門地方の土器について行なわれた最初の型式学的研究であり、その後の研究の基礎となっている。小田氏がここで分類された型式のうち、第五類以降には遠賀川式土器の影響が乏しく、これらを前期から除外することは認めてよいであろう。これらのうち、第四類は明らかに遠賀川式土器の文様要素を遺しているが、小田氏は「中期のある時期まで継続する可能性は大きい。同じような動向は長門は、黒井・綾羅木・伊倉・梶栗浜など諸遺跡出土の土器を含んでいる。小田氏が第一—四類としたもの大井遺跡にもたどりうるであろう……」と述べておられる。中期とは、北九州における編年上の中期をさすものであろう。同書に掲げられた表においても、下関市周辺の弥生土器第四類は、その前半が北九州下伊田式と、また後半が須玖I式と平行するように示されているからである[18]。

小田氏の集成報告が執筆されていた当時、土井ヶ浜遺跡の発掘調査は進行中であった。一九六一年、土井ヶ浜遺跡出土の土器が坪井清足氏によって紹介された。坪井氏は、この遺跡で出土した弥生土器を前・中期に二分しておられるが、前期とされた壺形土器は、山口県西部地方の弥生時代前期終末期の型式と認識し、黒井・大井などの出土品にも同様の土器が見られるとされた[19]。これらが、小田氏の第四類中に含まれることは、容易に察しうる。

これに続き、中野一人氏は、弥生土器によって山口県の文化地域を概観する論攷を発表されたが[20]、その中で、長門の弥生土器を四式に分け、さらに第一式をa・b、第二式をa—cに細分された。小田氏の第四類、あるいは、土井ヶ浜出土品で前期とされたものは、ここでは第二式c類に含められている。そして、この第二式c類は同氏の作成による「土器編年並びに系統表」で中期として分類されている。なお、秋芳町松ケ迫遺跡で、長門第二式c類に属するものが、中野氏による周防第二式（明らかに中期）と共存した例をも示されている。しかしその共存状況についての詳細はわからない。

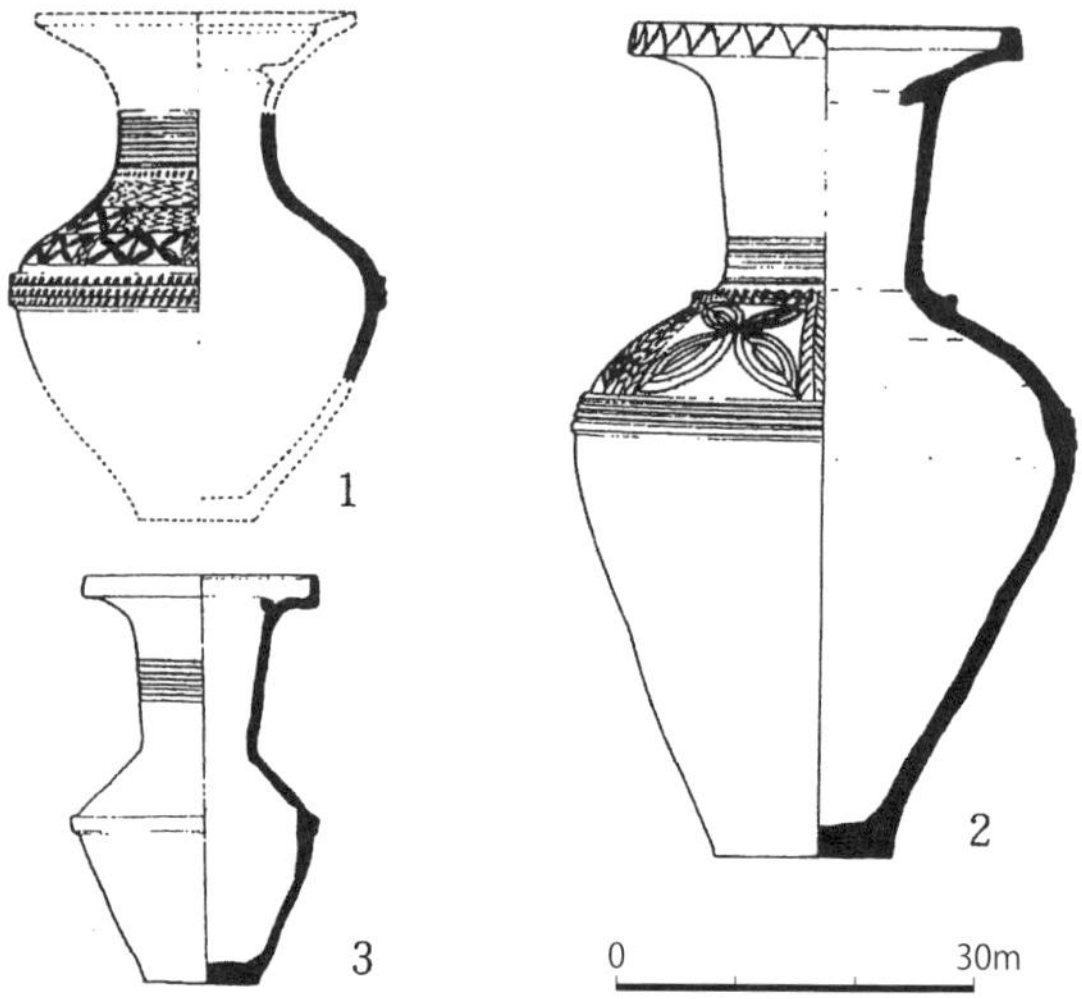

図２　北浦における弥生時代前期末〜中期初頭の土器
（1・2：土井ヶ浜遺跡、3：郷遺跡出土）

一九五五年には、小野忠凞教授による綾羅木郷遺跡の調査が行なわれていたが、[21] 一九五七年には、筆者らが梶栗浜遺跡の発掘調査を行ない、遺構と結びついた土器の様相が知られるようになった。[22] 一九六四年発刊の『弥生式土器集成本編』では、山口県の弥生土器の集成と編年を筆者が担当し、他の地域と同じように、五様式分類を試みた。[23] すなわち、郷遺跡出土の土器のうち北九州の標式的遠賀川式土器と同類のものを第Ⅰ様式とし、梶栗浜遺跡の新出土品を中心として、地方的変化の表われたものを第Ⅱ様式とした。この集成の基本的理解の上で第Ⅱ様式が中期に属していることは明らかである。今日の観点からいえば、筆者の分期は妥当でない点が多く、配列の序列にも誤りを犯していたことを反省する。

一九六五年頃から、硅砂採掘による郷台地の破壊が始まり、破壊に先立つ緊急調査が連年実施されるようになった。その結果、夥しい貯蔵用竪穴が発掘され、竪穴中に共存する土器の関係が量的に把握されるようになった。また、稠密に営まれた竪穴の切り合い関係によって、竪穴の新旧の順序、ひいては竪穴中の遺物の新旧の別が知られるようになった。弥生土器編年に係わるその成果の一部は、伊東照雄氏によって発表されている。[24] 伊東氏は壺形土器によって、それらを綾羅木Ⅰ—Ⅳの四様式に区分しておられる。その編年は、概ね妥当であると見られるが、第Ⅲ様式とされた壺形土器の一つ、小型で頸が長く口縁上端が直角に立ち上り、胴に貼りつけ突帯の繞る例（図２－３）は第Ⅳ様式に含めた方がよいであろう。筆者の聞き誤りでなければ、そして伊東氏の記憶の誤りでなければ、この手の土器が郷遺跡では、城ノ越式土器と共存していたということである。(25)

今ここで取り上げた郷の壺形土器の帰属については、最近、防長の弥生式土器を集成された山本一朗氏も筆者と同様に考えておられるようである。(26)山本氏は、この土器と土井ヶ浜遺跡出土の大型壺形土器を共に、その防長Ⅳ式Bのうちに含め、中期として分類しておられる。

以前に述べたように、弥生土器の分期について、三つの立場があるとすれば、土井ヶ浜、黒井、大井など諸遺跡で出土したもの、すなわち、小田氏の第四類をすべて前期とするのは、その第一（地方色の濃いものもすべて前期とする）の立場といえるであろう。また、筆者が『弥生式土器集成本編』でとったのは、第二（標式的なもののみを前期とする）の立場であり、小田氏ほか、新しい分期は、概ね第三の立場をとっている。また、九州と畿内の編年体系を繋ぐ上でも、第三の立場をとることが合理的であると考えられ、最近の概説書などでも、土井ヶ浜Ⅰ式とされた土器を中期に繰り下げる、あるいは第Ⅱ期におくものが見られる。(27)しかし、第三の立場をとって、一線を引くとしても、どのように区分するかという点ではなお問題が遺されているであろう。筆者は、黒井・土井ヶ浜などの遺跡で出土した大型の壺形土器は、(28)たとえ口縁上端に立ち上りがあっても、肩に円みがあり、口径が胴径より小さく、胴下半が長く、また豪華な木葉文を刻んでいる点などから、綾羅木第Ⅳ様式とすべき小型無文（頸部の沈線は別として）の壺形土器とは、様式的に分期し、このあたりに一線を引くべきではないかと考える（図2）。つまり、小田氏が第四類とされたもの、中野氏が長門第二式c類とされたものあるいは、山本氏が防長Ⅳ式Bとされたものをさらに二分し、ここに前期と中期の境を見いだそうとするのである。もしそれが可能であるとするならば、土井ヶ浜遺跡は「前期の伝統を強く遺した中期の遺跡」でなく、「もっとも発達した前期最末期の遺跡」として理解しうるであろう。今のところ、そのようなはかない望みにかけて、以下、土井ヶ浜の墓地を前期の遺跡として記述したい。

四

北浦では、弥生時代集落跡の全面的な発掘調査など、当時の人口を推計する上に直接手がかりとなるような調査は行なわれていない。したがって、人口については、ごく大雑把な推測に甘んずるほかはない。墓地遺跡で、保存のよい多数の人骨が発掘された土井ヶ浜遺跡の場合には、いくつかの仮定を積み重ねるならば、非常に大まかではあるが、その墓地を共同使用した集団の人数について、一応の目安となる数値がえられるであろう。

土井ヶ浜遺跡で出土した弥生時代の人骨は、二〇七体を数える。これらのなかには、昭和六年の出土に係わる六体、昭和二八年開始の発掘調査の直前に掘り出され、再埋葬されていたものも含まれている。これらを除外したもの、すなわち、発掘調査の際に発掘壙内で出土し、その出土地点の明らかな人骨数はより少なく、一七五体となる。これらの埋葬状況を観察するならば、次の三群に分つことができるであろう。

第一群は、東寄りの発掘壙——以下東区と呼ぶ——で出土した一三五体。第二群は、北寄りの発掘壙——以下北区と呼ぶ——で出土した二五体。第三群は、これらの何れにも属していない一五体である。

東区の発掘面積は、約一八〇㎡を測る。約一・二㎡について一体が出土したことになる。ただし東区では、全身の骨骼が揃い埋葬時の状況をとどめている遺骸は五一体であり、新たな埋葬を行なうに際して、以前に埋葬された遺骸をとり纒めたとみられる集骨の例が多く、八四体を数える。一方、北区の発掘面積は約一〇〇㎡。約五㎡について一体の出土を見た。そのうちでも東寄りで、五体分にあたる集骨例があったほか、すべて全身骨骼の揃ったものである。

東区と北区の埋葬密度を比較するならば、東区の方がはるかに稠密であり、制限のある墓域に度重なって埋葬されたことが察せられる。これらの人骨を被覆する砂層には、遺跡の全面にわたって、一条の黒色砂層が挾まれている。この層には、古墳時代初期頃の遺物が包含されているのでそのころ砂丘の上面は安定し、植物の生い繁ってい

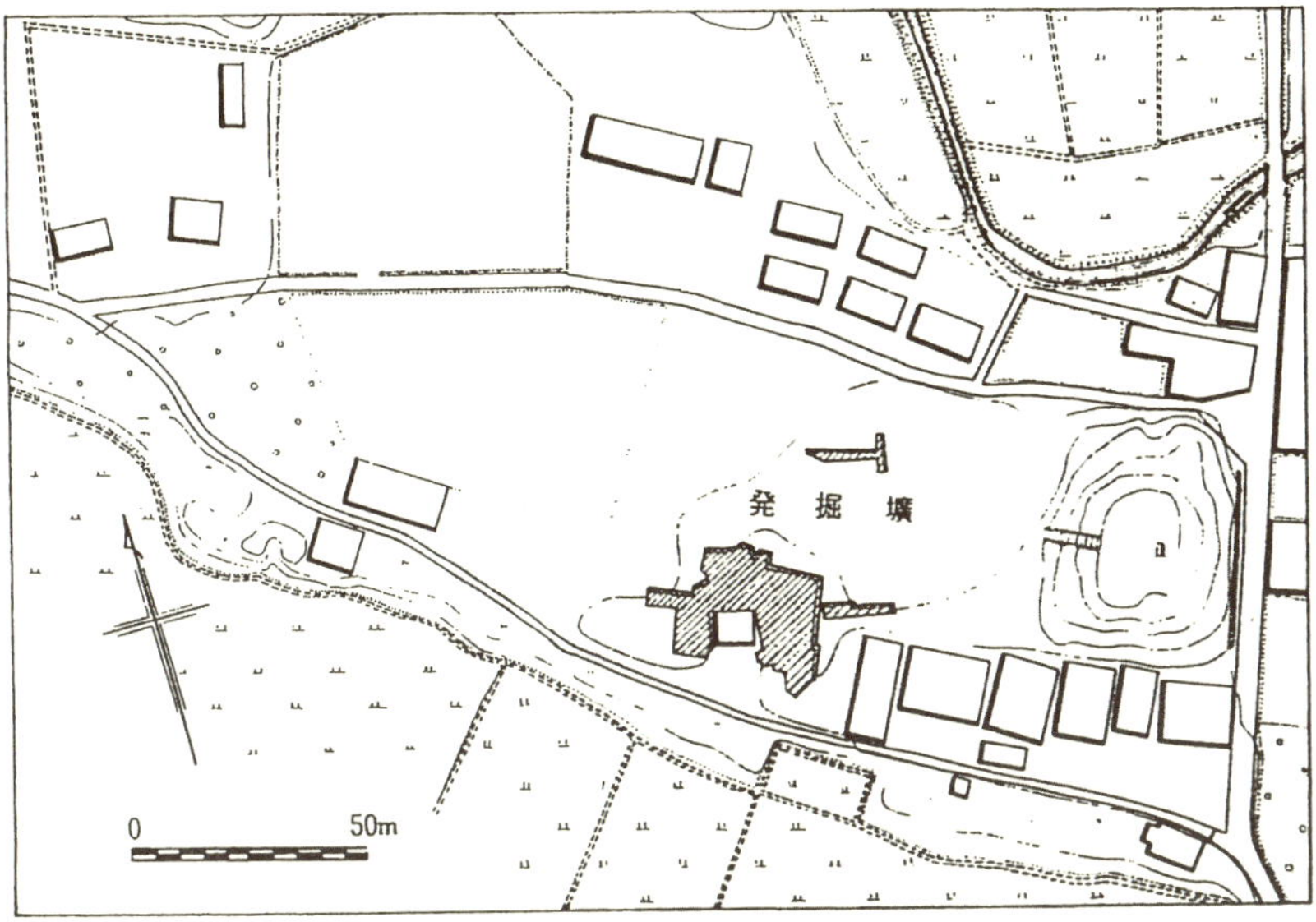

図３　土井ヶ浜遺跡周辺地形図

たことがわかる。また、この黒色砂層によって、弥生時代の地表面の起伏を知ることができる。これによって復原した弥生時代の砂丘は、東区にあたる場所がもっとも高く、北区は低くなっていたことが知られる。つまり地形的に見て、東区はこの墓地における中心地区であり、北区は周辺地区と考えてよいであろう。また、さきに第三群としたものも、周辺地区に含めることができる。なお、古墳時代以後の砂の堆積により、現在の地表にはそれほど高低差がない。したがって、現地表から測るならば、東区の遺骸の位置は極めて浅く、周辺地区のそれは深く埋っている。

土井ヶ浜遺跡における遺骸埋葬施設の多くは、簡単なもので、遺骸の四隅に各一個の礫を配する程度である。しかし、なかには少数ではあるが、箱式石棺や、遺骸の四周を礫で囲った石囲など、手のこんだ施設も見られる。仮に、手のこんだ施設が厚葬を示すとすれば、厚葬の例は東区に多い。また、遺骸のあるものは、貝釧・貝製指輪・碧玉製管玉などを身に着けて葬られているが、このような装身具を着けた遺骸は、ほとんどすべて東区に属している。

以上に述べた例から知られるように、東区と、その他の地区では埋葬状態に違いがあって、東区は中心的であり、他はこれを取りまく周辺地区であったと解釈しうるであろう。

次に出土人骨の性別について記述したい。総数二〇七体中、性別の判定されたものは一五六体。そのうち男性は一〇六体、女性は五〇体であった。男性数は女性数の二倍以上となる。これらのうち、出土地点の明らかなものは、男性八六体に対して[29]、女性は四七体であった。

これらを、東区と北区に分けて比べるならば、男女の比率に著しい差異が認められる。すなわち、東区では男性六九体、女性二八体が数えられ、その差が極だっている。一方、北区では男性一一体、女性一三体が出土し、両者の例数に大差はない。東区を中心区とし、北区を含めたその他を周辺区と見るならば、周辺区で性別の明らかにされたものは、男性一七体、女性一九体となり、女性がやや多くなる。

先に述べたように、東区では多くの集骨例が見られた。完全に揃った人骨と集骨とを分けて、それぞれの男女の比を見るならば、完全人骨では男性二九体、女性一二体であり、全体に対する女性数の百分率は、約三〇%。一方、集骨では、男性四〇体、女性一六体で、女性の百分率は二八・五%となり、女性数の率は大差がない。仮に集骨されたものを幾分古い遺骸であり、完全に揃ったものを新しい遺骸だとするならば、東区では新旧を問わず常に一定の比率、すなわち、ほぼ男性七対女性三の割合で遺骸が埋葬されていたことになる。

東区と周辺区における男女の例数比の違いを見るならば、東区と周辺区の違いを時期差として説明することはできないであろう。当然同じ時期に営まれており、被葬者によって、あるものは東区に、あるものは周辺区に葬られていたのだと考えてよいであろう。ただし、土井ヶ浜の墓地を共同にしていた集団が、ほぼ同数の男女よりなっていたという前提は認めておかなければならない。このような前提に立つとすれば、東区の被葬者の男女の例数の差は、周辺区の男女の例数差によって埋め合わせられることが考えられるであろう。東区における男女の例数差は、男性が四一体多い。一方、周辺区では総数四〇体のうち、性別の判定せられたものは三六体で、女性は男性よりも二体多い。

五次にわたる発掘調査の主力は東区に注がれ、そのほとんど全域を発掘し終えたと考えられる。[30]しかし、周辺地区ではまだ墓域の一部を発掘しえたにすぎない。したがって、周辺地区の男女例数差の二体をもって、東区の男女例数差の四一体を除した商に、周辺地区で出土した遺骸総数を乗じた積の八二〇体は周辺区の総被葬者数であると考えうる。これと東区および出土地点不明の人骨数を加えた九八六体内外をもって、弥生時代前期における仮の総被葬者数と見ておくことにする。

次に、この墓地が弥生時代前期の間、何年ぐらい存続したかという年代を仮定しなければならない。さきに述べたように、ここで弥生時代前期とした土器は、あるいは二型式にわたっているかも知れない。坪井清足氏の報告では、口縁部の立ち上った大型の壺形土器（図2-2）の他に、頸から胴にかけての壺形土器の破片より復原図示されている例がある[31]（図2-1）。この例は、文様の表現が細かく、頸から肩に至る線が円味を帯びていて、一見して、大型の例より古調を遺している。これらの両型式のものが造られ使われていた期間を土井ヶ浜墓地の存続期間とするならば、短く見ても五〇年間は考えてよいであろう。この仮定によって、土井ヶ浜集団の年間死亡者数を算出するならば一九・七二、すなわち、年間ほぼ二〇人内外ということになる。

集団の人口を知るためには、次にその年間死亡率を仮定しなければならない。しかし弥生時代の死亡率については全く拠るべき数値がない。死亡率を算出するためには人口調査が行なわれていなければならない。したがって、現在知りうる粗死亡率はすべて人口調査の行なわれだした近世以降の統計値である。平凡社の『世界大百科事典』に掲げられている死亡率の表によれば[32]、日本の場合、遡りうる古いデーターとして、二〇世紀初頭の一〇年間の平均値二〇・七（一〇〇〇人当り）がある。また死亡率の高い例は、一九三五～三九年の平均値として、メキシコ二三・二、アラブ二六・九があげられている。本庄栄治郎氏の著書では[33]、一八八一～九〇年の日本が二〇・〇、同時期の英国（イングランド及びスコットランド）が一九・二、ドイツ二五・一、フランス二二・一などとなっており、日本の死亡率は、当時のヨーロッパ諸国と同等ないしはやや低い。同じく、一八七一〜八〇年では、日本が一八・七、高い例として、ハンガリーの四一・一、欧露の三五・七がある。本庄氏の掲げた死亡率表がどのような資料に基づくものであるのか審にしない。しかし、その著書の出版された昭和初年の頃、人口問題を取り扱った書物は多少とも国策追随的であり、日本の死亡率が実際よりも低く示されている疑いが無いわけではない。仮に、これらの数値が信頼に値いするとすれば、近代的医療の充分に行きわたる以前においても、日本ではおそらく風土的にそれほど高い死亡率を想定する必要はないといいうるかも知れない。次に、セリグマンとジョンソンの共編になる『社会科学事典』によれば[34]、死亡率の高い例として、一八八一〜八五年におけるスペインの三二・六、オーストリアの三〇・一があげられており、別に「最高の死亡率はインドである」と記述されているが、その数値は示されていない。弥生時代の死亡率を推定するためには、これらの他に、現存の自然民族の例なども参考にすべきであろう。しかし、弥生時代の北浦と相似た条件下にある自然民族を見い出すことは難しい。ここでは、さきに述べた諸例によって、弥生前期における北浦の年間粗死亡率を、一応人口一〇〇〇人当り五〇と仮定しておく。この数値は決して高すぎることはないであろう。かくて、年間の平均死亡者数一九・七二を五〇で除した商に一〇〇〇を乗じたならば、求める土井ヶ浜墓地を共同に使用した集団の五〇年間の平均人口がえられる。その数は、三九四人内外である。

ここに出された三九四人という数値は、今まで述べてきたように多くの仮定に立って求められたものである。以下これらの仮定を各個に吟味して、仮に得られた数値の増減の可能性を調べて見たい。

一、土井ヶ浜墓地を共同使用した集団は、ほぼ同数の男女によって形成されていたか。

通常の社会集団では男女数に大きな差はない筈である。出生率は男性がやや高く、成人までの死亡率もまた男性がやや高いということは統計的に知られている。弥生時代にあっても、戦闘や出漁など危険な仕事にたずさわるのは男性であって、死亡率は高かったと想像される。しかし、長崎県根獅子免における弥生時代の女性の射殺体の例もあり、[35] 女性が戦闘に出なかったと断言することはできない。また、土井ヶ浜墓地被葬者中、女性の死亡年齢を見るならば、若年の死亡者数がやや多い傾向がうかがわれるが、産褥期間の死亡率の高かったことも推察される。こうした点を考慮するならば、男女の死亡率にそれほどの差はなかったであろう。もし、集団の男性が女性より、もともと多かったとすれば、集団の人口は仮定値よりも少なくなることになる。また逆の場合は、人骨の出土状況からありえなかった蓋然性が強い。

なお、集団構成者の男女数の均衡を破る他の原因として、出産の際社会的な必要性により特定の性の新生児を陰殺する習俗をあげることができる。しかし、土井ヶ浜では人骨の保存がよく、新生児の遺骸も見い出されているが、習俗的に陰殺して葬ったと判断されるほどの数ではない。ここでは土井ヶ浜の墓地を営んだ集団はほぼ同数の男女によって形成されていたと考えたい。

二、形質人類学的な男女の判別は、一〇〇%正しいか。

土井ヶ浜の発掘調査では、人骨の性別判定は、複数の形質人類学者によって、発掘現場で行なわれた。[36] 多くの人骨については、判別が一致したが、一部判別意見の分かれたものもあった。このように骨骼による男女の性判別は時に容易でない場合がある。筆者は土井ヶ浜遺跡の五次にわたる調査に参加して、判別が問題となった場合、その結論はほとんど男性とされたことを記憶している。果してここに何らかの判別誤差を考慮する必要はないであろうか。

出土人骨の男女判別誤差を問題として取り上げたもので、管見に触れた業績に、シェナン女史の「ブランチの社会組織」に関する考察がある。[37] ブランチは西南スロヴァキアにおける初期青銅器時代の墓地遺跡で、総数三〇七基の墓が発掘されている。これらの遺骸の姿勢が検討された結果、女性の遺骸の八一%は、左を下にした側臥の姿勢をとり、男性は右を下にした側臥の姿勢をとるものが六一%であることが知られた。しかし、形質人類学者によって男性と判定された遺骸の二〇%は、左を下に側臥している。これについてシェナン女史は、ウェイス博士の行なった「性判別誤差の組織的研究」[38]を引き、ブランチにおける形質人類学者の性判別に疑いを投げかけている。今、ウェイス博士の論文を見ることができないので、シェナン女史の引用によれば、「いくつかの指標を用いて行なう伝統的な性判別では、一般に形質人類学者は中間的なものを男性と判別して了う傾向があり、その誤差は一二%である。」という。シェナン女史はさらに、遺骸の方向が性別によって強く支配されていることを指摘した。すなわち、ブランチでは、女性は主に、東—西または北東—南西に葬られ、男性は逆に西—東または南西—北東方向に横たえられていた。この遺骸の方向と姿勢の要素の一致によって行なった男女の判別は、形質人類学者の判別より確かであろうとしている。ウェイス博士は、形質人類学者の平均的誤差率を一二%と算出しているが、シェナン女史の場合は二〇%程度の誤差の可能性を指摘しているのである。

日本の形質人類学者が伝統的な判別法により、日本人人骨について行なった性判別の誤差率について計算された例は調べていない[39]。ウェイス博士の示した誤差率を、そのまま土井ヶ浜における性判別にあてはめてよいかどうかわからないが、仮に採用するならば、集団人口は一三〇人内外となる。なおシェナン女史の例のように二〇%の誤差を認めるならば、集団人口は九〇人内外となる。ともかくこの場合、女性を男性として判別して了う偏りの傾向を想定する限り、集団の人口は計算上減少することになる。

三、土井ヶ浜墓地使用期間についての仮定は正しいか。

さきに土井ヶ浜墓地使用期間を五〇年と仮定した。土井ヶ浜の墓地が使用されたのは、弥生時代の前期末にあたる。弥生時代開始の年代については、前三〇〇年頃とする説、前二〇〇年頃とする説などがある。筆者は佐原真氏と共に前二〇〇年説を提示したことがある[40]。弥生時代について動かぬ暦年代は、その中期中葉頃が紀元前後にあたることである。前二〇〇年開始説をとるとすれば、前期の継続期間は当然二〇〇年より短くなる。この間、製作使用された土器は、北浦の場合少なくとも四型式に分期しうるであろう。土井ヶ浜遺跡で出土した土器は、その終末頃の二型式にあたると見てよい。前期の各型式の継続期間がほぼ等しかったとするならば土井ヶ浜墓地の継続期間は一〇〇年よりは短いということになる。しかし、各型式の継続期間が等しいとは限らない。おそらく古式のものは、より継続期間が永かったとも考えられる。このような点を考慮して五〇年間を想定した。一般に墓地は、一旦ある場所に営まれると、長期間固定する傾向がある。特に土井ヶ浜のような砂丘は、墓地として好適であり、畑地や住居地として適していない。したがって、継続期間五〇年という仮定は短か過ぎることはあっても永過ぎることはないであろう。弥生時代の開始を前三〇〇年頃とするならば、当然墓地の使用期間も永くなるであろうし、年間死亡者数は計算上減少し、集団人口もまたさきの数字よりは少なくなる。

四、死亡率の仮定は正しいか。

さきに仮定した年間粗死亡率は人口一〇〇〇に対して五〇であった。数値の根拠が薄弱であることも既述の通りである。いかに弥生時代前期といっても、死亡率には自ら限度がある筈である。明治初年頃の日本の死亡率よりも低いことはありえないであろう。被葬者の中には、石鏃や牙鏃を身に受けた戦闘の犠牲者かと見られるものもあり、一基の石棺に六体を同時埋葬したと判断されるもの、五体を同時埋葬したもの、二体を同時埋葬したもの、など死亡率の高さをうかがわせる例が少なくない(41)。したがって、死亡率の五〇は、高過ぎることはないであろう。死亡率がより高ければ集団の人口は計算上減少することになる。

五、出土地点不明の人骨は、東区に属するものではないか。

土井ヶ浜遺跡で出土した人骨中、出土地点不明のものは、調査以前に植林・建築など偶然の機会に出土し、再埋葬されていたものである。これらはおそらく現地表からそれほど深くない処に葬られていたものであろうと考えられるが、もしそうであるとするならば、これらが東区の埋葬者であった可能性は高い。出土地不明のもので性別の判定されたのは、男性一七体、女性三体を数え、その差は一四体である。これらを東区出土として先の計算に入れるならば、集団人口は、約五〇〇人内外となる。以上の数値に、判定誤差の一二%を考慮するならば、集団の人口は一五七人内外となる。また、シェナン女史のように誤差二〇%説をとるならば、集団の人口は一〇四人内外となる。

六、周辺区における男女例数の差は正しいか。

さきに述べたように、周辺地区における男女例数の差は、原判別によるならば二体である。もしこれが正しくないとすれば、集団の人口の復原計算に大きな影響を与える。集団を構成していた男女数が等しかったという前提に立つ限り、周辺区の男女例数の差が零ということはありえない。また、差が一体であるということも考えにくい。なぜならば、仮に差が一体とするならば、周辺区の範囲は計算上、既掘面積約一四〇㎡の四一倍、すなわち五七四〇㎡となり、砂丘の範囲外に及ぶことになる(図3)。第四次調査では、墓域の東西の限界をほぼ確かめえたと見られる。また、第五次調査の際、東区の北約六〇mの地点で約二六㎡の試掘壙を設けたが、壙中で一体の遺骸の出土を見たのみであった。北区で、ほぼ四㎡について一体の出土があったことに比べるならば、同じ周辺区であっても中央から隔たるに従って埋葬の密度が減少して行くという傾向を読みとることができる。こうした傾向から考えても、周辺区の総被葬者数をそれほど多く見積ることは難しいであろう。ともかく、既掘の周辺区における男女例数の差が多ければ集団の人口は計算上減少することになる。

以上の吟味によって、集団の人口は、仮定の条件の変化次第で大きく動くことが知られた。しかし、吟味五で考慮した条件によって示した五〇〇人という数値を最大限として、人口は少なくなる蓋然性が高い。おそらく、吟味五に判別誤差率一二パーセントを考慮して得た一五〇人内外という数値が、もっとも実際に近いものではないだろうか。土井ヶ浜遺跡の立地する海岸平野が、その集団の生産の場であったとするならば、平野の規模から考えて、集団の人口がその程度であることは面倒な仮説を立てなくても十分想定しうるかも知れない。しかし、その食糧資源がただ農耕によって得られたものだけでなく、漁獲、狩猟、採集によっても得られていたと想像されるがゆえに、あえて検討を試みたわけである。

さて、土井ヶ浜遺跡の立地する海岸平野の規模を一単位として、各海岸平野の規模を先に示した。今日、弥生時代前期の遺跡または遺物が知られている処に限り、しかも主観的な単位の決め方ではあるが、一応の目安とするならば、下関市から土井ヶ浜に至る北浦の弥生時代前期末頃の人口は、最大一万三〇〇〇人から、最小二五〇〇人内外の間と見られ、四〇〇〇人内外がもっともありそうな数であると考える。この人口は、一応五〇年間と仮定した期間内の平均人口であって、年代によって増減があることは当然考えなければならない。下関市郷遺跡で調査された貯蔵用竪穴の時期別の数を見る限りでは、前期の古い時期から新しい時期に向って、竪穴の数は急激に増加しているようである。人口も、前期末に最大となり、その増大が一つの原因となって、何かのカタストロフを迎えたのではないであろうか。

〔註〕

（1）弘津史文『防長石器時代資料』一九二九年、山口

（2）「長門安岡村発掘の銅剣」『考古学雑誌』第四巻、第九号、彙報、一九一四年

（3）森本六爾「長門富任に於ける青銅器時代墳墓」『考古学研究』第二輯、一九二七年

（4）国分直一「山陰響灘沿岸の弥生文化——生産と社会の問題をめぐって——」国分直一『日本民族文化の研究』一九七〇年、東京

（5）小田富士雄・佐原　真「瀬戸内をめぐる九州と畿内の弥生土器編年の検討」小野忠凞編『高地性集落跡の研究』資料篇、一九七九年、東京

（6）土井ヶ浜遺跡の発掘調査については、最終報告が出されていない。概報としては、金関丈夫・坪井清足・金関　恕「山口県土井ヶ浜遺跡」杉原荘介編『日本農耕文化の生成』本文篇、一九六一年、東京。同図録篇、一九六〇年、東京が出されている。

（7）註（1）文献九頁。幡生八幡宮付近で磨製石斧の採集されたことが、明治年間に依田鍋三郎によって報告されている。
（8）伊東照雄氏よりの直接の教示による。
（9）金関　恕「吉母浜遺跡」下関市市史編修委員会編『下関市史』原史―中世、一九六五年、下関
（10）国分直一「山口県豊浦郡豊浦町無田遺跡及び附近遺跡」『日本考古学協会第26回総会研究発表要旨』一九六〇年
国分直一・岩崎卓也・木下正史「山口県中の浜の埋葬遺跡調査概報」『大塚考古』第九号、一九六八年
（11）金関　恕・佐原　真「考古学からみた日本人の起源（対談）」『歴史公論』第二巻、第一二号、一九七六年
（12）小林行雄「おんがわしき―どき」水野清一・小林行雄『図解考古学辞典』一九五九年、東京
（13）森本六爾「長門発見の一弥生式土器」『考古学』第一巻、第三号、一九三〇年
（14）山本　博「長門国大井村の弥生式遺跡」『考古学雑誌』第二四巻、第一号、一九三四年
山本　博「再び長門・大井村出土の弥生式土器に就いて」『考古学雑誌』第二五巻、第一号、一九三五年
（15）山本　博「西日本弥生式問題」『考古学雑誌』第二五巻、第一〇号、一九三五年
山本　博「西日本弥生式問題（其二）」『考古学雑誌』第二五巻、第一二号、一九三五年
（16）小林行雄『弥生式土器聚成図録』正編、一九三八年、東京
（17）小田富士雄『長門下関周辺の弥生式土器』一九五七年、下関
（18）註（17）文献、一八頁
（19）坪井清足「山口県豊浦郡豊北町土井ヶ浜遺跡の土器」小林行雄・杉原荘介編『弥生式土器集成』2、一九六一年、東京・京都、及び註（6）文献
（20）中野一人「弥生式土器からみた山口県の文化地域」『考古学研究』第九巻、第三号、一九六二年
（21）小野忠凞「山口県下関市綾羅木弥生式遺跡」『考古学雑誌』第四三巻、第四号、一九五八年
（22）金関　恕「梶栗浜遺跡」註（9）文献
（23）金関　恕「山陰地方Ⅰ」小林行雄・杉原荘介編『弥生式土器集成』本編1、一九六四年、東京
（24）伊東照雄「綾羅木郷遺跡出土弥生土器編年表（仮題）」『えとのす』第1号、一九七四年
（25）伊東照雄氏よりの直接の教示による。

(26) 山本一朗「防長の弥生式土器」周陽考古学研究所編『山口県の弥生式土器――集成と編年――』一九七九年、光

(27) 田辺昭三・田中　琢編「弥生土師器」『日本陶磁全集』2、一九七八年、東京
佐原　真「弥生土器の技術」坪井清足編『世界陶磁全集』1、日本原始、一九七九年、東京
註（5）文献

(28) 豊浦町無田遺跡出土と伝えるもの。註（17）及び註（23）文献所掲

(29) 註（6）文献で八七体としたが、うち一体は中期の人骨であることが明らかであるため、ここでは八六体とした。

(30) 註（6）文献二二八、九頁

(31) 註（6）及び註（19）文献

(32) 松岡脩吉「死亡率」平凡社『世界大百科事典』10、一九六五年、東京

(33) 本庄栄治郎『人口及人口問題』一九三〇年、東京

(34) Seligman, E.R.A. and Johnson, A. ed. : *Encyclopaedia of the Social Science*, Vol. XI, 1963, New York.

(35) 金関丈夫「根獅子人骨について」予報、京都大学平戸学術調査団編『平戸学術調査報告』一九五一年

(36) 判別は観察によって行なわれ、判別関数法は採用されていなかった。

(37) Shennan, S. : The Social Organization at Branč, *Antiquity*, Vol. XLIX No. 196, 1975.

(38) Weiss, K. : On the Systematic Bias in Skeletal Sexing, *American Journal of Physical Anthropology*, Vol. XXXVII, 1972.

(39) 埴原和郎『骨を読む――ある人類学者の体験――』一九六五年、東京。日本人の頭骨に関して、五種の計測値を用いた性判別関数法による判定で的中率は九〇%であったと述べられている。また同教授の案出になる全身にわたる計測値を用いた方法では九九%の的中率を出されたということである。土井ヶ浜出土人骨についても伝統的な方法による的中率がどの程度であったか調査を望みたい。

(40) 佐原　真・金関　恕編『稲作の始まり』古代史発掘4、一九七五年、東京

(41) 註（6）文献

（「北浦における弥生前期の社会」『日本民族文化とその周辺』一九八〇年）

第三章　都市の成立――西と東――

1　はじめに

考古学研究会の総会で、都市の成立について何か話をせよということで、いろいろ考えましたが、本日は、都市の西と東というテーマでお話しをさせていただきたいと思います。

私は一九六五年からイスラエルの都市遺跡の調査を行っています。西アジアの都市遺跡についてはメソポタミアのものがよく紹介されますが、パレスチナのものは日本ではほとんど知られていません。まず、それを紹介させていただきたいということが一つです。もう一つは、最近、しばしば中国へ行く機会を得て、山東省や浙江省を中心にいろいろと見て参りましたので、その辺の都市遺跡も比較しながらお話しさせていただこうと思います。

2　都市の定義について

まず、都市遺跡とはどういう遺跡を指すのでしょうか。私が一九六五年に発掘調査を行ったテル・ゼロールという小さな遺跡、これがイスラエルの報告書では中期青銅器時代の「都市遺跡」ということになっています。その当時は、私も「これが都市遺跡かなあ」と漠然と思っていましたが、しかしよく考えてみると、日本の弥生時代の遺跡でも、けっこう大きくてしっかりした施設があるではないか。テル・ゼロールが都市遺跡であれば、当然、弥生時代の遺跡も都市遺跡と呼んでいいのではないか、という疑問が起こったのです。数年前に佐賀県の吉野ヶ里遺跡のすばらしいたたずまいを見て、もしこれを西南アジアにもっていけば、おそらく都市遺跡として扱われるのではないか、その資格が十分にある遺跡ではないか、と感じました。つまり、吉野ヶ里に代表される弥生の環濠集落が都市であるか、あるいはテル・ゼロールのような小さなパレスチナの集落が都市でないのか、どちらかということになります。また、テル・ゼロールの調査の後、最近の数年間はガリラヤ湖の東岸のエン・ゲブという遺跡を掘っていますが、その近くの小さな谷の底にテル・ソレグという遺跡がひっそりと残っています。テル・ゼロールなどと比べものにならないほど小さな遺跡ですが、この遺跡も"City"として紹介されていました。それを見て私は「こういうものも都市なのだろうか」と疑問をもちました。そこで、パレスチナで調査をした機会に、私といつも調査をともにしてきたモシェ・コハヴィ、マザール・アミハイという二人の著名なイスラエル人の考古学者に「いったいイスラエルでは、都市というものをどういうふうにして決めるのか」と質問してみたことがあります。

しかし、私は大きな錯覚をしていたのですが、実は、このcityという言葉は、元の報告にはないのです。元の報告は、現代ヘブライ語で書かれていますが、この言語は一九四八年にイスラエルが成立したときに、旧約聖書に使われたような古いヘブライ語をもとにして、新しい語彙を人為的に加えて創り出した新造の言葉です。その言葉を操って、立派な文学や科学的な論文が、現在もどんどんと書かれていて、当然、考古学者もこのヘブライ語で報告書を書きます。残念ながら、私はヘブライ語がほとんどできませんので、それらの報告書の英訳を読むわけですが、その英訳にcityやurbanが使われているので、私は「都市」と読み取っていたのです。ところが実際には、そう単純でないらしいのです。

現在ヘブライ語で都市のことを「イル」といいます。古い旧約聖書の都市もirですね。この「イル」を英語に直すときにcityという訳語しかないのかというと、そうではなく、townと訳してもいっこうにかまわない。旧約聖書には「農村」に当たる「クファール」という言葉がありますが、聖書学者によると、旧約聖書で「クファール」という言葉でムラを表す事例は二つしかない。というわけで、人が集まってる集落は、すべて「イル」という表現をするようで、考古学者もまた、調査した遺跡を「イル」と報告します。それが英語に訳されるときに、機械的にcityと訳されてしまうというのが実情のようです。

cityとなれば、私たちは当然ニューヨークとか東京とか、新しい現代のcityから「都市」という訳語をもってきて、「イスラエルではテル・ゼロールを都市と扱っているぞ」といった認識をしてしまうのですね。ここに大きな言葉の錯覚があります。考えてみると、私たちが「都市」と呼ぶのはいったい何でしょう。どうして「都市」という言葉を使うのか。これはcityのちゃんとした訳語なのだろうか。また、urbanという形容詞を「都市の」とするのは正しい訳語なのだろうか、ということで、そこに言葉の罠に引っかかる恐れを、私は感じたわけであります。

そこで私はふたたび、コハヴィ氏やアミハイ氏に尋ねます。「では、あなたがたはイルとしたものが機械的にcityと英訳されるのを黙認しているが、それでいいのですか、実態はどうやってきめるのですか」と。すると、かれらは二人とも「cityとかurbanについて、地理学者・政治学者・社会学者などがそれぞれの立場や方法で定義を下していることはよく知っている、そして、われわれ野外考古学者は遺構から定義する」と答えます。

しかし、地理学や政治学・社会学などの定義を、私たち野外考古学者の定義で満足させることができるかといえば、それは無理でしょう。なぜなら、社会学や人文地理学でいう都市の定義は、ハードとソフトの両面を合成したものですが、考古学者の鍬では、その両方を掘り出すことはできません。ソフトに関わる面を、私たちは類推はできるかもしれませんが、掘り出せない、証明できないのです。考古学者が都市という場合には、ソフトの面をなるべく排除して、鍬の先で見つけられるものだけを条件の中に重ねていかなければなりません。

3　考古学による都市の条件

では、イスラエル考古学の常識で都市という場合は、どういう条件があるでしょうか。まずは規模です。ある程度大きくなければcityとはよべないでしょう。相当数の人口が必要です。次に、その人々を守る防御施設です。かりに城壁という言葉で表現しておきますが、濠があったりもします。中期青銅器時代には、濠をめぐらした城壁、いわゆるヒクソス式城壁というものが出てきます。それから、その中心に、王権を表すような、一般庶民の建物とは違ったパレスが必要です。これも、パレスか否かという遺構の認定が難しいのですが、一般からは飛び抜けた規模の大きな建物です。都市の住民を守る守護神、都市の住民の心を統一する神殿も必要でしょう。さらに、都市はただ人が集まっているだけでなく公共生活を営みますから、何らかの公共設備が必要です。上水道や下水道、公共の備蓄倉庫などでしょうか。また、都市では経済的な活動があるから、そういうものの象徴としてのバザールが必要です。それから、都市には、当然、農民や牧羊民もいるかもしれませんが、その比率が高くあってはいけないし、手工業や商業に従事する人々が集まっている地区があった方がよい。市場と商業地区はひっついているかもしれません。発掘調査では、商業区を認定することは難しいでしょうが、工業区は、たとえばたくさんの金属器の鋳型や炉跡などから存在がわかるでしょう。

以上のよう見方で、日本の弥生時代の集落、たとえば吉野ヶ里遺跡を吟味してみましょう。まず規模です。規模でいちばん大切な人口については、発掘によってじかに出すことはできませんが、面積で考えると吉野ヶ里は約四〇ha。パレスチナではどうかというと、中規模のテルでだいたい二〇ha前後です。最大と呼ばれるガリラヤ湖北方のハツオール遺跡で八〇haくらい。ですから、吉野ヶ里あるいは弥生時代の大きな環濠集落であれば、規模の点では、パレスチナのいわゆるcityと同様といえます。人口の集中度もほぼ同じでしょう。

次に防御施設。パレスチナのcityには非常に立派な城壁があります。吉野ヶ里の防御施設も非常に立派ですね。

深い濠があり、その外側に塁壁が巡らされている。おそらくその上には柵があったでしょう。愛知県の朝日遺跡や吉野ヶ里の一部では逆茂木のようなものも見つかっています。

それから王宮。これは大変難しい。弥生時代の遺跡で「これが王宮だ」と呼ばれるものはたいへん数が少ない。確定しているものはないかもしれません。佐賀県の千塔山遺跡については、武末純一さんや寺沢薫さんが、その中央の部分を王宮になぞらえています。吉野ヶ里のいわゆる内郭と呼ばれる地区も、何か特別な社会階層の人たちの住んでいた場所であるかもしれない。

次に神殿。吉野ヶ里には神殿として建てられた施設はありませんが、その役割を果たしているようなものがある。ご承知のように、吉野ヶ里の外郭の北の端には立派な墳丘墓が作られていました。墳丘墓ができたのは紀元前二世紀の頃でしょうが、いくつかの甕棺が埋まり、立派な武器が副葬されている。この吉野ヶ里を開いた、あるいは大きくした戦士の墓かもしれません。その外側に、墓を祭った土器が埋納されていて、土器の型式から、墓への埋葬が終わった後も相当に長いあいだ祭りが続いたことがわかっています。さらに、この濠の一部に道が通じていて、内部に住んでいた人々だけでなく外の人たちも参詣に来ているようですが、吉野ヶ里や周囲の小集団の人々が、精神的にこの場所につなぎ止められていた可能性が考えられるでしょう。これはすでに、権力を維持する行為としての宗教であり、その役割を果たす神殿であるといえます。

公共建物は多数の倉庫で代表できるでしょう。これがバザールであるとは断言できませんが、吉野ヶ里にせよ大阪府の池上曽根にせよ、他の地域の物資をもってきて、集落内で加工して集落外に出している。そういう生産と交易の形態が考えられますから、交換の場としてのバザールは存在しえたでしょうし、品物を運ぶ人々も当然いたでしょう。

このように、すべてを完全に証明できないにしても、以上の条件をある程度クリアできるとすれば、吉野ヶ里は都市ではないか、とも考えられるわけです。

4　都市の定義についての諸説

都市の定義については、他にいろいろな考えがあります。たとえば有名なエジプト考古学者のビータクは、エジプトの都市遺跡をたくさん掘って「都市とは何だろうか」と考えました（ただしビータクは、city でなく town という言葉を使っています）。まず都市には、高密度の居住とある程度の面積が必要である、と述べています。現代の都市が成り立つ条件をそのまま古代には適用できないでしょうが、産業革命以前のヨーロッパの都市の人口密度は一 ha あたり約五人以上で、現在のエジプトの地方都市の人口密度とほぼ一致するということです。ただし、古代エジプトについてはもう少し発掘調査をしてデータを集めなければなりません。

次に、宗教・行政・産業その他の区画がなされていること。また、住民の間に社会階層が形成されていること。区画については、発掘調査でわかる場合もありますが、社会階層の有無についてはむずかしく、ソフトに類する問題でしょう。さらに、地域における行政・商業・司法等の中心であること。商業の中心であることは発掘された物資を解析すればわかるかもしれませんが、行政司法はむずかしいですね。それから、非農業共同体であること。ただし、住民の一部が農業労働者であっても差し支えない、と書いていますが、そのあたりは発掘してわかるものではありません。さらに、工業・手工業、商品・商店の集中。これもローマ時代のポンペイなどならともかく、普通のオリエントの都市や日本の弥生時代の都市ではむずかしい。そして、労働職業の分化と社会的階層制。これもたいへんむずかしい問題です。

それから、宗教センターがあること。エジプトでは、普通、宗教施設が町の中に置かれています。これは努力すればわかるかもしれない。次に防御施設。ある時代や地域においては、都市は周辺の人々が逃げ込んでくる避難所の役割を果たし、防御の中心でもあったということです。外壁は古代エジプトでは非常に重要で、目立った施設です。たとえばピラミッドに付属した町や、エレファンティン、エド、ヒエラコンポリスなど、古王国や中王国の都市にとって、外壁は重要な要素とされています。新王国の、奴隷の町といわれているディルアルメディーネなども城壁で囲まれています。

以上は考古学者であるビータクの定義ですが、その中にはソフトに類することがたくさん入っていますので、考古学者が鍬先だけで確認することはできません。もう一人、中国の考古学者の徐朝龍さんの定義を見てみましょう。徐さんは四川省の出身で、長江の上流ですから長江文明に対して非常に強い愛着があり、逆に、黄河文明に対しては少し冷たい見方を示しています。冷たいといえば怒られるかもしれませんが、これまで中国といえば黄河文明の産物だと言われていたのを、南の長江にももう一つ古代文明があって別個に発達し、この北と南の異質な文明が合わさって中国文明になった、と徐さんは説いているのです。今まで野蛮な国といって軽蔑されていた長江文明の名誉を回復するため、長江の方がすばらしいということをあえて強く主張されている。中国のことわざにあるのですが、矯正するときには、すこし言い過ぎるくらいに言った方がいい、というのが徐さんの姿勢です。

その中で、徐さんは都市の定義をされています。ここで意識されているのは、長江下流域の新石器時代から青銅器時代初期に形成され良渚文化です。良渚文化には、版築による巨大な城壁または基壇があります。城壁かどうかはまだわかりませんが、基壇とすれば約一五～一六haもある大きなもので、パレスチナへ行けば、もうそれだけで立派な都市の面積になるほどです。高さ七～八mで、その上にさらに台を作って建物を建てています。それから宮殿ないし神殿、および支配者層の陵墓の存在。次に祭祀のための儀器、とくに青銅器または玉器。また、大規模な祭祀遺跡。力による政治を裏付ける武器の存在。そして専門的手工業の工房。さらに集落遺跡と中心遺構の分布上の相関性。これは、中心の集落があり、その周辺にそれを支える地域があるという関係、いうなれば都と鄙、あるいは都市と農村といった関係が成立しているということです。さらに、都市の本質については、ハーヴァード大学におられた有名な中国古学者の張光直さんの意見を取り入れ、「都市とは政治権力の存続を可能にするための道具である」と位置づけておられます。この定義は、藤田弘夫さんが『都市の論理』という著書で下されたものと、ほぼ同じです。

日本の場合はどうでしょう。たとえば町田章さんは、藤原京や平城京は都市であった、とされ、その条件を挙げておられます。宮の存在、ある程度の規模と人口集中、都市の計画性およびその技術、交通と物質、市場、都市の周囲の城壁、それから都市の内部に社会階層があること。都市の内部の住民が非農民あるいは非牧民であること。そういう条件が揃っているので、それ以前のことがよくわからないけれども、藤原京・平城京は、まず日本最初の都市であろう、と町田さんはおっしゃっています。

昨年、このテーマで講演をされた都出比呂志さんも、最古の都市は藤原京である、とおっしゃっています。まず王宮があり、政府の機関があって、官僚たちが集まって住み着いている。物質の交易をする市がある。宗教的なセンターとしての寺院がある。そういう点を挙げておられます。

寺沢薫さんは、集住していることと、ある程度の規模があることを、都市の一つの条件とされています。それから共同性と防災性。住み着いた人たちが自らを守るために、防御施設を施す。また、都市の内部に分業があり、さらに、都市と考えられる共同体の相互間にも分業的な関係が成立していて、交通によって結ばれていること。それから、都市の間に社会階層が発達していること。政権の維持機関としての宗教があること。そして、これらの条件に当てはまるもっとも古い都市が、大和の纒向遺跡である、と述べています。ただ、都市は纒向一つだけでなく、たとえば大阪府の中田遺跡も大和と瀬戸内海とを結ぶ中間的な都市機能をもっていただろうし、あるいはこの岡山の足守川の流域や、九州へ行くと奴国の須玖岡本、伊都国の三雲などにも都市があっただろう、と考えておられます。また、広瀬和雄さんは、弥生の環濠集落は都市であるというご意見で、これについては今回報告していただけるということで、楽しみにしています。

このように、都市の定義にはいろいろあります。ただ、考えてみますと、結局のところ世界的にみて、ある遺跡を掘ってそれを都市であるとかないとかいう場合、それぞれの土地の考古学の流れの中で、そこの考古学者の頭の中に、都市と呼ぶ実態がそれぞれ形成されているようです。あるいは、各地方の都市遺跡を掘る人々の中で、都市と都市以前との区別について、それぞれに独立した認定のグラマーのようなものがあるのではないか。そして、それに照らし合わして、都市と呼び、あるいは町邑と呼び、town と呼ぶ。それは、彼らにとって大きな問題ではなく、今まで先輩がやってきた通り「これは都市とすればいいのだ」という程度かもしれません。何も、自分たちの伝統を破ってまで世界共通、国際的「都市」という概念で新しい表現をしなければならないということもない、という考えもありうるでしょう。

ここ数年、日本考古学では都市の問題がたいへん大きく取りあげられるようになりました。一部の考古学研究者は、藤原京あたりから本当の都市であろうと考えています。また、文献史学の狩野久さんなどは、平城京の戸籍等を調べた結果、農業に依拠している人々の数がまだ多いことから、本当の都市は平安京からである、というご意見です。そのいっぽう、纒向から、あるいは弥生の環濠集落から都市である、という考えがある。それぞれ違うわけです。日本考古学の中でも、これまでは都市の定義については充分な合意が出来ていなかった。そして、まさに今、昨年あたりから、都市をどう考えるかという一種のストラグルが起こっている段階で、これはいずれ定着していくのではないか、と思います。

5 「都市」の字義とイメージ

パレスチナの都市遺跡の問題に入る前に、もう一度私たちの用語について考えてみたいと思います。私たちの中には、都市という二文字の漢語からすぐに英語の city とか urban を考え、その翻訳語としての都市を考える人もあります。また、無条件に藤原京からを都市と考えている方もあれば、近代都市からを都市と考える人もいるでしょう。そこで、ためしに「都」という字のエティモロジーを調べてみました。

白川静さんの解釈によると、古い時代の中国の小さな村である「邑」の周りに、それを取り巻く堤を巡らすのですが、「都」というのはその堤のことで、その所々におまじないの札を埋めていた。ですから、「都」という字を解析すれば「呪符を埋めた堤」という定義ができるということです。つまり「都」というのは、もともとは城壁に似た囲郭施設ということになります。ところが、あるものが囲まれると、囲まれた中身まで全部「都」で表すことがあるのですね。たとえば、古代東北地方の秋田柵や払田柵などの「柵」は、元来は囲む施設ですが、それで囲まれた中身も含めて「柵」と呼ばれます。「城」もそうです。

私が調べた「都」の最古の用例は、紀元前九世紀、西周後半期の青銅器に「周王が反氏の都を征伐した」という意味のことが書かれているものです。この場合の「都」は、明らかに町という意味で使われているので、西周の中頃には、都という文字が町を表すようになっていたことがわかります。また、『春秋』の「左伝」では、先祖を祭る位牌のような呪（シュ）が納められた宗廟が置かれている邑のことを、とくに「都」といっています。そして、その「都」をきずくという場合、「きずく」ことを「城」という字で表します。普通の邑の場合は、きずくことは「築」で表すので、区別があるわけです。つまり、邑を作るのは「築邑」、都を作るのは「城都」となる。こういう用例は、相当に古い時代から「都」というものが政治的に非常に重要な、中心的な集落であったことを示しています。

それから、都市と農村との別についても、山東省の斉国の釣り手のある鐘の銘文に都と鄙、すなわち都市と田舎という使い分けが出てきます。すでに春秋時代には、都市意識と農村意識というものが、文字で表現されていたわけです。漢代の「都」の用例については、山尾幸久さんの紹介がありますが、それによると、漢代に都市といえば、今でいう町の盛り場、つまり、人がたくさん集まって商いをしたり、飲んだり騒いだりする場所を指すようです。

では、現代の私たちが都市と呼ぶのはどういうものか。多いのは「都会」というイメージですね。ですから、私たちが都市という言葉でイメージする「都」というのは、漢字の文化圏では、遅くとも西周の半ば、紀元前九世紀の頃からずっと連続して、人々が集まって住んでいる重要な政治的中心、あるいは宗教的中心といった意味を含んでいたことがわかるわけです。したがって、私たちがこの「都市」という言葉を使う場合には、やはり、とくに漢字文化圏に共通した一つのグラマーというか、共通理解を作っておく必要があるのではないかと思っています。

6　パレスチナのプロト・アーバン

さて、パレスチナでは、都市はどういうふうに理解されているのでしょうか。パレスチナの考古学を先導したのは、イギリス・ドイツ・フランスなどの考古学者たちでした。彼らは、都市については、非常に思い切った簡単な時代背景で説明しようとしました。パレスチナの考古学年代の表を出していますが、紀元前四三〇〇〜三三〇〇年の金石併用時代を、キャサリン・ケニオンは、プロト・アーバン（proto urban）の時代と位置づけました。プロト・アーバンというと、日本語では「原都市」と訳せるでしょうか。

では、パレスチナの原都市時代から都市時代への移り変わりは、どのようになっているのか、見てみましょう。死海にヨルダン川が注いでいますが、このヨルダン川を東から西に横切って一筋の道が走っています。この道はトランスヨルダンのアンマンからエルサレムに通じる道ですが、この道が死海の北西の角に接するところの丘の上に、ティレイラト・ガッスールという遺跡があります。名前の意味は「洗濯石鹼工場」。アラブの人たちが洗濯石鹼の工場を作っている場所で遺跡が見つかったのです。ここから、大型で特色のある土器が発掘されていて、その分布をたどると、北はゴラン高原からガリラヤ湖やヨルダン川沿いの一帯、南のベル・シェバ川の流域まで、ざっと一六〇㎞ほどにわたって点々とこのガッスール土器を出す金石併用期時代の遺跡が分布している。地中海沿岸のもっと肥沃な地域にもありそうですが、まだほとんど知られていないのは、非常に深いところに埋まっていて見つけることができないからだといわれています。

現在、ガッスール土器を出す遺跡が分布する地域は、大変な乾燥地帯です。ベル・シェバ川も普段は水の流れないワディですが、河床に小さな長い井戸を掘れば水が湧いてくる。また、河床は湿っていて、水が流れないときにいろいろな作物を作ることができる。ですから、このベル・シェバ川流域は農業中心の集落が多いわけです。ところが、北のゴランは非常に乾燥した高原地帯ですから、同じガッスールの土器を使い、多少は定住生活をしても、牧畜の比重が高い。同じ土器文化圏の中で生業が異なるわけです。

集落の様子を見てみると、南のベル・シェバ川流域ではギラット、シクミム、ビル・サファディといった非常に大きな集落がいくつか点々とあり、また周囲には小さな集落もあります。大きな集落はだいたい四～八ha、小さな集落はほんの数百㎡ほどです。大きな集落の内部については、たとえばシクミムでは、真ん中に広場があり、それを中心に大きな家が並んでいて、青銅器工房がある。多少とも都市に傾斜した形を取ろうとしているようにみえます。

これに対してゴラン高原では、たとえばアイン・エル・ハリリというムラをみると、家が壁を隔ててサナダ虫みたいな形に繋がっています。調査者のエプシュタインは、家の一つ一つが核家族、全体が大家族に相当すると考えており、それらが何条か並行して並んで大きな単位を作っています。こういう遺跡が点々とありますが、牧畜の比重が高く、これ以上に発展した様子はない。

最初に名前を出した、ヨルダン川流域のティレイラト・ガッスールは、これら金石併用時代の集落の中では最高に大きなものです。ヨルダン川流域を全部支配していたのではないかという考えもあります。そして、その非常に大きな特色が、実は宗教共同体であるということです。たとえば、死海の北西の岸辺にエン・ゲディという遺跡があって、険しい山の中腹から清らかな泉が太古の昔から湧いていますが、不思議なことに、水が豊富であるにもかかわらず古い時代の住居址はまったくない。その中でただ一つ、死海を見下ろす高い崖の上の平たい場所に神殿が設けられています。一辺が五〇mぐらいの壁が巡っていて、その一辺にベンチのついた門があり、それをくぐってまっすぐ行くと、正面に長さ二三m、幅七mの細長い神殿があります。この神殿の正面には龕があり、いろいろな

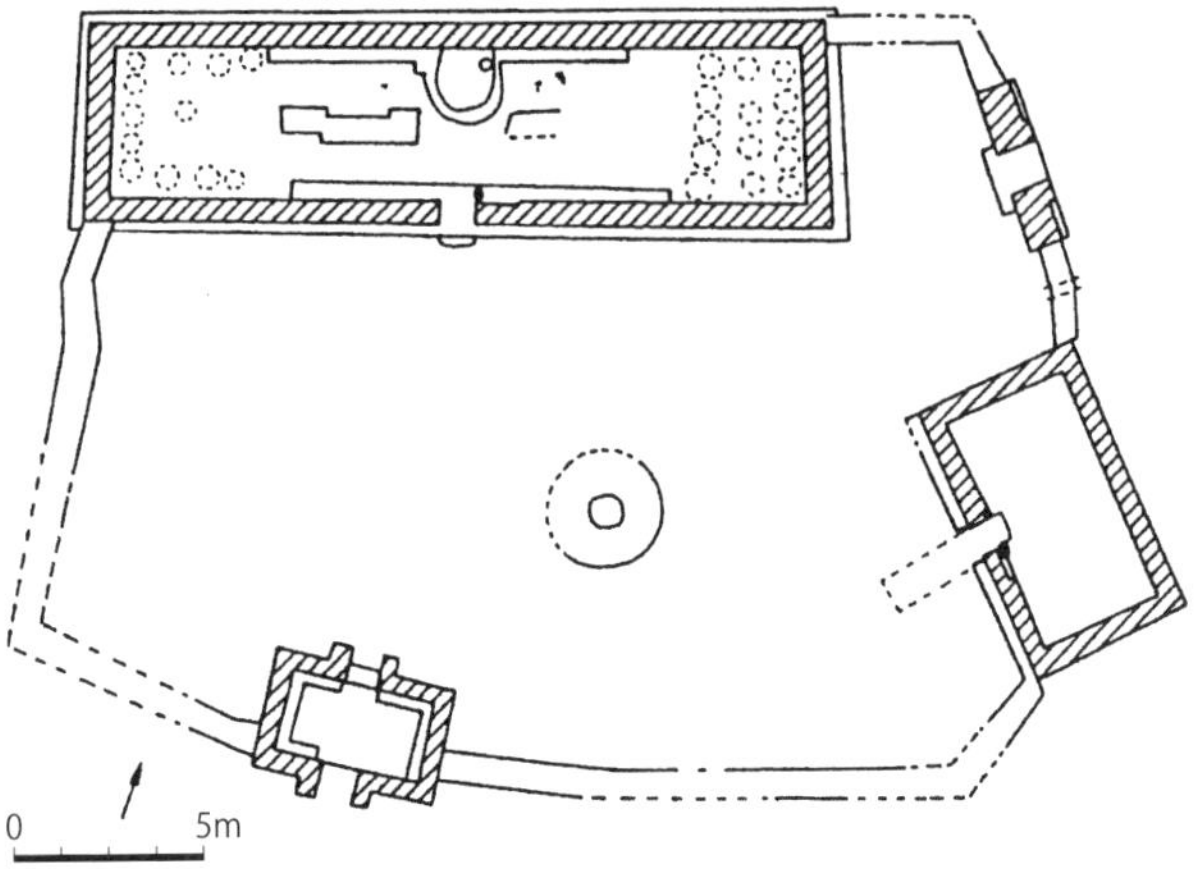

図　金石併用時代のエン・ゲディ神殿

ものをお祭りに捧げています。竈の左右にあるたくさんの小さな穴は、お祭りが済んだ後に捧げ物を埋納した穴で、灰・動物骨・土器片などが入っています。それからもう一つ、東壁沿いに別の建物があって、丸く石を組んで作った祭壇のようなものがみられます。この祭壇は犠牲を置いたものと考えられますが、祭壇の底から死海の方に向けて暗渠があるので、ここで水を使ったらしい。祭壇で水をたくさん使って何かを浄め、暗渠で外に排水する施設です。このエン・ゲディの神殿は、割合短い期間しか使われなかったようで、補修の痕跡はほとんどなく、見つかったときには閉塞された様子がありました。

さらに、このエン・ゲディから少し南西の方にナハール・ミシュマルという洞窟遺跡があります。ユダの荒れ野にたくさんある天然の洞窟の一つです。この洞窟の中に、四六〇点以上の銅器が入っていました。大部分が飾りをつけた棍棒のようなものですが、他に王冠や容器もあり、それらを包んでいた筵や織物もよく残っていました。人々はこれを、Treasure Cave（宝の洞窟）と呼んでいます。この銅器を分析すると、ほとんどが銅ですが、ごく僅かに砒素を含んでいる。銅そのものは死海沿岸のアラバ銅山の銅のようですが、砒素は、最近では多くの学者がアナトリアから運んだものと考えています。それらを一緒に溶かして鋳物を作るわけですが、技術的に検討するとロストワックス法だということで、世界最古のロウ型の作品であることもわかりました。

これら多量の銅器、布、それからたくさんの食料品も発掘されている。おそらく、南に離れたベル・シェバ地域やティレイラト・ガッスールも含めた、一つの共通の土器文化圏のなかで、このエン・ゲディという宗教センターが営まれたのではないか。さきほど名前を出したアミハイ氏などはそう考えています。つまり、北のゴランから南のベル・シェバまで、距離にして二〇〇kmぐらいにわたる地域に、紀元前四〇〇〇年頃の金石併用時代に、すでに大きな宗教共同体的な網があり、人々が集まって宗教行事をしているらしい。そしておそらく、何かの危機に際してエン・ゲディの神殿は封鎖され、神殿に属していた銅製品は全部ナハール・ミシュマルに隠匿された、という想定がなされています。

こういう宗教共同体を営み、所々に非常に大型の集落がある。ただし、これらの集落には囲壁はなく、この時代を通じて武器武具の類が非常に少ない。武器武具が少なく防御施設がないというのが、パレスチナの金石併用時代の特色です。比較的平和な時代であったと考えられるでしょう。

この時代にはまた、農業が非常に発達します。その要因は、オリーブとナツメヤシの登場です。これらが、地中海世界あるいはアラビアの辺りから伝わります。そして、ニンニク・タマネギがメソポタミアからやってきます。それから在地の小麦・大麦。そういったものが農業生産品としてナハール・ミシュマルに蓄えられています。家畜は、北の方では羊と山羊、南では豚が飼われていたことがわかっています。

ティレイト・ガッスールのもう一つの大きな特色は、住居と墓とがはっきりと分離することです。たとえばガッスールの居住地と、その墓のアディメィとは二km も離れています。

7　パレスチナの都市の成立

キャサリン・ケニオンが設定したパレスチナの原都市文化は、だいたい以上のような状況です。では、次の都市文化は一体いつできたのか。金石併用時代の次にくる時代は、青銅器時代です。この青銅器時代は、前期・中期・

後期の三つに分けられており、さらに前期がⅠ～Ⅳまで細分されていますが、パレスチナで都市が始まるのは前期青銅器時代の第Ⅱ期ということになっています。

これに先立つ前期青銅器時代第Ⅰ期は、紀元前三三〇〇～三〇五〇年の約二五〇年間です。この時期が前の時代とはっきりと違うのは、たとえばベル・シェバ川の河床、ヨルダン川の縁辺、ゴラン高原の上などにあった金石併用時代の集落のほとんどが捨てられ、別の場所に新しい集落が作られます。そして、その新しい場所はその後動くことなく、鉄器時代やペルシャ時代までずっと、都市が営まれては埋まり、埋まってはまた営まれる状況が続いていきます。こういう継続性を獲得するのが前期青銅器時代のⅠ期です。そして、今までの農・牧の暮らしのうち、農への傾斜がぐっと大きくなり、イチジクやブドウといった新しい作物が入ってきます。野菜の栽培も始まります。しかし、このⅠ期にはまだ、集落は充分に防御施設を施した町としての形態をとっていません。そして、Ⅱ期になるとようやく、その後に続く都市文化の基礎ができていくわけです。

金石併用時代の人々がそのまま前期青銅器時代以降の都市を作ったのか、それとも新しい人々が入ってきたのか、その辺が大きな問題です。ただ、ちょうどこの時期に、パレスチナに対するエジプトやメソポタミアの影響が非常に強くなったことは重要です。エジプトは木材のない国ですので、大きな建造物を作る木材を外から獲得することがどうしても必要でした。そこで、第2王朝の頃から地中海に乗り出し、フェニキア人の都市であったビブロスやグブラなどと通商協定を結んで、たくさんのレバノンの材木をエジプトに運び、代わりにエジプトのパピルスを運び出す、という関係を結んだのです。そのことを通じて、都市も含めた古代エジプトの文明がビブロスに定着し始め、南シリアの南部を通じてパレスチナに入っていく。いっぽうメソポタミアでは新しい民族の波がウルク期を形成し、そのシュメール人の文化がパレスチナに入ってきます。

ごく最近、ユーフラテス川上流のハブバ・カビラの発掘で、非常に驚くべき成果が上がりました。ウルクの都市文化が、いち早くこの北シリアにまで広がっていたことがわかったのです。ですから、パレスチナの都市化もまた、自立的に動いたものではなく、エジプトあるいはメソポタミアの大きな影響を受けて開かれたものだろうと考えています。

こうした文化侵略のようなものがあったのかどうか、具体的にはわかりません。ただし、世界的に考えた場合、金石併用時代前後から青銅器時代の頃に、どうやら共通して都市形成の波が起こっているようです。日本の弥生時代もまた、今は金石併用時代とはいいませんが、青銅器工業が起こり始めた頃に防御をめぐらした集落が発達していく。中国でもそうです。古くチャイルドが説いたように、やはり青銅器文化の波が一つの文明の鍵になる。このことは、考古学が鍬で証明できることではないかと思います。

（「都市の成立――西と東――」『考古学研究』第四五巻第三号　一九九八年）

第四章　王権の成立と王墓の築造

はじめに

歴史を彩ったさまざまなできごとのなかでも、強力な王権の成立は、その民族が進んで行く方向を決定づけたものであります。各社会では、支配者である特定の人物の権威をいやが上にも高めるために、各種の装置が工夫されました。王墓もその装置の一つだと考えられます。

定住集落から都市が形成されて行く社会では、しばしば王墓が築かれ、王位継承者は自らの地位や命令を認めさせる必要から、王墓を背景として儀礼を執行します。しかし、王墓の規模は多くの要因によって左右されます。営まれていた社会、王国の広さや豊かさだけが巨大王墓を生み出す条件だったとは限りません。

日本では「古墳時代」の名があるように、古代世界の中でもとくに目立つほどの大墳墓が造営されました。いうまでもなく、大和盆地の東南の一角に隆然たる姿を遺す箸墓や、大阪湾に臨む大仙陵古墳などが代表する、前方後円墳や前方後方墳の築造であります。

ここでは1として、前方後円墳の形の起源がどのように解釈されてきたのか、という問題を取り上げ、2で西南アジアの王権と王陵の関係をお話したいと思います。なお、王権と王陵については都出比呂志『王陵の考古学』（岩波新書六七六、二〇〇〇年、岩波書店）、初期王権研究委員会編『古代王権の誕生』Ⅰ～Ⅳ（二〇〇二～〇三、角川書店）などをご参照下さい。

1　前方後円墳の名称と起源

(1)　器物模倣説

前方後円墳は特異な形状をしています。古い時代に築かれ、地上に姿を遺しているために、築造当時の設計の記憶が失われた後になっても、これらが太古の時代の墳丘であることは伝えられており、各々の古墳の固有の名については地名を冠して呼ばれるのが一般的です。しかし形が似ている器物の名をもって呼ぶこともあります。そうした前方後円墳で多いのは次のようなものです。

鐘塚の名は広い範囲に見られます。柄つきの銅鏡の形から命名されたものだと思います。柄鏡は宋代の後半期に中国で流行していたものが日本に伝えられ、平安時代の終わりごろから普及したものですから、鏡塚の名もそれほど古い起源をもつものではないでしょう。しかし、かつてその塚から鏡が掘り出されたことがあって、塚の名の由来になった可能性がないとはいえません。

鑵子塚という名の古墳も少なくないようです。最近ではあまり使われなくなりましたが、近い過去には、お酒を温める道具として、円い器に長い柄のついた金属製の鑵子がよく用いられました。銚子といえば徳利のことですが鑵子を指すこともあり、銚子塚の名も普遍的です。円い臼に柄のついた茶臼に見立て、茶臼塚、茶臼山などと呼ばれる古墳もあります。

蒲生君平の宮車模倣説　車塚と呼ばれる古墳も所々に見られます。古い時代の陵墓とその制度について考古学的な研究の先駆となったものに、松下見林（一六三七〜一七〇三）の『前王廟陵記』があります。見林はそのなかで、神功皇后陵の中腹に小壺のようなものが車輪状に回っている。これは古の埴輪の類であろうか、と述べています。墳丘が円形だから車塚と呼ぶことがあるとすれば、車塚の名は円墳に多く使われるはずですが、かえって前方後円墳に多いようです。小林行雄先生は「車塚古墳とよばれる前方後円墳は、蒲生君平（一七六八〜一八一三）が『山

図1　前方後円墳の造り出し模式図
（水野清一・小林行雄編『図解考古学辞典』東京創元社）

陵志』に記した前方後円墳の墳形は宮車にかたどったものであるという説の影響によって命名されたものもあろう」と述べておられます（「車塚古墳」水野清一・小林行雄編『図解考古学辞典』東京創元社 一九五九）。『山陵志』には「一般の人々に正しい知識があったわけではないけれども、こうした古墳を車塚と呼んでいる」と書かれています。『山陵志』以前から車塚と呼ばれるものがあったことは確かです。

古い陵墓の制度と構造の変遷についての考古学的な研究は、前記の松下見林と蒲生君平に始まります。とくに君平以後は墳形の起源にも学問的な考証が添えられるようになります。小林先生が引かれたように、前方後円墳の名辞が蒲生君平によって与えられたことはよく知られています。その起源について君平は「陵墓を営む場合、地形（山）に従うので墳形も制約をうけ、方角もまちまちである。また、規模や高低にも決まりがない。ただ必ず宮車を象り、前方後円形に作り、3段に築成し、かつ周囲に溝（湟）をめぐらす」といった趣旨を記しています。宮車とは中国の帝王や后妃の乗用の馬車であります。唐の杜牧の詩にも歌われています。

古代中国の馬車は殷周時代の戦車に源を持ち、後代、王侯貴族の乗用車として使われるようになってからも、人の乗る輿の部分に屋根が作りつけられていませんでした。もちろん、例外的に皇帝用など屋根つき車はあります。しかし、雨や陽射しを避けるために、普通、輿には番傘を大型にしたような蓋（かさ）が立てられていました。輿から1または2本の、輈（しゅう）または轅（えん）と呼ばれる長柄（ながえ）が前に延び、これと直角に馬を繋ぐ衡（横木）が着けられます。円くて高い傘と方形の低い長柄が構成する形、つまり宮車を見下ろした形は、前方後円形とそっくりです。また、車の進行方向に向かって、下から上に屈曲する輈の曲線は、付け根の低い部分からいくらか高くなって行く前方部の断面曲線と一致しています。山陵志はまた、前方部から後円部への屈曲部分に時たまみられる一対の半円形の造酬しを車の両輪になぞらえています。

蒲生君平は宇都宮の灯油商の家に生まれましたが、最初は鹿沼の儒者、鈴木石橋について、後には江戸で、博識の儒学者、山本北山（一七五二～一八一二）について学を修めました。したがって、中国古代の車の制度について述べた『周礼』の考工記はもちろん、清の阮元の『考工記車制図解』や戴震の『考工記図』などにも目を通していたに違いありません。古代中国で使われていたのと同じような宮車が、古墳時代の日本でも使用されたと考えたのでしょう。下関市の地蔵堂遺跡では、平野を見下ろす丘頂に、独立して設けられた弥生中期の箱式石棺から、漢代の車の蓋の骨の先に着けた飾り金具（蓋弓帽）が、一面の前漢鏡と一緒に見つかったことがあります。しかし墓の年代は紀元前一世紀ごろですから前方後円墳の時代よりも遥かに昔のことです。倭の小国の王の葬儀の機会に、馬車の象徴として漢から蓋弓帽が贈られたのだと考えられています。とはいえ、授けられた弥生人が車の存在を知っていたかどうかわかりません。漢代の画像塼（せん）に、死者を馬車に乗せて運ぶ図柄がありますが、弥生人は見たこともないだろうと思います。史料では『日本書紀』履中五年十月の条に車持君、車持部のことがみえますが、奈良時代以前の乗輿、車駕は人の担ぐ輿であったとされています。実際に牛の牽く牛車や人の牽く輦車が、皇族や貴族の乗用に供されたのは平安以後のことでしょう。

その後の起源説　最初の古墳研究者の学説に長い時間をとったので、墳丘起源論に関する後の研究の方は簡単な紹介に止めましょう。まず取り上げるべき論文は、浜田耕作先生の「前方後円墳の諸問題」（『考古学雑誌』26－9、一九三六）です。このなかで浜田先生は、楯模倣説とでもいうべき考えを述べ「特に前方部の形は、楯の形から発生したとは云い難いにせよ、意識的或は無意識的に其の形が模倣せられ……」と述べておられます。原田淑人先生は『聖心女子大学論叢』（6、一九五五）に寄稿された「前方後円墳の起源」と題する論文で「円丘は勿論、前方後円墳も彼等（古墳時代の人々）の家屋の形状に模倣した」という家屋模倣説を示されました。また、前方後円墳を上からみた形が壺に似ていることから壺の形を模倣したものだという考えも出されています。壺は霊魂の容器だという信仰も説かれています。歴史・民族学の大家であった三品彰英先生が、この考えを述べられたと記憶していますが、考古学では原田大六先生も、壺模倣説を考えていたと回顧しておられます（『日本古墳文化—奴国王の環境—』一九五四）。

円丘・方丘の合体説と前方部祭壇説　このような器物模倣説の他に、円墳と方墳が結合して前方後円墳が成立したとするW・ゴーランドの説（"The Dolmens and Burial Mounds in Japan" [*Archaeologia,LV Part2*, 1897]）、あるいは、当時の日本人が中国で行われていた方墳と円墳の二つの外形を結びつけたと解釈する梅原末治先生の「前方後円墳に関する一考察」という論文が『内藤博士還暦祝賀支那学論叢』一九二六に出されました。そのころ前方部にも埋葬施設のある例が知られたことから、清野謙次先生は、主墳である円丘と陪冢である方丘が結合してこの墳形が成立したのだと唱えられました（「主墳と陪塚との関係」『考古界』5－7、11、一九〇六）。

一方、埋葬が行われた後円部に対して、前方部はその拝所として、あるいはその祭壇として設けられたものであり、宣命（祝詞）が読み上げられた場所であるという起源説は、喜田貞吉先生によって主張されました（「古墳墓年代の研究」『歴史地理』24－3、25－6、一九一四および「前方後円墳の起源及沿革に関する臆説」『考古学雑誌』26－11、一九三六）。この説については、梅原末治先生もニュアンスはいくらか違いますが賛同してられます（『佐味田及新山古墳研究』一九二一）。

外来の影響説　前方後円墳の形が突如として成立したとみなされていたことから、この形は外来の影響を受けて創り出されたとする考えも古くから唱えられています。重松明久先生のお考え（『古墳と古代宗教』一九七八）では、古代中国の天円地方思想に基づくものだと説明されています。また広く古代アジア世界における円と方の複合のもつ意味を具現化したものであろうという解釈は、山折哲雄先生が提唱されました（「宗教史の立場からみた古代日本」

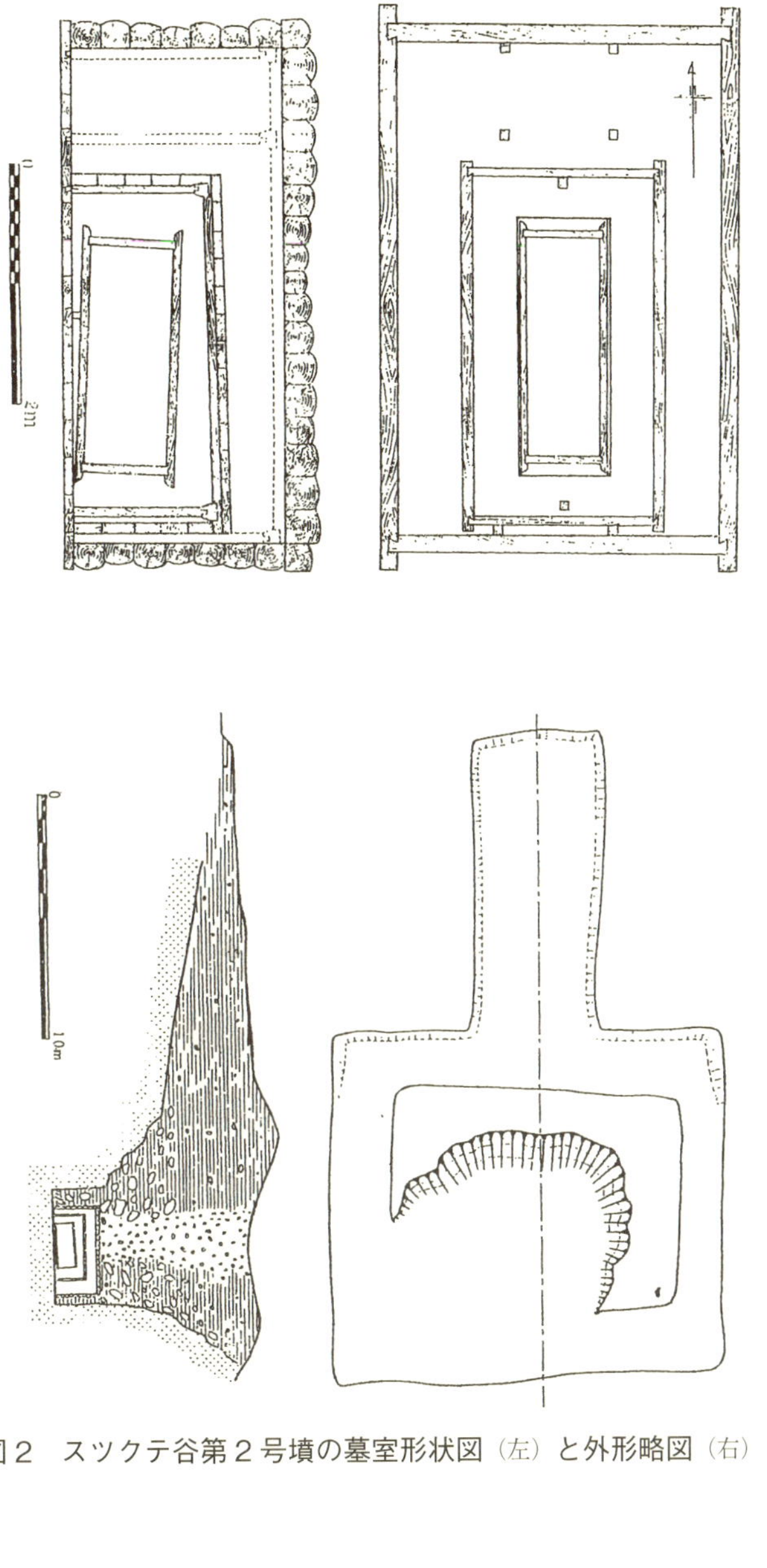

図２　スツクテ谷第２号墳の墓室形状図（左）と外形略図（右）

『歴史公論』8－9、一九七〇）。さらに、円丘に方丘状の祭壇を付設する墳形の起源は中国の郊壇にあるという説も出されました（山尾幸久「日本古代王権の成立過程について《中》」『立命館文学』297、一九七〇）。

これらとは別に、外蒙古（モンゴル人民共和国）ウラン・バートル北方のノイン・ウラ遺跡で知られているような、前方後方形の墳形が日本海を経て山陰地方に伝えられたという説が出されたこともあります（鈴木治「蒙古ノイン・ウラ匈奴墳墓の墳形について」『朝鮮学報』66、一九七三）。この墳形というのは、ソ連邦のP・K・コズロフの率いる調査隊が一九二四～二五年にかけて発掘調査した、漢代の匈奴の墓の封土（盛り土）のことであります。かつて梅原末治先生は、一九二七年秋から三〇年にかけてレニングラードで整理された資料を、長い年月にわたって研究された後『蒙古ノイン・ウラ発見の遺物』（一九六〇、東洋文庫）として刊行されました。墓はスックテの谷に七〇基余りが分布しています。調査隊のテプロウホフ、ボロフカらが発掘した第12墳の断面図によれば、地表を六mばかり掘り下げて方形の墓坑を設け、坑内に木を組んだ墓室と木槨を造り、槨内に木棺を収めた構造でありま す。また、南から幅約五m、長さ約一二・五mの墓道を掘り下げ、全体に封土を盛り上げて、方形の墳丘に細長い突出部の付く形に仕上げたものであります。なお、封土の表面を小石で覆っています。梅原先生は、墓室や木槨などの構造は中国の戦国時代や漢代の墓と同類であるが、墳丘に突出部のある点、小石で覆った点などは中国や朝鮮半島に例がなく、むしろ日本の前方後方墳に類例が認められると論じておられます。鈴木先生の論文はこの指摘にしたがって、わが国の山陰の前方後方墳はモンゴル地方からの伝播だと論断されたものであります。

建平五年の漆器の銘文　余談ですが、匈奴の王墓とされるこの第6号墓の副葬品の一つに漆塗りの耳杯があります。その外底の低い立ち上がりの側面に「建平五年九月。……」の紀年銘が刻まれています。また、第5号墓からも「建平五年。蜀郡西工。……」の紀年銘がある漆塗りの耳杯が出土していることを梅原先生が記述しておられます。後者の漆器の銘文は整った文体であります。梅原先生は、漢の楽浪郡の遺跡から出土した同種の漆器の銘文と比較して「さればこの器は漢室からこの地の人士に贈られたものとして……注目されるのである」と強調しておられます。建平五年は前漢末の哀帝代の年号で紀元前二年にあたり、この年に元寿と改元されました。改元は漆器の銘文が示すように、九月より後で行われたのでしょうか。あるいは、この春正月辛酉の日に日食があり、特別の詔が下されています。この折に改元されたのでしょうか。もしそうだとすれば、建平五年の九月はありえないはずです。『漢書』にも『漢紀』も元寿二年の春正月に匈奴の単于と烏孫の大昆弥（君主の称号）が来朝したことを記していますが、その際に与えられたものでしょうか。『漢書』匈奴伝には、前年の建平四年に、匈奴の烏珠留単于が漢に使者を送って「建平五年に朝賀することを願った」と書かれています。その折、漢の哀帝は病に伏して決断できなかったためか、公卿に可否を問われたところ「府庫（器物をたくわえる宮室の庫）が空になるから許可しない方がよい」という答申を受けました。しかし黄門郎の揚雄が上書し諫言した結果、受け入れることになりました。元寿二年の朝賀の際、単于に賜った品目については衣類、布帛の他は以前と同じと記され、河平（前二五）・竟寧（前三三）、甘露（前五三）の来朝に遡って調べても漆器は記載されていません。しかし、品目、数量を細かく書き出したものではなさそうです。余談としていささか詳しく述べたのは、有名な景初四年鏡の背景との関連を考えたためです。また別の機会にお話したいと思います。

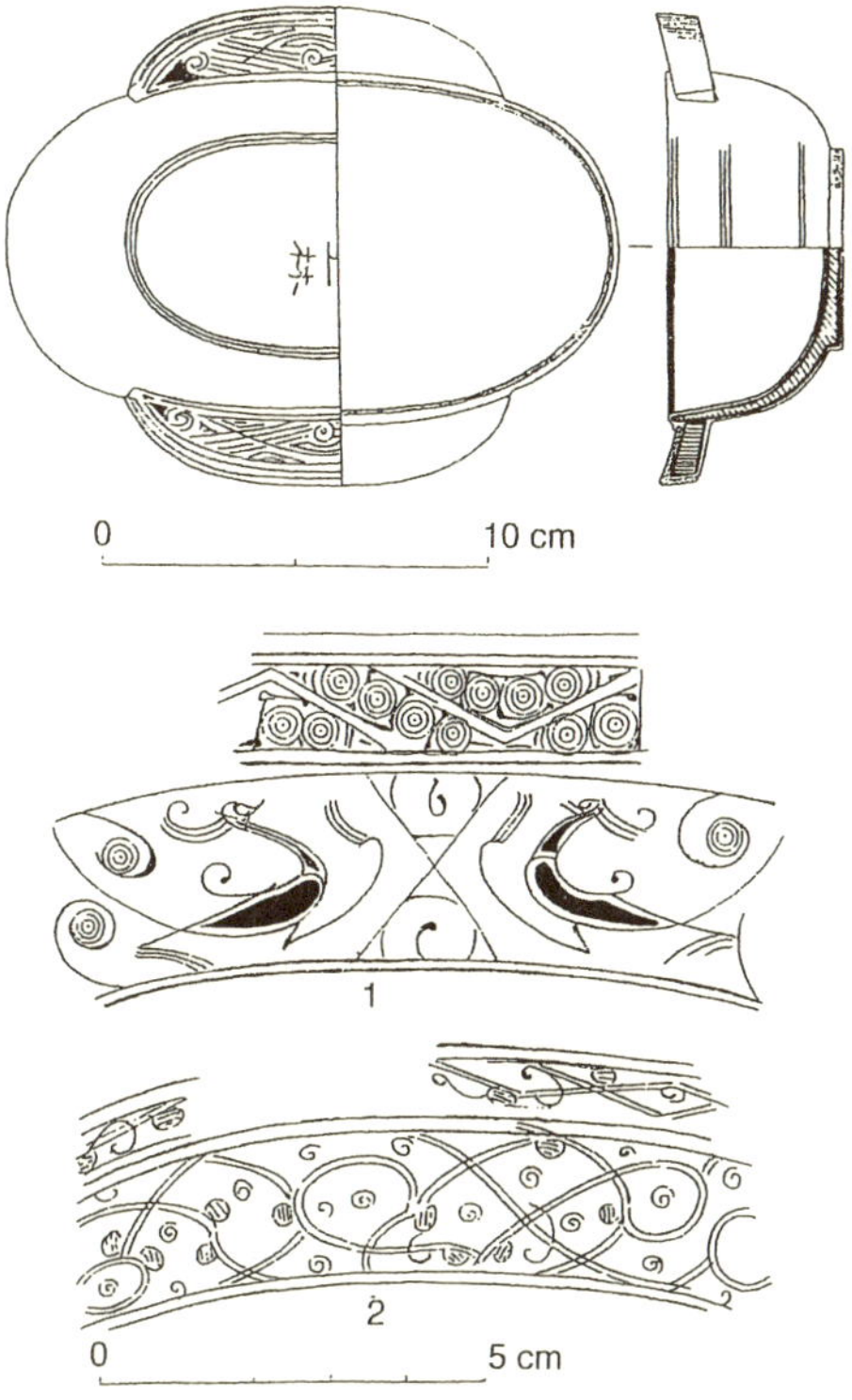

図３　スツクテ谷第６号墳出土
建平五年銘漆耳杯の形と文様

ともかく、これらの紀年銘漆器が

副葬されていることは、ノイン・ウラの墓の年代を決める手がかりにもなります。

なお、前方後円墳の墳形外来説をもう一つあげるならば、河内良弘先生の「前方後円墳の外形に関する研究」(『江上波夫教授古稀記念論集』考古・美術篇一九七六)があります。これは東北アジアで行われていた葬法、つまり、仰向きに手足を伸ばして横たえた遺骸を砕石で覆って行く葬り方が、必然的に前方後円形になるというお考えです。河内先生は、東北アジアの歴史、言語に通じた碩学であります。私は、朝鮮半島北部の前方後円墳形砕石墓について報じられたことを想い出します。

工法による発生　皇陵に治定されている前方後円墳の形や位置を吟味し、考古学的な年代を考察された浜田耕作先生は、古いものが幅の狭い丘陵上に位置を占め、自然地形を利用して造られていることから、「丘陵の尾の上に円墳を築き、墳墓の境界線を尾端と反対の方向に画する時」に前方後円の形が自然に造り上げられるという説を出されました。丘尾切断説と呼ばれた「日本の古墳に就いて」(『歴史と地理』3-2、一九一九)というのがこの論文です。これは先に紹介した楯模倣説よりも前に出されたものです。

前方後円墳の墳形について、従来の学説を整理し紹介された網干善教先生も、この古墳の形の初現が土木工事の結果として生み出されたものであろうと結論づけておられます(「前方後円墳起源論について」『竜谷史談』45一九五九)。また、末永政雄先生はこうした考察を是認しながら「中国墓制の影響を無視してならない」と説いておられます(「日本古墳外形構造への観察」『日本学士院紀要』35-1、一九七七)。

(2)　弥生の墓制と前方後円墳の発生

古墳研究の新しい視点を開かれたのは、小林行雄先生であります。墳形、立地、棺・槨の構造、個々の副葬品とその組み合わせなどについて綿密な研究を進められ、当時の調査成果に基づいて、最古の古墳は京都府椿井大塚山古墳などであろうと推測されたのであります。しかし、最古級としたこれらの古墳は、古墳を構成する要素のすべてを備え、墳形としてもその形成過程にあるものではないということから「前期古墳の萌芽を弥生時代にたずね、それから前期古墳の様式の確立にいたる過程を遺跡によって跡づけるには証明の材料がない。わが国の前期の古墳は、大陸の墓制をそのまま移して成立したものではない。古墳を構成する要素のうちにはより古くからわが国に存在したもののあることを想像することも不可能でなく、将来の調査に期待せねばならない。」(「古墳発生の歴史的意義」『史林』38－1)と述べられたのは一九五五年のことでした。

その後、古墳発現の問題については、もっぱら弥生時代の墓制を追究する方向で進められました。近藤義郎先生は、弥生時代の墓のなかで一般的な土坑墓、方形周溝墓、台状墓などと規模やその他の点で質的に違った巨大な墳丘をもつもののあることを指摘し、これらに墳丘墓の名を与えられました(「古墳以前の墳丘墓―楯築遺跡をめぐって―」『岡山大学法文学部学術紀要』37 史学篇 一九七七他)。こうした墳丘墓でも墳丘の一方に突出部を設けたものは、前方後円墳の祖形としては最も有力視されるものだと思われます。都出比呂志先生は「これまで前方後円墳は、ある段階で突如として出現すると言われてまいりましたが、この十数年間の調査研究を経て、弥生時代終末期の墓制の中に前方後円墳を生み出す源流が指摘できるようになりました」(「前方後円墳出現期の古墳」『考古学研究』26－3 一九七九年)と述べ弥生の墓制と古墳の繋がりの密接なことを強調しておられます。

私はそのころ弥生時代の墓と古墳の間に断絶があるとすれば、という発想から想像をめぐらせました。簡単にいえば、弥生の祭場を主宰する巫的能力を備えた王が亡くなった際、祭場に土を盛ったものが古墳の始まりだと考えたわけです。それまでの祭る王が祭られる神になったという憶測です。弥生土器の絵画と魏書韓伝の記述から弥生時代の祭場の形を想像的に復元し、弥生の祭具と古墳の葬具を比較しましたが、考古学的な証拠がないということなのでしょうが全く無視されました。

現在広く認められているのは、弥生時代の方形周溝墓や円形周溝墓が祖形となるものだという発想であります。これらの墓は周囲をめぐる溝の一部を掘り残して、外と低い墳丘を繋ぐ陸橋にしています。この陸橋部分が発達して前方部になったと考えられるわけです。この発想を最初に示されたのが誰であったのか充分に調べておりませんが、置田雅昭さんや小山田宏一さんのお教えによれば、田中新史先生の業績ではないかということです（「出現期古墳の理解と展望―東国神戸五号墳の調査と関連して―」『古代』77、一九八四）。一九七〇年代になって奈良県の箸墓が知られる限り最古の古墳の一つだと認められるようになってきました。最近では、ホケノヤマ古墳、石塚古墳、勝山古墳など箸墓とほぼ同時期の古墳の調査も行われ、初期の古墳の実態が明らかになってきました。また、近くの庄内式期に営まれていた纏向の大集落では鉄精錬炉跡とみられるものがみつかるなど、弥生時代から古墳時代への急速な変容が感じられます。

2　西アジアにおける王権の萌芽

（1）　王権と王陵

地球上ではさまざまな文明が興亡しました。歴史家のA・J・トインビー（一八八九～一九七五）がいうように、古代文明を現在まで継承しているのは中国だけであり、他のすべての文明は滅びてしまいました。その点、中国とその文明の影響を受けた東アジアの一帯は、古代文明の遺産を直接継承しているのではないかと思います。

多くの地域では、文明は都市の形成とともに興隆し、やがては王権が確立して行きます。最古の王権確立の地といえば西アジアからアフリカ北岸に指を折らねばならないと思われます。

かつては、人類学者のG・E・スミス（一八七一～一九三七）の、古代エジプトこそ人類文明の揺籃の地だという主張（『文化の伝播』一九三三）が代表するように、文明発祥の一元節が風靡していたことがありました。

しかし、その後の西アジアをはじめとする世界各地の考古学調査の成果が出され、文明の多元説が定着するようになってきました。一九六八年に出版されたG・ダニエル（一九一四～八六）の『文明の起源―文明発祥地の考古学―』（一九六八）では、エジプトに加えてメソポタミア、インダス河谷、黄河流域、メソ・アメリカのマヤ、南アメリカのインカなど六つの起源地を数え、それぞれについて採り上げています。

最近の考古学者や文明学者がさらに多くの起源地を考えようとしていることはご承知の通りです。かりに文明の起源が一箇所であったならば、王権の発生や王陵の形成も同じような、あるいは似たような経過をたどったことでしょう。

冒頭の部分で触れましたように、巨大な王陵の築造は王権の成立が前提になります。といっても、王権が成立すれば必ず王陵が築かれるとは限りません。築造されるかどうかは、その国の人々の宇宙観、とくに神と人との関係をどのように考えていたか、また、死後の世界をどのように思い描いていたか、王陵の築造がその社会を統合する上で役立ったかどうか、王陵が外部から訪れた人に威圧感を与え何かの効果があったかという点にもかかっています。

王権と王陵の関係を考えるためには、古い文字資料が存在し、長期間にわたる発掘調査を行った結果、資料が蓄積されている地域を選ぶ必要があるでしょう。その必要条件を満たす地域として西アジアから北エジプトにかけての古代文明を考えてみましょう。

（2）天与の資源

文明の起源地のなかでも、ナイル河流域と、J・H・ブレステッド（一八六五～一九三五）が「肥沃な三日月」と名づけた地中海東岸のレヴァントからチグリス、ユーフラテスの流域におよぶ広い地域は、農耕・牧畜のための天与の資源に富んでいます。前一万年ごろ、パレスチナのワディ（涸河）、エン・ナトゥフ流域の人々は、食料として野生の穀物への依存度を高めるようになり、収穫のための鎌も使い始めました。多彩な装身具、トルコ産の黒曜石の入手など、遠距離交易を思わせる資料がその地方の遺跡で出土しています。

やがて極前線の北上（ヤンガー・ドリアス期の寒冷・乾燥化）にともない、内陸部のナトゥフ人たちは、ヨルダン河谷や地中海沿岸地方に集住し、遅くとも前八〇〇〇年ごろには、ヨルダン河谷の一帯でムギを中心とする植物栽培を開始しました。

O・バール－ヨーゼフとR・H・ミードウが示した先土器新石器時代後段階（PPNB）の生業分布図（『近東における農業の起源』一九九五）は、私たちに、ナイル河谷と「肥沃な三日月」の西から北の外縁部には定住的狩猟採集民が居住し、その東南のレヴァント、チグリス・ユーフラテスの上流地方では初期農耕牧畜民が生業を営んでいる状況を示しています。

（3）初期の農耕生活

紀元前六千年紀に入ると、石灰、あるいは石膏を原料としたプラスター容器使用の段階をへて土器が普及し始めます。土器は作った人々の特色をよく反映するので、土器文化の系譜をたどることが比較的容易になります。レヴァント北部では、R・J・ブレイドウッド（一九〇七～二〇〇三）が、アムーク平原で発掘調査を行った際に出土した土器の型式変化に基づいて、一連のアムーク土器の編年を完成しました。

そのなかでも最古の型式は、アムークA式と呼ばれるものです。この土器文化の広がりによってアムーク土器文化圏が認められるようになりました。両河上流域ではハッスナー文化に先立つ、先ハッスナー土器文化圏が形成され、また一方では、チグリス河の北東に連なるザグロス山脈中の遺跡出土の土器の共通性によって、ザグロス土器文化圏が設定されます。こうして三つの土器文化圏が鼎立した状況になりました。

その後、両河中流の平野部には、ハッスナー文化の影響のもとにサマッラ文化が成立しました。メソポタミアで水路を設け灌漑農耕を開始したのは、この文化を担った農民たちだったと考えられています。

両河下流域には肥沃な沖積平野が広がっていますが、農業の始まりは中・上流地域よりも遅れます。河床が浅く流路が一定しないために、水の管理の難しかったことなどが原因に数えられます。下流域の新石器土器文化は、ユーフラテス河南岸にある遺跡、テル・アル・ウバイドの名によってウバイド文化と呼ばれています。この文化の成立には、サマッラ文化が影響を与え、潅漑設備の建設によって農耕社会が形成されたのであります。

肥沃で広大な下流域ではムギを中心とする農業が急速に発展しました。大分後のことになりますが、前二三五〇年頃のラガシュという都市国家の行政経済文書は、オオムギについては、播種する量に対して八〇倍もの収穫のあることを記しています。ヨーロッパ中世初期の頃に比べて一五倍の収穫量です。

そのころ、メソポタミアでムギは食材、ビールの醸造のほか、草原の乏しい地だったために家畜の飼料にも消費されていました。オオムギは、塩分を含む土壌にも抵抗力があり、下流域では広く栽培されていました。それにしても、その豊かさは驚くばかりであります。農業生産力では中・上流域を圧倒したことでしょう。

ウバイド文化は土器型式の編年に基づいて、〇期から五期までに区分されています。二期までの文化の範囲は南メソポタミアにとどまっていますが、前四五〇〇年に始まる三期になると、西は北シリア、アナトリア東南部、レヴァント北部地方に、東はペルシア湾北岸にまで広がります。文化の発祥の地であった南メソポタミアには、太陽、水、葦、魚のような水産物、泥に覆われた大地のほか何もなかったので、人々は、生活を豊かにするためには遠隔地から資源を手に入れなければなりませんでした。こうした欲求がウバイド文化拡大の要因だったのでしょう。

（4）　都市形成と文字の使用

新石器時代の農業集落は、川辺に沿ってほぼ四㎞おきに営まれていました。やがてこうした集落の中の一つの規模が大きくなり、その中心に立派な神殿が建てられます。最初から村ごとにあった小神殿の祭祀も継続したでしょうが、大神殿を持つ村に人々が集まり、一つの宗教的なまとまりが形成されました。

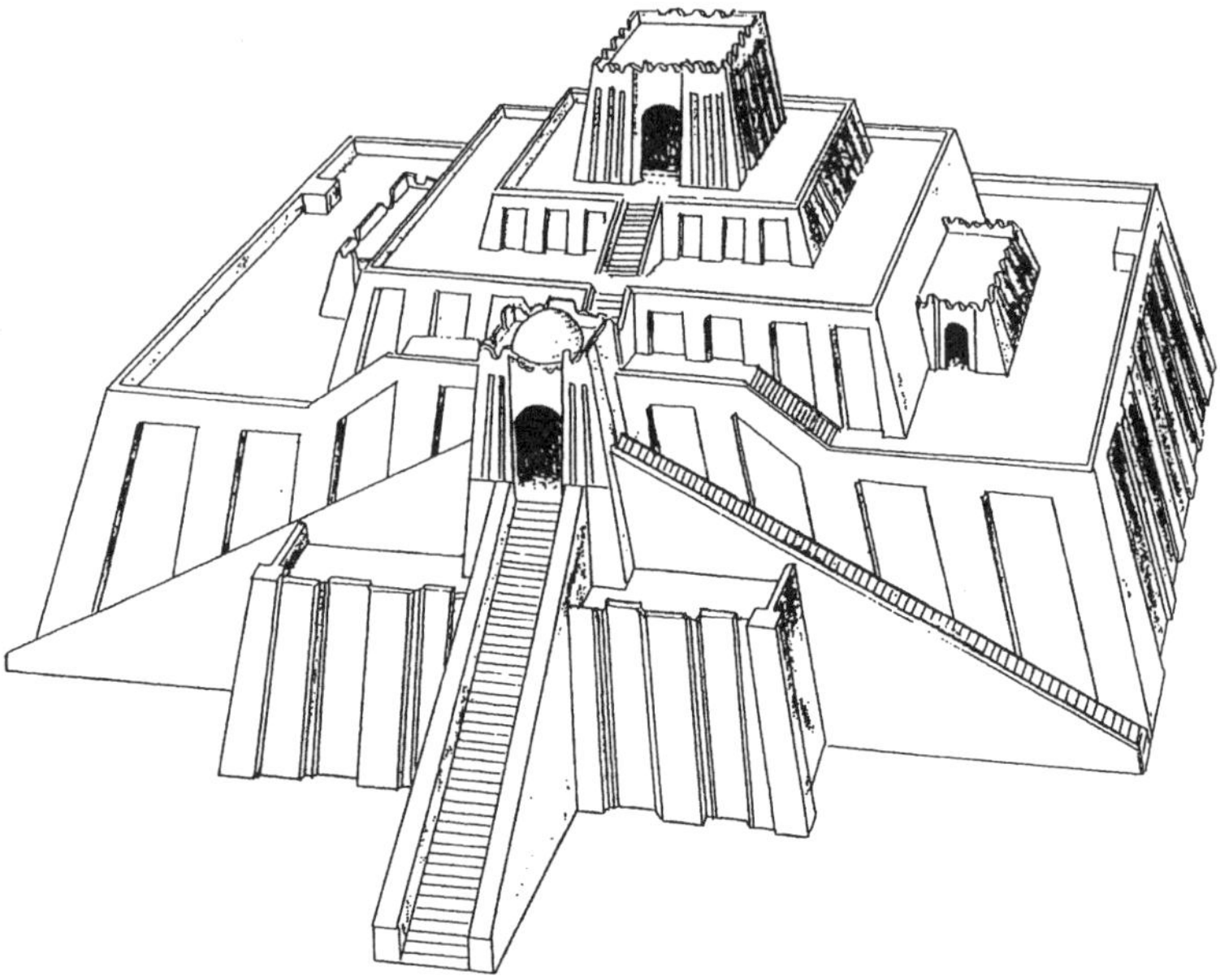

図４　ウルのジッグラト復元図

エリドゥの町では、一期の時代に神殿と見られる建物が建てられ、以後、同じ場所に同じような型式のものが建て替えられて行きます。神殿は高い壇上に建造され、神殿を美しくするために、必要に応じて石や木材も集積され、水路によって各地から物資が集められました。大神殿建造のために、専門の建築家、開発工事担当者、資材を集める商人や、運搬担当者など職業的な分業が成り立って行きます。

壮麗な神殿は祭司集団が奉祭し高いジックラト（聖塔）へと発展して行きます、上級の社会階層を作り上げます。こうした集落は規模の点でも抜きん出た町にとなります。しかし町の中身は昔の村の地割りのままで、道路は計画的に配置されたものではなかったようです。

こうした町の一つであるウルクでは、ウバイド土器層の上に、回転台を利用してより精巧に作られた一連の土器の層が見いだされています。金属器の形を写したと見られるものもあります。「白い神殿」と呼ばれる壮麗な建物も発掘されました。これらの考古学調査・研究の成果によって、ウルクの名は、前四千年紀を通じてウバイド文化を超える広い範囲に栄えた文化期の名称となりました。

この時代のそれぞれの集落では職業的な分化が一般化し、専業に携わる集団が集落の中の特定の空間を占有し始めました。また交易活動の専従者も現れました。やがては社会階層化も進み、神官とは違った、特別な権力をもつ世俗の行政分掌者が登場してきました。

ウバイド後期からウルク期にかけての文化の変容についてはいくつかの説明が出されていますが、私が興味深く思うのは小泉龍人先生の次のような解釈です。

小泉先生はその主要な原因としてウバイド後半期からウルク期にいたる間の人の移動を考えておられます。ウバイド後半期の頃に気温が高くなり、それにともなって海面も上昇し、低地では広い範囲で農地が放棄され流亡農民が発生しました。人々は高みにあって面積にもゆとりのある集落に流亡し、異質の人との交わりを始めました。異った氏族との共同生活を円滑にする知恵が求められたことだと思われます。

海面の上昇はウルク期にも続き、下流域の農民は周辺世界に移住して行きました。これがウルク文化の拡大に繋がったのでしょう。人や物の移動は、ウバイド期にはおもに水路を利用していましたが、ウルク期になると車輪が使われ始めたために陸上の動きも活発になりました。

時代が下り、町を統合する中心は神殿から首長の館に移って行きます。町並は整えられ、市場が形成され都市的な景観が完成します。この時期にウルク文化の境域は著しく拡大し、メソポタミアの各地にウルク文化の都市と類似した都市が出現します。

さらに、この文化期の後期ともなれば、文字が使われ始めます。行政管理上、大量で複雑な物の動きを記録する必要のために、記録のシステムが考案され改良されて行ったのだと解釈されています。この後期こそは、メソポタミア文明を構成する文化の諸要素が実を結んだ時期であり、シュメール文明の結晶期であります。

（5） 都市国家と王権

このようなシュメールの都市住民には、前川和也先生が「都市居住者」と呼んでおられる人々があります。先生のお説を要約すれば、都市居住者は国から一定の率で土地を与えられ農業に従事し、収穫の一部を国に納めます。彼らは王家にも神殿にも属していない中堅的な存在として重要視されています。この他に特殊技能者と呼ばれる人々がいます。水路を管理したり、建築仕事に従事したり、ビールを造ったりする技術者です。

都市居住者は、平時には土地を耕し農閑期にはムギの支給を受け技能者の指導の下に運河・用水路の開鑿や維持管理に当たります。戦時には王の下で長槍を持った密集歩兵隊となります。技能者の方は戦には参加しないようです。

王は神の労働者であり、神命によって政治を担当し、神命によって戦います。また一方では、奴隷を購買して輸出用の羊毛工房を営むなど、王家の家長の役割も果たしていました。ウルク期の終わりごろには、神殿外の出身者が国を支配し、遂には神殿をも支配するようになりました。

メソポタミア南部では、都市連合的な構造だったようですが、これに統一国家的な統治原理の影響を与えたのは、北のバビロニアのアッカド王朝であったことも指摘されています。

（6） 神と王と洪水神話

北のアッカド王国で俗世の王の権力は大いに伸張しましたが、その世界観を示す神話から類推されるように神と人との間には根本的な隔絶がありました。古代メソポタミアの宗教と人々の暮らしを見事に描き出したJ・ボテロの一連の業績は、松島英子氏によって邦訳紹介されています。また、松島氏ご自身も論じておられます。

アッカドの宇宙開闢物語では、世の始まりには神々があり人はまだ作られていなかった時代です。人間創造を説明する叙事詩は、バビロン第一王朝のハンムラビ大王から四代目のアンミツァドゥカ王（前一七世紀頃）の写本として残っています。その叙事詩の主人公の名によって『アストラハシース（最高賢者）』叙事詩と呼ばれているものです。次に、ごくかいつまんでお話ししましょう。

神々だけしかいなかった社会では、上流階級の神々と下層階級の神々に分かれていました。上流の指導者であったアヌンナキはイギギと呼ばれる下層の神々に辛い労働を強いました。イギギは食料その他の物資を供給するため、広い農地を耕し続けました。

ついに疲れ果てたイギギは、労働を拒否し上流神と同じ待遇を要求しました。飢餓と貧困を恐れた上流神たちは知恵の神であるエンキ・エアの献策を容れ、粘土を捏ね、下級の神の一柱を殺しその血を混ぜました。神の形に似た七つの男の型枠と七つの女の型枠を作り、粘土を型に入れて人形を造って行きました。

その際には一四柱の女神が「母親として」出産儀式を執り行いました。最初に造られ人の王となったのはアストラハシース（最高賢者）です。人は長い寿命を与えられ神のために働きました。しかし、たちまち人口が増え騒音がすさまじく、神々の王であるエンリルは眠れなくなったため、人々の抹殺をはかって、疫病や旱魃を送りました。アストラハシースは人を造ったエンキ・エアの神に頼んで、害を払うお呪いを教えてもらって危機を切り抜けました。

エンリルは人類絶滅の大洪水を惹き起こしました。エンキ・エアは人がなくなれば神も困ると考え、一人の人間、おそらくアストラハシース、とその家族、あらゆる動物のひとつがいを確保するようにしました。洪水後再び人が増え過ぎるのを慮ったエンキ・エアは、人の寿命を短くするなどして調節を図りました。

この神話は、旧約聖書のノアの洪水、ギリシア神話のデウカリオーンとピュラーの洪水物語のもとになったものです。この物語からうかがえるのは、人は神の労働者であり、王はその監督に過ぎないという思想です。

神々はそれぞれの都市の神殿に住まいし、神像こそが神そのものであり、人は神像に最も美しい衣をまとわせて飾り、最高の食物を捧げなければなりません。神は集まって会議を開くこともあります。神像を会議場に運び込むわけです。平素、神は神殿に在すが、同時に天にも在す。このような矛盾は気にもとめられません。

王と人々の奉仕が悪ければ、外敵が神像を奪うという形で神々は神殿から去り、民に塗炭の苦しみを与えます。神像に捧げられる最高の捧げものの消費者はいうまでもなく神官とその関係者です。

王は神への奉仕者ですから古い時代には神官たちに対してそれほど強い力を持っていませんでした。しかし分立していた都市国家群が統一的な国にまとまりますと王権も強くなります。王を表すタイトルも変わって行きます。シュメールとアッカド地方を統合したアッカド王朝後期のナラム・シンの頃になると、王権は神権の域に高められ、在位中の王が神として祭られる特殊状況も生み出されました。アッシリアでは、労働者の管理人を意味する王の称号が用いられ、本来の王であるべきアッシュル神の最高神官として、副王に位置づけられています。

前二千年紀のアナトリアで栄えたヒッタイトでも王権は国家体制の要でした。王は神の代行者として領土、領民を統治しました。トゥトハリア四世時代には、王都ハットゥシャの市域は拡大され一大神殿都市に変貌し、王権の神聖化も頂点に達しました。しかし王の神格化が十分に確立されないままヒッタイト王国は滅亡しました。

3　エジプトの王権と王墓

メソポタミア文化と相対するもう一つの文明圏はいうまでもなく古代エジプトです。エジプトでも、王朝が成立する以前から相当高度な文化が出現しています。上エジプトと呼ばれるナイル川の中流域には、先王朝期の後半に当たる前四千年紀の初期から、ナカダ文化が広がっていました。

一方、デルタ地帯の下流域では最近の発掘調査によって、ブト・マーディ文化の存在が知られ始めました。ブト・マーディ文化は、ナカダ文化のⅡ・Ⅲ期に並行しています。王権の萌芽を思わせる資料が、ナカダⅠ期の遺跡で発見されています。赤色磨研を施した壺に王を象徴する赤色の冠を表現したものです。

また、中流域のアビュドスのウム・アル＝カーブの墓地では、大型墓が出現し、後の王権の象徴につながるような威信具が副葬され、王を示す図像も表されています。

おそらく上流のヌビア地方、中流のナカダ、あるいは下流のブト・マーディにもそれぞれ初期的な王権が成立し、ナカダ文化勢力が初期の統一王朝を実現したのでしょう。

初期の王墓は、マスタバと呼ばれる建造物です。基本の構造は、地上に長方形のベンチ状の台を設け、地下のゼルダブと呼ばれる墓室まで竪坑で通じています。セルダブには死者の魂を表す彫像が祭られています。古い時期のマスタバは日干煉瓦で造られていますが、時期が下がると石灰岩の切石積みになります。

このマスタバの上に階段状に石を積んだものが、サッカラにある第3王朝のジェセル王の階段式ピラミッドです。前二七〇〇年頃に築かれた最古のピラミッドです。ご覧になった方も多いと思います。ピラミッドは四角錐の本体、葬祭殿、儀式用の船の濠、参道その他の建物を周壁で囲んだ巨大な複合建築です。メソポタミアのウルの王墓は、殉葬者の多いことと、副葬品の煌びやかなことで有名ですが、ピラミッドにはとても及びません。

かつてH・フランクフォートは、エジプトの建造物の起源を考察した論文で、マスタバの平面形と扶壁（ふへき）の手法のなかに、メソポタミアのジェムデト＝ナスル期〈前三〇〇〇年頃〉の神殿建築の影響のあることを指摘しました。詳しくいえば、フランクフォートが注目したのは、マスタバの外壁の表面です。その面は平滑のままではなく、やや突き出した部分とやや凹んだ部分があります。凹んだ龕を造りつけて、あたかも扉のように見せかけた表現〈偽扉〉も見られます。メソポタミアではこれと同じような建物がエジプトよりも古く、南ではウバイド期の終り頃〈前三八〇〇年頃〉、北ではガウラ期の第13層の時期に建て始めています。これらを起源だと考えたわけです。

この建築表現についてH・J・レンツエンは、木材が豊かな北のガウラでは太い柱を使った木造の建物のあったことを指摘し、この形式の建物を日干レンガを用いて建てた場合、外方に突き出た柱と柱の間の壁に当たる部分を龕として表したのではないかと想像しています、ともかく、メソポタミアで神殿建築の基本になったこの建物の形

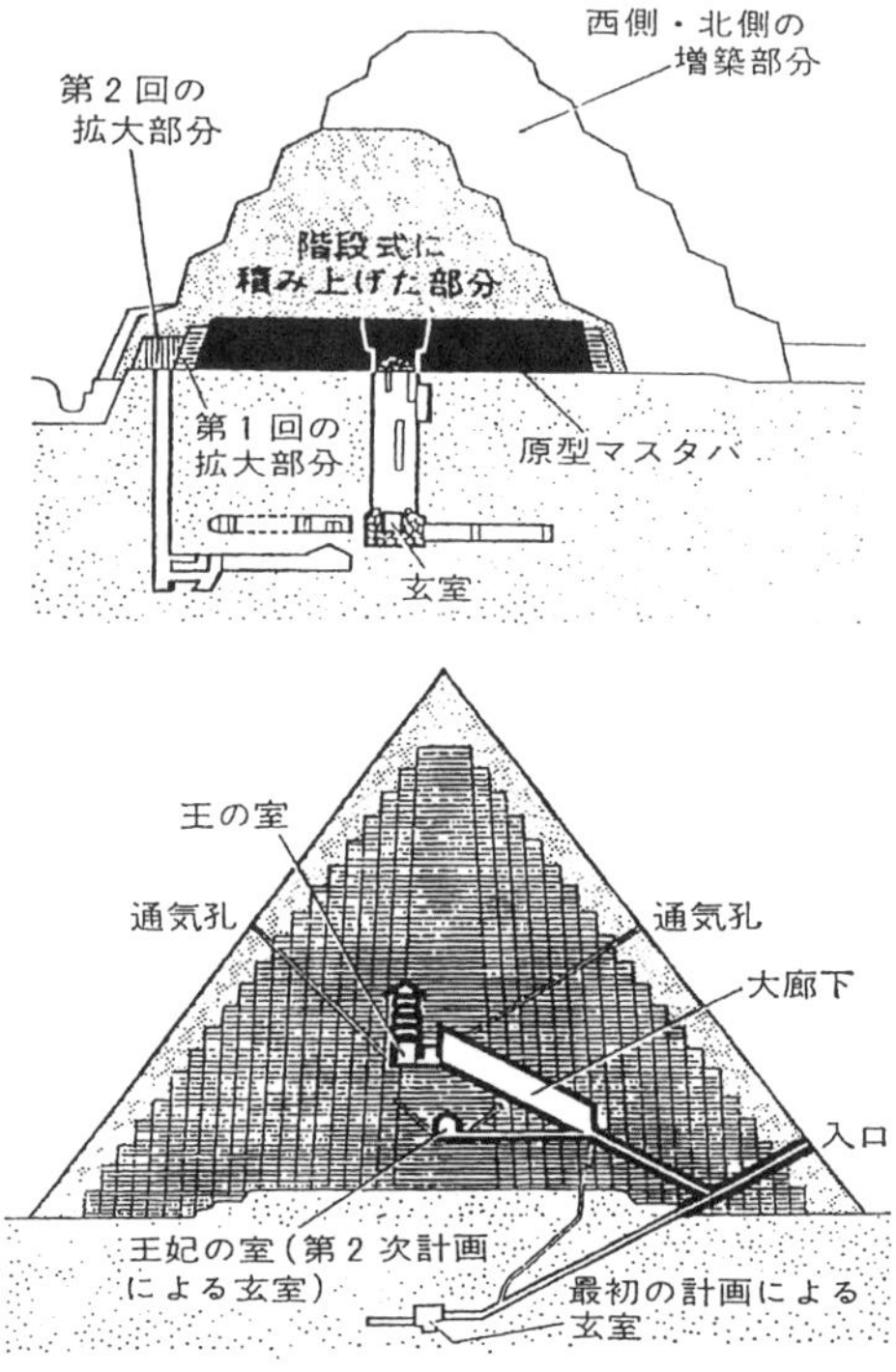

図5　サッカラの階段式ピラミッド（上）
とクフ王のピラミッド（下）
（有光教一他編『世界考古学事典』平凡社）

式が、エジプトでは王墓の原型として採用されたと考えられています。

　この理由としてフランクフォートが出した憶測を意訳するならば「私はここでいささか空想に耽りたい。もしもエジプトの王墓が、あるいは宮殿建築も、メソポタミアの神殿建築を踏襲したものであるとするならば、それは正にエジプト人とメソポタミア人の王権に対する見方の違いによるものであろう。メソポタミアの支配者は神を代表するとはいえ、ル・ガル（偉大なる人）であり、エジプトの王は神そのものであった」ということであります。

　二つの文明圏における、王権についての考え方の違いは、おそらくこれらの文明を支えたチグリス・ユーフラテスの流れと、ナイルの流れの違いに由来するものではないでしょうか。

　チグリス・ユーフラテスの上流域は、雪の積もるトルコ領の山地です。年によって積雪量の多寡が異なり、春の気温の高低によって、下流には時ならぬ洪水が押し寄せてきます。下流のアッカドやシュメールでは、洪水を予測することは不可能です。「なぜ洪水が起きたのか」「神がお怒りになったからだ」「なぜお怒りになったのか」「われわれのお仕えのしかたが悪いからだ」「人がどれほど心を尽くしても罰が与えられる。人間とは何とはかないものだろう」。厭世的な嘆きは有名なギルガメッシュの詩にも歌われています。

一方、ナイルの源流は青ナイル、白ナイル、アトバラの三つの川です。上流域の雨季の降水量によって下流の増水の規模は年ごとに違いますが、増水開始の時期は規則正しく、徐々に水量が増え、冠水面積が広ければ広いほど、運ばれる肥沃な土に覆われる面積が広くなり、豊作が約束されます。ナイルの沖積平野の外は隔絶した砂漠であり、独立した閉鎖空間なので、外からの侵略も比較的少なく、牧畜民との激しい対立もなかったと思われます。おそらく都市国家群が叢立するような期間もなく、比較的早い時期に統一国家が形成されたのでしょう。このような環境で、王は神であるという理念が早くから信じられました。

これら二つの文明圏の間の回廊のような位置を占めるパレスチナは、王と神の断絶はメソポタミアよりも厳しいものがありました。旧約聖書が伝える、ダビデの王国の建設が史実であるかどうかについて、疑問視されたこともありましたが、一九九三年、イスラエル北部のテル・ダンという神殿の遺跡で「ダビデの家」と記した銘文が発見され、王国の実在性が確かめられました。しかし、ダビデにしても権勢を誇った後継者のソロモンにしても王墓は見つかっていません。神は絶対者であり、人とは隔絶した存在であると堅く信じられていました。

日本の場合、弥生後期に墳丘墓が築かれた時期には、地方的な王権が成立したでしょうが、巨大な前方後円墳や前方後方墳築造時期になると、被葬者は神と神の眷属として葬られるようになったと考えられます。人と神は親しい関係にありました。巨大な古墳は神の墓として崇敬されたと思われるのであります。

(「王権の成立と王墓の築造」『古墳のはじまりを考える』学生社、二〇〇五年)

第五章　先史時代の戦い〈翻訳〉

人類学の歴史学派［つまり人類学的な方法で歴史を研究しようとしている学者たち］は、[1]戦い[2]というものが原始的な社会に始めからあった習俗ではなく、比較的後になって定着したものだと考えている。イギリスの文化伝播論者たちは特に、戦いは人類の本性にそぐわないものであり、文明の副産物として身についてきたものだと論じている。今日、私たちの周辺で原始的な生活を続けているほとんどの人々は平和に暮らしてい[3]。それが証拠だというわけである。民族学者は、文明への道を歩んできた今の私たちのような人間だけが、好戦的性格をもっているのだという。この主張は次のような憶測に基づいて立論されたものである。すなわち、現存の原始人にみられるような質素な経済生活や幼稚な道具を使う文化の段階は、おそらく人類全体がかつて通過してきたに違いない道筋である。だから現代なお生き残っている原始人がもっている、多少とも信仰的な、また観念的な［不戦の］傾向も、遠い過去の文化には普遍的なものであったと考え、仮説的に作り上げた過去の文化段階に当てはめるのである。はっきりいえば、これは学問的に論証できないような憶測に過ぎない。事実、イギリスの文化伝播論者たちは、退化現象［時とともに文化構成要素を喪失して行く現象］をうまく説明しようとして、かえって自らの立脚点を切り崩しているのである。

仮にこの憶測を受け入れたとしても、正しい結果は出てこない。ホブハウス、ウィーラー、ギンスバーグなどのいう、最も原始的な狩猟民（例えばオーストラリアのほとんどの部族や、南米南端のティエラ＝デラ＝フェゴ島のオナ族など）のような最も低度な社会段階の人々ですら、戦いに類似したような行動をとっていることは確かだ[①]。しかし文化伝播論者たちはこの点については、次の二つの説明でいいくるめようとする。一つは、彼らの間の戦闘といっても、ちょっとした「いさかい」に過ぎないという説明であり、もう一つは戦闘習俗をもった原始的な社会は、かつて何かの古い文明が伝播したために、その影響を受けて［そのもともとの文化が］崩れてしまったものだという説明である。どちらのいい逃れについても論理的に反論することができる。

考古学者は、現在地球上に併存しているいくつかの文化の高低の序列、それは誤って時間的に発達してきた姿だと考えられているが、そういう序列に頼らなくても、過去の文化の産物である遺跡や遺物、実際に時間的に継起している一連の資料に依拠できる点で恵まれている。考古資料は直接的なものである。そのおかげで民族学者に固有の、憶測によるデータのような曖昧なものに煩わされることがない。しかし一方では、考古学者がいくら努力しても次のような点については明らかにすることができない。

戦いの有無に関する考古資料は、実際に使われた武器[4]と、構築された防御施設の二つである。とはいえ、狩人も戦い以外の目的のために武器を使う。戦いのための最古の武器はおそらく、狩猟用の道具と同じものであったであろう[5]。前期旧石器を特色づける握斧は、敵の頭を割るためにも狩の獲物の頭を割るためにも使うことができる[2]。フリントの矢尻が出土しても、それが人を殺すためのものか、シカをしとめるものかは分からない。考古学の遺物のなかで、これは戦いのために特別に作った武器だ、とある程度の自信をもっていえるものは、割合新しい時代になってから出現する。しかしながら、戦いのための武器が見当たらないから戦争がなかったともいえない。

次の話題に移ろう。ヨーロッパや近東では、今のところ、ほぼ完全に考古資料が出揃っている。そのおかげで、それらの地の具体的な文化の状況をたどることができるが、その成果によれば、L・H・モルガン、P・W・シュミットやホブハウス、ウィーラー、ギンスバーグなどの民族学者が導き出した文化段階説とは全く違ってくる。先史学の研究は、［木の実などの］採集、狩猟、漁労などの自然の賜物に完全に依存している採集経済が、農業と牧畜を、あるいは農業か牧畜を基礎とする生産経済に先立っていることを明らかにした。人類史の九六パーセントの時間を占める旧石器時代を通じて、またヨーロッパではそのすぐ後に続く「中石器時代[5]」でも、すべての社会は経済的にいえば前述のような意味で食料採集に依存していた。一方、現在の私たちが新石器文化[6]として分類している社会は、動物の飼育と作物の栽培を行うことによって支えられていた。ホブハウスは「自然の賜物に依存していた人々と、自然に働きかけ食料を獲得しようとした人々の間には、知的な発展の点で、さらにはその発展によって自然を制御できるようになったという点で、遙かに隔たった違いがある。」と述べているが、考古学はこの考えを証明した。ほとんどの新石器社会では食料を生産している。また、ほとんどすべての新石器社会は、天然の産物にはない土器とか撚り糸[7]のような人工的なものでさえ作るような段階に達している。

ホブハウス、ウィーラー、ギンスバーグの説と同様、考古学でも低級な狩猟民と高級な狩猟民を分類することができる。しかし先史学的にいえば、高級な狩猟民の資格とは、例外的に恵まれている環境から、巧みにその賜物を利用する能力を備え、特殊な環境適応性をもっている人々の集団を指す。ユーラシア大陸の草原のグラヴェット文化[8]の人々、また最終氷河時代、南フランスの凍原にいたマグダレーヌ文化[9]の人々などが典型的な高級狩猟民の例である。といっても、こうした環境適応が、そのまま発達して新石器時代経済へと移っていったものではない。旧石器文化期の最も美しい華ともいうべきこれらの文化は、氷河期の環境が終わるとともに色褪せてしまったのである。

考古学ではまた、掘り棒や鍬で地面に小さな穴を穿って種を蒔く程度の幼稚な農業[10]と、土地を耕すための犂を使う高度な農業を区分することができる。しかしヨーロッパと近東では、牧畜を全く行わない掘り棒農業だけの生業―モルガンのいう未開下段、ボブハウス、ウィーラー、ギンスバーグのいうA1段階―を行っているような新石器の文化については、はっきりした考古学的証跡はえられていない。考古学的な資料を遺さないためだろうが、ただ牧畜だけを営んでいたとされる社会についても一層知られていない。それに最も近いものを挙げるならば、オークニー諸島のスカラ＝ブレ[11]の小集落遺跡がある。イギリスで調査された鉄器時代までの遺跡のなかで、このオークニーが最も完全な形で定住生活の証跡を残しているとは何とも興味深いではないか。ヨーロッパの初期新石器文化

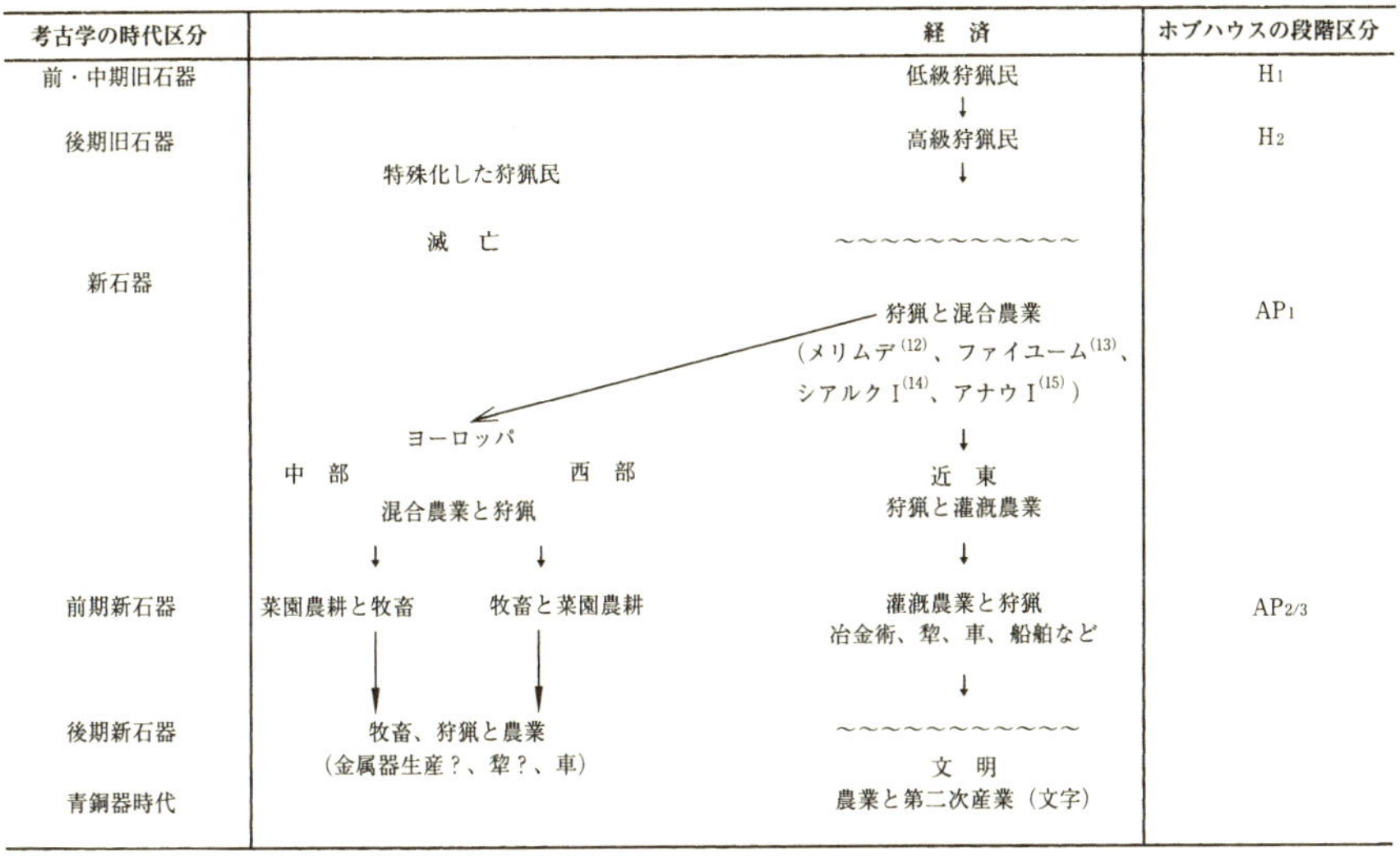
考古学の時代区分
経　済
ホブハウスの段階区分
前・中期旧石器
低級狩猟民
H1
後期旧石器
高級狩猟民
H2
特殊化した狩猟民
滅　亡
新石器
狩猟と混合農業
（メリムデ(12)、ファイユーム(13)、
シアルクⅠ(14)、アナウⅠ(15)）
AP1
ヨーロッパ
中　部
西　部
混合農業と狩猟
近　東
狩猟と灌漑農業
前期新石器
菜園農耕と牧畜
牧畜と菜園農耕
灌漑農業と狩猟
冶金術、犂、車、船舶など
AP2/3
後期新石器
牧畜、狩猟と農業
（金属器生産？、犂？、車）
青銅器時代
文　明
農業と第二次産業（文字）

図　考古学からみた社会の発展段階

の人々は農牧兼業社会を営んでいた。北部アフリカやイランの最古の新石器社会では、まだ確証されていないかも知れないが、農業は、狩猟、野鳥採取、漁労に比べるならば補助的にしか行われていなかったように思われる。しかし、よりよく知られている西部と中央ヨーロッパの新石器社会では、こうした生業の比重は反対である。

考古学的な発展段階はおよそ上のような表に纏めうるであろう。

今わかっているこの地の最古の新石器社会は、おもに農業に依存し、日常食の穀物を補うために、時たまの狩りの獲物となった犢や子羊の肉を食べていた。直接的な考古資料の研究結果を敷延するために、民族学者の推論を借りようとする場合には、北アフリカ、イランと中・西ヨーロッパとの間に見られるこうした文化の違いを心にとめておかなければならない。

戦争があったことを示すような遺物、特に戦闘用の武器形の遺物は、旧石器時代を通じて見いだされていない。とはいえ、中期旧石器時代以後、ずっと狩人たちは石の穂先の着いた槍[16]をもっていた。なかでもアフリカのアトリア文化[17]の人々は弓矢を使っていた。後期旧石器時代の人々は、少なくとも狩猟のためには、効率の良いあらゆる武器を自在に用いた。しかしこうした用具を、目的に沿って細かく作り分けることはなかっただろう。これについては間接的なヒントがある。北京原人といえば、前期旧石器時代の昔、北京近くの周口店洞窟に住んでいた非常に古いタイプの旧人であるが、ワイデンライヒ教授はこの人々に食人の習俗[18]があったことに触れ、その根拠として、原人の骨が髄を抽き出すために割られた状態をとどめていることをあげ、髄はその当時の狩りの獲物の髄のように生焼きにされたのであろうと述べているのである「人の骨も獣の骨も同じ用具で割っている」[3]。さて、現在の野蛮人[19]については、食人儀礼のために犠牲者を確保しておくことが戦の動機だと思われている。ついでにいうならば、スペイン東部の浅い洞窟に残っている壁画のあるものに、群をなした弓兵たちが戦争している場面を描いたようなものがある。[4][20]これらの壁画の時代は、有名なドルドーニュやカンタブリアの大洞窟に描かれた後期旧石器時代の壁画ほどに明らかでない。しかしほとんどの専門家はスペイン東部のものも、後期旧石器時代であろうとみなしている。最近の資料もこの見解を裏づける。

以上、考古学の立場からは、旧石器時代を通じて戦争が行われていたということができる。しかし、この時代を通じて人口はきわめて少なく、しかも広い地域に分散していた上、経済的な動機もないので、戦いの機会が度々あったとは考えられない。観念的な先入観があるせいか、現存する民族で、旧石器時代の狩人と同様だとみられている人々は、部族の領地を獲得するために戦うのではなく、むしろ戦いとは、部族の仲間が実際に傷つけられたり、あるいは呪いをかけられて傷つけられたように感じたとき、それに復讐する目的で行われるものだと思われている。[5]

新石器時代革命の後になれば、少なくともアルプス以北のヨーロッパでは、より確実な資料が出てくる。[6]この地の最古の食料生産社会では、すでに土器、機織り、磨製石斧といった新石器文化を特色づけるすべての要素が揃っている。これらの社会はその後二つの類型に別れていく。ハンガリー、チェコスロヴァキア、ポーランド、南ドイツ、それにベルギーなど、中央ヨーロッパの黄土地帯には「ダニューブ文化[21]」が広がっていった。「ダニューブ文化の人々」は主に遊牧的な菜園的農業[22]を行い、ブタ、ヒツジ、ウシなどの小さな群れを飼っていたらしい。しかし、目立つほどの規模の狩猟は行っていなかった。他方、スイス、フランス、イギリスなどの地方には、私が「西方文化人[23]」と呼ぶ人々がまず住み着き、その経済生活としては、ウシの飼育が主要であり、穀物生産も行い、そのかたわら食料資源補充のための狩猟もしていた。

さて、最古のダニューブ文化には戦いがあったことを示す資料が全くみられない[24]。集落はせいぜい獣の進入を防ぐ程度の浅い溝と柵によって守られているだけである。武器らしいものも極端に少ない。一方、西の地方では矢尻が非常にたくさん出土する。その地では集落の多くは丘頂に位置を占め、先端の尖った柵を設け、この柵で補強した二ないし三条の壕をめぐらせて守られている。あるいは湿地帯や湖岸に集落を構えることもある。とはいっても、もちろん矢が人を殺傷するためのものだと証明することはできないし、そうした集落の守りが敵対者に対抗するものだとも断言できない。湿地や湖岸をえらんでいるのは、戦略の必要に応じたのではなく、できるだけ耕地面積を確保するためだったかも知れない。

後期新石器時代になると、従来とは対照的に、ダニューブでも西ヨーロッパでも戦争状態にあったことがはっきり証明できる。先に触れたケルン近くのリンデンタール[25]のダニューブ文化の無防備な村は、しばらく荒廃していた後、大規模な壕と防御柵に固められた村に変わってしまう。そのころのダニューブ文化の人々の墓には副葬品が普遍的に副葬されている。後のスイスの湖岸集落でも、武器はより多く出土している。それ以来、闘斧や短剣など、間違いなく武器として使われたものが、中央・西そして北ヨーロッパでは副葬品として目立つようになってくる。

このように、好戦的な傾向の高まりや強まりは確かめられたが、この傾向は、当時の新石器時代経済の矛盾とうまく関連づけて説明できるかも知れない。新石器時代革命に始まる、より豊かで安定した食料の供給は、普遍的に人口増大を促進した。これは以前の旧石器時代や中石器時代に比べて、新石器時代の集落や墓地の規模が大きくなったことでも示されている。この増大していく人口を支えるのは、より広い耕地や牧草地を供給することだけにかかっていた。とはいえ、石斧、木製の鋤、シカの角で作ったツルハシのような単純な道具しかもっていないような、新石器時代の小さな村々は、大規模な森林開拓や湿地の排水工事を行うだけの力がない。事実、乾燥し、部分的に森に覆われた黄土の土地を利用していたダニューブ文化の人々も、白亜質の平地や石灰岩の台地や海岸の砂丘などを使っていた西部文化の人々も、同じ程度の土地利用しか行っていなかった。このように、利用できる土地は限られたものであった。

さらにまた、ダニューブ文化の人々にも、西方文化の人々にとっても、農地からの上がりは全くひどいものであった。ダニューブ文化の人々は、今でもアッサム地方［インド東北部］でお馴染みの［焼畑農業］[26]に似た農業を行っていた。つまり、使っている土地が痩せるとすぐに放棄し、新しい未開墾の土地で耕作を始め、集落全体が定期的に移動していくのである[27]。西方文化の人々のやり方は、旧約聖書創世記が記述しているヘブライの族長のやり方と似たようなものだった[7]。

増大していく人口をかかえたこのような経済状態では好条件をそなえた土地を争うことになると思われるかも知れない。ヨーロッパで畑地を広げるために効率よく森林を伐り開くようになったのは、廉価な鉄器が手に入るようになった前七〇〇年以後のことであった。また、イギリスの粘土質の土地が開墾されたのは、前七五年に、ベルガエ人[28]が重くて先端に鋭い刃の着いた犂[29]をもたらして以後のことであった。それまでの間、過剰人口を養う最も簡単な方法は、他の集団の畑地や牧場を奪うことだった。ライン河西岸のリンデンタールにある後期ダニューブ文化の村は、東に進出しようとする西部文化の人々に抵抗するため、守りを固めたように見られる。その結果、これらの牧畜民のいくつかのグループは、ついにライン河を越え、ヴェルテンベルク地方のゴルトベルク[30]の例のように、河谷平野のダニューブ文化の人々を追い出し、トゥリンギア、ボヘミヤ、オーストリア北部まで広がった。

ちょうどそのころ、スウェーデン南部、デンマーク、ドイツ北部やオランダなど北ヨーロッパで、新石器文化が興隆し始めた。これは明らかに北ヨーロッパの森林に住んでいた在来の中石器文化人が、北方に進入してきたダニューブ文化の人々、あるいはその他の農民や牧畜民たちと接触し、農牧文化を受け容れた結果である。このような文化は普通、ノルディック文化[31]と呼ばれている。しかし、形質人類学者のいうノルディック人種の名称との混乱を避けるために、ノーザン（北方文化）と呼んだ方がよい。これらの北方文化の人々は、明らかに当初から好戦的な性格を示していた。これらの北方文化人の墓では、念入りに作られた武器、まずは棍棒頭[32]が副葬され、次いで副葬品として闘斧や短剣などが目立ってくる。

その後、すべてのヨーロッパの先史文化遺物のなかでは、戦闘用の武器、あるいはほとんど儀式用品に転化してしまった立派な武器形の遺物が、もっとも人目を惹く考古資料となっている。今日まで残っている遺物から判断するならば、銅や青銅などの金属資源が求められたのは、まずは武器と装身具の材料としてであった。当時の未発達な交通手段や幼稚な鉱物採取の道具で、銅や錫を採掘し運び出す仕事は、その社会にとって相当な重荷だった。だから、軍の指揮官や征服した有力者たちは、自らの地位を固めるために、価値の高い青銅の短剣、刀、細身の剣を所持した。それらの武器は、ちょうど中世の騎士の鎧とおなじような役割を果たしたわけである。ウェセクスとユトランドにある前一四〇〇年ごろの中期青銅器時代の塚には、豊かな副葬品のある墓が設けられている。この墓はそれよりも一〇〇〇年も後の、戦車を副葬したケルト人の軍事指揮者の墓の先駆けだった。戦車副葬の墓はマルヌとヨークシャー州のウォールズ平野にある。ローマ人たちがやってくるまで、長い間続いていた消耗的な戦争は、ウシや新しい土地といった戦利品を勝者にもたらすことと、人口が減り続けるという両面があったため、原始的経済の行き詰まりを緩和した。この原始的経済は、ただ小規模な武具生産や贅沢品の生産を行うことで多少の救いはあったものの、効率の悪い農業経営に基礎を置いていたものである。

オリエントではこの行き詰まりは、もっと早い時期の都市革命のお陰で解消していた。エジプトとイランの新石器時代の社会が好戦的であったかどうかは考古学的にはわからない。彼らはおもに狩猟に頼って暮らしていた。エジプトでは矢尻が、イランでは投弾[33]や棍棒頭が住居跡から普遍的に出土する。これに直接続く「純銅時代」といえば、狩猟習俗が衰退し、生業は専ら集中的な灌漑農業へ移って行く傾向にあるが、その後に戦争の時代がやってくることを示すはっきりした予兆はみられない。

しかし、増大する人口を抱え、しかも長期間の干魃に悩むこの地では、温暖なヨーロッパ[34]に比べて居住に適した土地は少ない。したがって、ヨーロッパよりも早く、前に述べたような［混乱社会の］状況へと導かれて行かざるをえなかった。こうした事情は、誰しも直感的に思ってしまうであろう。だから考古学者たちはイラン、メソポタミア、シリヤなどのオアシスの集落で、土器や土着の建物や葬送習俗などの様式の突発的な変化を探り、こうした現象が認められるならば、それは、平和を望むこともできないような新しい民族が侵入し、または征服した結果生じたのだと説明している。とはいっても、このような変化のなかにも、一つの伝統の継続していることが認められる。例えば、アッシリアのテペ＝ガウラ[35]では継続して営まれている各居住区の神殿は、聖所とみなされた同一の場所を守って建て替えられているのである。ともあれ、近東の不毛の地帯では、新石器時代の経済的な物資欠乏が好戦的な気風をかきたてたのであろう。

ナイルやチグリス・ユーフラテスあるいはインダスの河谷では、新石器経済の行き詰まりは、都市革命によって不十分ながらも解決された。これらの地方の人々は、河辺の農耕という特殊な条件で暮らしていくことになった[8]。農民達は、自家の取り分以外に余分の食料を供出するように説得され、あるいは強制された。その余剰食糧は専ら、新石器時代の体制下では必要でなかった手工業者、商人、祭司や書記などを養うために使われた。しかし、都市革命によって、戦争事態はなくならなかった。

エジプトでは、先史時代後半期の記録のなかに、戦闘や動物たちの間の争いを表現した絵も含まれている[36]。動物たちの争いは、それぞれの動物をトーテムとする部族同士の戦いの神話的表現だと、まことしやかに解釈されている。争乱はタカをトーテムとする部族の勝利によって終局を迎え、神と崇められていたその王が、ついに神聖なファラオの座についた[37]。ファラオは征服の権利により、ナイル河谷全域とデルタに及ぶ広大な領域をわがものとし、領地は王領または王室財産に編入された。余剰生産を得てファラオは軍事力を固め国軍を維持した。しかし、その軍事力は、まずは砂漠地帯からの遊牧民の侵略と南のヌビアの農民の進入を防ぐため、前線の守りに向けられ、次いでシナイの銅[38]、ヌビアの金[39]、その他の天然資源を獲得する遠征の護衛のために派遣された。エジプトでは、戦争は文明とともに始まったのではなく、それに先んじて行われていたのである。エジプトの都市革命は、河谷内の地方的な勢力の間の争いを実質的に終息させた。その争いのあった証跡は、先史時代後期の遺跡の絵画資料に遺されている。

メソポタミア下流地方では、政治的に独立したいくつかの町の間でまず都市革命が始まった。それらの町々は、それぞれ各地方神の神聖領域として上下関係をもって組織づけられていたが、町の実際的な（俗的な）支配者は「PA-TE-SI（isags）」あるいは「小作人」と呼ばれる者であった[9][40]。これらの町は最初から好戦的な態度で振る舞っていた。戦闘の場面や繋がれた捕虜などの光景は、当時の文書が解読される以前に、円筒印章の絵で知られている[41]。金属製の武器や兜でさえ、この地の初期の墓地では普遍的に見いだされている。純銅時代に発明された乗用車は、戦闘の主力に転用されるようになった。解読された最初期の文書の一つに、近隣のラガシュ[42]とウンマ[43]の二都市の間で、境界線上の土地の領有をめぐる争いのあったことを記述したものがある[44]。初期の各都市の支配者たち各々が、周辺全地域の支配権を確立し、戦利品と貢ぎものを獲得するために戦に勝とうと試みたことは確かである。シュメール時代の後期の伝説は「洪水以前の時代でさえ[45]」一、二の都市が常にシュメールとアッカド全域の宗主権の獲得を窺っていたことをはっきりと述べている。しかし、それと同時代の文書には、この伝説を確かめうるものがない。前二五〇〇年になってようやく、もともとウンマの支配者であったルガルザギシ[46]は、シュメールの多くの都市の上に、約二五年間にわたる支配権を確立した。またその支配は河谷の外にも及んだようである[10]。

終局的にその王国は、新都市アガデ（アッカド[47]）の成り上がり者の支配者サルゴン[48]に引き継がれた。サルゴンとその子と孫は[49]、チグリス・ユーフラテスの河谷平野のいくつかの都市を従属させ、支配権を一〇〇〇年近くも維持した。サルゴンと後継者たちは、さらに野蛮なアッシリア、北シリアやイラン丘陵の麓の諸民族をも征服していった。サルゴンはその碑文のなかで、下の海（ペルシャ湾？）から上の海（地中海？）まで支配下に入れ、さらにスギの森（アマナス？）[50]と銀の山（タウロス？）[51]にも兵を進めたと述べている。考古学者はアガデ王が築いた神殿と王宮を、アッシリアのニネヴェで[52]、またさらに西のカブルの河辺でも発見しているが、この発見は碑文の記述を裏付けるものである。

シュメール人やセム族の、組織づけられた戦争は、新石器時代の野蛮な戦争や後世のヨーロッパ人の戦争と同様、経済的な原理によって説明することができる。理論的に、都市革命は、あふれ出る地方の［農民］人口の受け入れ先として［都市］の工業に従事する機会を与えるはずであった。しかし実際的に、そうした過剰人口を収容する上で、工業の受容能力は限られたものであった。手工業従事者を支えるべき余剰な食料は、各都市の守護神またはその地上における代理人、すなわち都市支配者と高位聖職者の手に握られていた。ほんの僅かな分け前が直接生産者に残されていたのである。新しい特殊技術者たちは、原料資材の入手のためにも、また、生産品の顧客としても「神権王族」に頼らなければならなかった。換言すれば、購買者は、公職にある人々、高位の聖職者など狭い範囲に限られており、またこうした人々だけが贅沢品を消費していたので、第二次産業が拡大する上には厳しい制約があった。農業経営には、なお巨大な人口圧があったに違いない。だから新石器時代の状態と同じように土地の争奪は頻発したであろう（これについてはラガシュとウンマが境界の土地を争った記録が描き出されている。）。

第二に、この不和は、いくつかの都市が、それぞれの水の供給を同じ二筋の河に頼っていることによって強められた。一条の灌漑水路から水を分けようとする計画はラガシュとウンマの間の争いの古い記録のなかに描写されている。曖昧にではあるが実録である。

第三に、すべての都市は、河谷の沖積平野には資源がなかったので、産業のための原材料―金属、建築木材、良質の石材―などを輸入しなければならなかった。諸都市の家畜たちも、山地の同類と定期的に交配しなければ劣弱になったであろう。戦いはこれらの必要に応えて供給を確保するための明らかに単純な手段を提供する。アガド王の碑文の述べる、スギの森と銀の山の記述と「彼（サルゴン）は、ディルムンの船[53]、マガンの船[54]、そしてメルカの船[55]（地名はペルシャ湾岸かその付近）をアガデの正面の波止場に停泊させた」というこの碑文の記録は、こうした帝国主義の、戦略のための経済的動機を示している。意識的にではないにしても、事実、サルゴンと同類の帝国主義的軍国主義者たちは、ある帝国において、軍備やその他の基本産業のために必要な資源に関しては、経済的に自給できそうな地域を併合しようと狙いを定めてきたように思われる。

それはともかく、サルゴンの搾取は、新たに文明化したバビロニアの外周の国（例えばアッシリア）など、メソポタミアのその後の国々の支配者によって真似られた。そして究極的にはファラオによってさえ模倣されたのである。サルゴンの帝国の滅亡の一〇〇〇年後になって、サルゴンの偉業を讃える叙事詩が近東の宮廷に広がっていった。叙事詩を刻んだ粘土板の破片は、当時エジプトの首都であったテル＝エル＝アマルナのファラオの王室文書室で出土している[56]。テル＝エル＝アマルナ時代のエジプトも前一五八〇年に始まるアジアへの、帝国主義的拡大政策を採り始めようとしていたのであった。叙事詩の他の破片は、カッパドキアのボアスキョイに建てられていた、ヒッタイト人の王宮記録文書室で出土している[57]。ヒッタイト人もまた、その文明のほとんどをメソポタミアから借用しているために、セム族の人々の帝国主義的な考え方も受け容れていた。そのため、前二〇〇〇年紀の中頃から後になると、部族や都市国家間で争われていたそれまでの小規模な戦争が見劣りするような、帝国間の戦争の時代が始まるのである。

【原注】

① Hobhouse, Wheeler, and Ginsberg. *The Material Culture of Simple Peoples*（1930）, pp.229-33.

② Lowle. *Intoriduction to Cultural Anthropology*. p.209

③ Weldenrelch. The Sinanthropus Population of Choukouten. *The Geological Society of China.* XIV, 1935, pp 455-7.

④ E.G., Obermair, *Fossil Man in Spain*, 1925, p.250, fig.115. 最近、モンティニヤックやドルドーニュで、ブルイユ［H. E. P. Breuil 1877～1961］が後期旧石器時代の壁画の確かな資料を見いだしたことは、東部スペインの壁画も旧石器時代のものだとする説を強固にしている（Time, Chicago, July 28, 1941, pp.48-9）。

⑤ Lowie, 前掲書、二二〇頁

⑥ 詳細は Childe, *Dawn of European Civilization*, 1939. Chaps. VII, XVI, XVIII. ［3rd edition, reviced.］を見よ。

⑦ Curwen, Prehistoric Agriculture in Britain, *Antiquity*, 1972, pp261-89. 彼はローマ人の征服期までの地方経済の詳細について述べている。しかし、Childe, *Prehistoric Communities of the British Isles*, 1940 と Fox, *Prehistory of Britain*, 1939. を参照のこと。

⑧ Childe, *New Light on the Most East*（1935）, Chap.IV.

⑨ シュメールの経済に関する最良の記録は Schneider, *Die sumerische Tempelstadt*, 1920.（『シュメールの神殿国家』）である。

⑩ Carlton, *Burried Empires*, 1939. pp.113-36 の結語による。しかし、この年代は、その後に出版された Sidney Smith の史料の解読（Alalakh and Chronology, 1940）にしたがって、新しくしなければならないであろう［現在では前二三七五年のころと推定されている］。

【訳注】

（1）原文の引用記号〝 〟を「 」で表したほか、特に力点をおく表記にも訳者が「 」を使った。［ ］内は理解しやすくするため訳者が補ったものである。

（2）チャイルドは war と warfare とを使っている。意味を違えて使い分けているのかどうか分からない。しかし、それぞれを戦い、戦争と訳し分けた。

（3）チャイルドは過去に対してだけでなく、現在についても「原始人」を使っている。かつては旧石器時代の洞窟壁画も現代オーストラリアの原住民アボリジニの絵画も「原始芸術」(Primitive art)とよぶのが普通だった。現在ではこれを差別的表現とみなし、現代の人びとに原始(premitive)を使うことはやめている。アボリジニなどの芸術は民族芸術(ethnic art)とよんでいる。

(4) 英語のweaponsには、人を殺傷するための道具、武器(homicide tools)の意味と、狩りの道具、狩猟具(hunting tools)の意味がある。ここではweaponsをすべて武器と訳した。

(5) 木の実・貝をひろい、魚とり、狩りなどの食料採集を基礎とする一万~七八〇〇年前(完新世初め)の暮らし(中石器文化)の社会。今では、定住し人口も多く、貯蔵の可能性もあるとみ、フランス大西洋岸の貝塚では墓地の装身具の差から階層分化の可能性も説かれている。

(6) ジョン=ラボックによる新石器時代の定義(一八六五年)は、ヨーロッパにおける完新世の人類文化で、磨製石器の存在を重視し、デンマークでは美しい打製石器のあることもみとめている。農耕をともない、土器もあるとした。ところが、更新世から完新世へという地質学的な変遷と打製石器から磨製石器への転換、農耕・牧畜の登場、土器の誕生は、同時にそろって実現したのではないことがわかってきた。そこでチャイルドは、農耕・牧畜という食料生産の開始を「新石器革命」=農耕革命とよんで、それをもって新石器時代に入るという新しい定義を使い始めた。本論文を書いた翌年(一九四二年)『歴史に何が起きたか』の中である。チャイルドは、本書二九三頁上段二~三行で「ほとんどの新石器社会では食料を生産している」と書き、食料採集を基礎とする新石器社会の存在を認めるかのようなあいまいさを残している。チャイルドの定義による新石器文化は、西アジア・ヨーロッパ・アフリカ・インド・中国にあてはまる。ロシアでは、ウクライナ・シベリア沿海州とも、完新世に入って食料採集民が土器をもつと新石器文化とよび、磨製石器の出土も重要視している。韓国でも食料採集を基本とする櫛目紋土器文化を新石器文化とよぶ。日本でも縄紋文化を新石器文化とよぶ人がいる。アメリカ考古学では旧・新石器文化の呼び名は使わず石器(lithic)文化を使う。

(7) 現在では繊維を撚って縄を作る歴史は旧石器時代にさかのぼっており、フランス・ラスコー洞窟で一万三〇〇〇年前の縄が知られている。芹沢長介さん教示。

（8）グラヴェット文化：南ロシア、中央・東ヨーロッパ、イタリア、南ドイツ、フランス、スペインの後期旧石器文化。

（9）マグダレーヌ文化＝マドレーヌ文化：フランスのレゼジーにあるマドレーヌ遺跡の石器を標準とする後期旧石器文化。マドレーヌという名詞が形容詞を作れないため、マドレーヌの古形マグダレーヌの形容詞を使ってマグダレニアンとよぶ。

（10）最近の英文文献ではhorticultureとよび、佐原はこれを菜園的農耕と訳している。

（11）スカラ・ブレ：スコットランドのオークニー諸島の海岸にある石器～鉄器時代の村あと。戸棚・炉・ベッドも壁もすべて石造りの家から成る。農耕牧畜で暮らす。一九二七～三〇年チャイルド発掘。

（12）メリムデ：エジプトのナイル川デルタ地帯の農耕牧畜文化。ファイユーム文化に先行。

（13）ファイユーム：エジプトのカイロ南西一〇〇キロメートルの盆地の農耕文化。

（14）シアルク：イランのカシャン近くのデペの農耕牧畜文化。彩文土器をもつ。

（15）アナウ：中央アジア南トゥルクメンの農耕牧畜文化。

（16）中期旧石器時代：ムステリアン文化の槍をさすのだろう。

（17）アトリア文化：北アフリカの後期旧石器文化。チュニジアのビル・エル・アテールの資料を標準とする。有柄突頭器を矢尻と理解しての記述らしい。最近の弓矢の起源についての論文にはアトリア文化の名をみないと思う。今、どう評価されているか要調査。

（18）北京原人の食人は今では否定されている［馬場一九九九］。山口敏也さんは北海道ウサクマイの擦紋文化人骨で大後頭孔が大きくひろがっている事実をとりあげた機会に、北京原人の食人の証拠とされていた大後頭孔についても言及し、ネズミのしわざと指摘している。

（19）現在の野蛮人：チャイルドが使う野蛮（savagery）、未開（Barbarism）、文明（civilization）は、ルイス・モルガンが提唱し（一八七七年）［青山訳一九五八］、フリードリヒ＝エンゲルスが採用（一八八四）した唯物論史学の人類発展段階をしめす。かつては、その概念を現在におよぼし、現在の狩猟民、より明確にいえば、木の実などを集め、狩りをし、魚をとって暮らす食料採集民（food-gatherers ⇔ 食料生産民 food-producers。ともにチャイルドの命名）についても「現在の野蛮人」を使っていた。これは彼に限ったことではなく、彼の伝記を書いたグリーンも「今日の野蛮・未開種族」と使うなど、近年まで一般的なことであった。

（20）弓兵を描いた旧石器時代の岩壁画。現在では古くみても中石器時代か新石器時代か青銅器時代とみる説が有力である。

（21）ダニューブ文化：チャイルドの命名による中部ヨーロッパ最古の新石器文化。ダニューブ文化は、木造の長い家、線帯紋土器（後述）、靴型状石斧（靴の原型とする木型の形に似た横斧）を特徴とし、チャイルドがのべるように、かつては焼畑農耕を基本として短期間で住まいを移す暮らしとみていた。現在でも東ヨーロッパの研究者は、その考えをもつ。しかし、ドイツでは常畑説に転じている。ダニューブⅠ文化が広い領域にわたって斉一性をもっているのに対して、チャイルドがダニューブⅡ文化と呼ぶ次の文化は、レッセン（Rossen, 中部ドイツ・北ボヘミア・ザクソン＝チューリンゲン・バヴァリア・ラインラント・スイス・フランス東部）、刺突帯紋土器（Stichband-keramik,stroke-ornamental ware）、レンギュエル（Lengyel, 西ハンガリー・オーストリア・チェコ・ポーランド）、ティサ（Tisza, ハンガリア平原）といくつもの地方色をもつ文化に分かれる。ドイツ語ではドナウ（沿岸）地方文化（Donaulandische Kultur）という呼び方がある。しかし、分布がドナウ沿岸に限らないこともあって、帯紋土器文化（Bandkeramik）とよぶのが普通である。ヒサゴの形に起源をもつとされる体は、古くは線から成る帯紋（Linear（band）keramik）を飾ることから線帯紋土器（linear ware）、新しくなると刺突から成る帯紋を使うことから刺突帯紋土器（Stich（band）kermik, stroke-ornamented Ware）とよぶ。なお、P＝バーンス編の The Penguin Archaeology Guide, 2001 は、「ダニューブ文明」を now outdated、つまり「今では旧説」と解説している。

（22）plot-cultivation.（10）参照。

（23）西方文化人（Westerners）：チャイルドが命名した西ヨーロッパ（Western Neolithic）の新石器文化の人びと。スイスの湖岸住居で知られるCortailled文化、北イタリアのLagozza文化、フランスのChassey文化、東南スペインのAlmeria文化、イングランドのWindmilhill文化の総称。革袋の形に起源をもつとされる丸底の飾りの少ない土器を共有する。

(24)「最古のダニューブ文化には戦いのあったことを示す資料はまったく見られない」。イギリスのL.H.キーリーさんは、ベルギー東部の七〇〇〇年前の線帯紋土器(Linearbandkeramik, Linearkeramik, linear potteery)文化=最古のダニューブ文化の村あと四カ所をベルギーの研究者とともに発掘調査してえた成果にもとづいて、周囲の中石器文化人との戦争を主張している。

(25)ケルン=リンデンダール:帯紋土器文化の村として早く(一九二九~三四年)全体発掘調査。当初はゴミを廃棄した穴を竪穴式住居とみ、木造の長い建物は納屋と解釈していたが、現在では後者こそを住居とみる。古段階(ダニューブI)に防御施設はなく、新段階(ダニューブII)でそれをもつ。

(26)原文ではjumming。東インドのチッタゴン東部の丘陵を指す。しかしインドの人々の英語ではこの地方で行われている焼畑農法の一般的な名称として用いられている。

(27)草地や林など一定の区画の草木を伐開し乾燥させて焼き払いその焼跡に雑穀の種を播く農法。灰が肥料になる。連作して地力がなくなると畑地を放棄して移動し、一〇年余り後にまた戻って焼畑を行う。

(28)前一世紀ころ北フランスやベルギー地方に住んでいたケルト人の一分枝。おそらく現代のベルギー人の祖先であろう。

(29)原文のheavy plough with coulter(caruca)は、堅い土を垂直に掘るために、先に鋸歯状の円盤または刃をつけた犂。

(30)ゴルトベルク:大規模な高地性集落資料は第二次世界大戦で失われた。下層にミヒェルスベルク文化、上層に新石器末~純銅文化が重なる。この上層文化がアルプス東斜面のバヴァリアのAltheim, 上部オーストリアのMondsee, スラヴォニアのVucedol, スロヴェニアのLjubljanskoに広がったとチャイルドは『ヨーロッパ文明の黎明』で、書いている。

(31) ノルディック（Nordic）文化：ドイツ語でいえばNordische Kultur. ドイツでは人骨の人類学的研究と考古資料の検討とから北欧こそゲルマン民族発生の地とみる解釈が勢いをえていたこともあって、チャイルドはNordic の語の使用を嫌ったのだろう。

(32) 木の柄に装着する円環形の石器。

(33) 狩猟や戦闘で獲物や敵に投げつける石弾。丸く加工する。土の玉を焼いたものもある。投擲力を強めるために帯を二つ折りにして挟み、振りまわして帯の一端をはなす。

(34) 温暖なヨーロッパ：人は自分が住むところを標準と考えるから、常緑広葉樹林帯がなく、落葉広葉樹林と針葉樹林とから成る冷温・寒温に住むイギリスやドイツの人は、自分の住むところの気温を適温だと表現し、北欧を涼しいと表現する。奈良や千葉に住む者からみると寒帯のヨーロッパといいたいところだ。

(35) テペ＝ガウラ：メソポタミア北部にある遺跡。一八四九年、A・H・レイヤードが試掘し、一九二七年には、E・A・スパイサーが、また一九三一～三八年にかけてはアメリカ合衆国のオリエント研究所とペンシルヴァニア博物館が大規模な発掘調査を行った。その結果、前五〇〇〇年紀前半から二〇〇〇年紀中ごろまでの二六層が識別された。これらのうち新石器時代後期のウバイド期の土器が出土する第一九層と第一八層では、同じ位置に神殿の造られていることが認められている。さらに、M・マロワンが主張するように、第一七層のトロス形の建物が神殿であるとするならば、神殿は三層にわたって同じ位置を占めることになる。

(36) 記録と絵については見いだせないが、有名な資料としてゲベル＝エル＝アラクで出土したナカダ二期の燧石製短刀がある。この象牙の柄の裏面には船戦さの情景が浮き彫りで表されている。上列の船はティグリス河のベレム船に似ている。下列の船はゲルゼー期に通有のものである。こうした観察から、これは侵入するアジア人に対するエジプト人の闘争を示したものだと推定されている。また、ヒエラコンポリス出土の煉瓦に描いた絵や印章に人や動物の争いを描いたものがある。同じくヒエラコンポリス出土の粘板岩製の化粧板（二頭のガゼルのパレット）の表面にも戦闘の場面があり、敗兵をライオンや猛禽がむさぼり食っている。その他、ナカダ一～二期の土器に戦士の描かれたものなどがある。

(37) ヒエラコンポリスで出土した第一王朝の片岩製の化粧板はよく知られている。この表面には凱旋する王と兵士たちや、首を斬られた敵兵が、裏面には捕虜を打つ王と裸で敗走する敵兵が描かれている。裏面の片隅には上エジプトの象徴であるタカが、デルタ地方の象徴であるパピルスを押さえ付けている姿もみられる。上エジプトによる征服と国の統一を示す表現である。

(38) 古代エジプト人は、最初は装身具の材料としてシナイ半島の孔雀石(マラカイト)などを採取していた。銅の知識が伝わると、シナイ半島やアカバ湾頭に近いティムナで採鉱や冶金の仕事を開始した。シナイ半島南西部では銅のスラッグの堆積が発見されている。

(39) ヌビアが金を産出することは古くから知られていた。ヌビアの名はギリシア語であるが、その原名は古代エジプト語の黄金を意味するnubに発しているという説もある。エジプトのヌビアに対する進攻については、第四王朝以後の記録で明白に知られる。第一二王朝になって、エジプトはヌビアを制圧し、牛や奴隷とともにヌビアの金はエジプトへの主な供給源となった。

(40) PA-TE-SIはシュメール語のensiを誤って訳した語。エンシという語は初期王朝期の第三期(前二六世紀〜二三五〇年ごろ)に現れるが、語源は不明。J・ボテロ教授によれば、メソポタミアにおける人類の起源を説明する神話は、実質的にはただ一つの型しか示されていない。バビロン第一王朝の第四代の王、アンミツァドゥカ王(前一六四六〜一六二六年)の時代の写本に『アトラハシース(最高賢者)叙事詩』と呼ばれるものがある。その人類誕生の件りを要約するならば、「昔、神々だけの時代には下位の神々が生産労働を担当していた。しかし労働が辛く搾取されることに苦情を申し立て、神々はストライキをおこした。上位の神々は困り果て、下位の神の代わりに土で人間を造り、耕作などの労働に従事させた」という(ジャン・ボテロ著、松島英子訳『最古の宗教—古代メソポタミア—』二〇〇一年、法政大学出版局)。エンシといえども神の小作人である。この神話は、ラガシュで出土したウルカギナ王(前二三五〇年ごろ)の円錐形の碑文が示す、復古的な改革を想起させる。その碑文では王の一族の畑も神々のものであり、神が耕地の主人であることを強調している。

(41) G・F・グローテフェント、H・C・ローリンソンらによる楔形文字の解読成功以前の、一八一〇年代にC・J・リッチが円筒印章の収集を始めたという。初期のものは石灰岩など軟質の石材に彫り込んでいる。ウルク様式の円筒印章には戦場で弓をひき、捕虜を引見する人物が表されたものもある(久我行子「円筒印章」『世界美術全集東洋編16 西アジア』二〇〇〇年、小学館)。エンと呼ばれた初期の都市の支配者であろうか。

(42) 南メソポタミアにある初期王朝から新シュメール時代に栄えた都市の遺跡(前三〇〇〇年代)。一八七七～一九〇〇年にE・deサルゼックとL・コージの調査に始まり、一九六八年のアメリカ隊の調査に至るまで、G・クロ、E・deジュヌイヤック、A・パロらが断続的に発掘した。ジッグラトとニングルスの神殿などが見いだされ、ウルカギナの改革を示す行政・経済資料の多数が発見されている。

(43) 南メソポタミアにある古代都市遺跡。本格的な発掘調査は行われていない。ウンマは初期王朝第三期に急発展し、その王であったルガルザギシはラガシュと抗争して征服した。王の碑文は、国々の王であるエンリルの神が、ルガルザギシに国土の王権を授け、日の昇る地より日の没する地までの国土を、下の海から上の海までの領土を征服させたという趣旨を述べている。

(44) 禿鷹の碑文などのラガシュ史料には、エディンという土地の領有と運河の水利権をめぐるラガシュとウンマの争いが述べられている。

(45) シュメールの神話に語られている洪水。世界が創造され人類が生まれ都市の営みが始まった後、神は洪水によって不遜な人々を罰した。旧約聖書創世記のノアの洪水説話の原型ともされている。『シュメール王名表』と呼ばれる伝承では洪水以前に八人の王のあったことを伝える。洪水後に神から王権が下ったのはキシュであった。バビロンの東約一五キロにあるキシュ遺跡の発掘調査が整理された結果、前三〇〇〇年紀の初めごろの初期王朝第一期に洪水の跡をとどめる層がある。続いてキシュ第一王朝が始まると見られる。

(46) 前二三七五年ころから五〇年まで在位し、メソポタミアを統一した王。初めはウンマの王であったが、ラガシュ、キシュを下し、ウル、ウルクを攻略して全メソポタミアを統一した。しかし前二三五〇年、新興のアガデ王のサルゴンに敗れて捕らえられた。

(47) サルゴンが建設した新首都。位置は不明。シッパルとキシュの中間のユーフラテス河沿いにあったと想定されている。

(48) アッカド王朝の建設者。前二三三五〇頃から二二九五年ころまで在位し、ウルク、ウル、ラガッシュ、ウンマなどを三、四度にわたって討ち、シュメール、アッカドに統一王国を創った。さらにユーフラテス河中流のマリ、北シリアのエブラ、現在のペルシア南西部のエラムをも占領し、最初の軍事的・商業的帝国を築いた。サルゴンに関する同時代の記録は少ないが、業績は千数百年たっても伝説的に語られている。伝説では、サルゴンは尼僧の子として生まれ、葦を編んだ籠に入れて流され、拾われ育てられて果樹栽培に携わり、後にキシュ王のウルザババに酒盃官(側近の大臣)として仕えた。サルゴンはキシュの北のセム系のアッカド人を糾合して新都市のアガデ(アッカド)を造ったという。サルゴンと同時代の記録が少ないのはアガデが発掘されていないからであろうとも考えられる。

(49) サルゴンの子はリムシュとマニシュトゥシュ。後者の子がナラムシン。その子がシャルカリミヤリ。サルゴンの創始した王朝は伝承では一一人の王が一八一年にわたって治めたというが、シャルカリミヤリまでの五代の王の存在と、一四二年の継続期間については信憑性がある。

(50) アマナスは地中海東北隅のトルコ領にあるカーウル山脈。

(51) トロス(タウロスまたはタウルス)山脈はアナトリアの南東にあり、地中海の海岸と平行に連なっている。

(52) イラクの北部、チグリス河沿いにある都市遺跡。センナケリブ王(前七〇四~前六八一年在位)が前七〇〇年ころに建造したアッシリアの首都。一八四二年からP・E・ボッタやA・H・レイヤード、H・ラッサムらが発掘調査を行い、一九二九~三二年にかけてC・トンプソンら大英博物館の調査隊が大規模な発掘調査を重ねた。これらの発掘により、五つの門を開く城壁と、それに囲まれた神殿、王宮などが見いだされている。また文書室では有名はギルガメシュの叙事詩を含む数多くの文書が出土している。アッカド王朝期の神殿と宮殿はトンプソンらの発掘によって確かめられた。出土品として特に注目されるのは、精巧に造られたサルゴンあるいはナラムシンの青銅製の等身大の彫像である。これを祭る建物がマニシュトゥシュによって造られているらしいので、その肖像である可能性も考えられている。なお、下層の新石器時代の遺構や遺物も重要視される。

(53) インダス河の河口付近かと推定されている。

(54) アラビア半島東のオマーンの沿岸地方と推定されている。

(55) ペルシャ湾内のバーレーン島にあったかと推定されている。

(56) テル＝エル＝アマルナはカイロとアスワンの中間にありナイル河の東岸の丘脚地帯に位置を占めている村落の名である。一八八六年か八七年に在住の農婦が偶然遺物を発見し、一八九一年からF・ペトリーらが発掘調査を行った。その結果、この地はエジプト新王国、第一八王朝第十代の王、イクナートン（前一三六四ころ～一三四七ころに在位）が宗教改革を行うために遷都した新しい都、アケトアテンの遺跡であることがわかった。都は王の死後四年まで、一五年間維持されただけであったが、もともと未利用の土地に造営され、テーベへの再遷都に際して放棄されたため、非常に保存がよく、当時の王都の状況がよく知られる。イクナートンが信仰したアテンの神の大小の神殿、王宮と文書室などが発掘された。文書室で見つかったのは三七九点の楔形文字の外交書簡であり、三点以外はアッカド語で書かれ、ほとんどはエジプトへの来信である。当時の国際情勢を探るうえに極めて貴重な史料とされている。

(57) トルコ中央部、カッパドキアにある古代ヒッタイトの遺跡。一八三四年、C・トクシエが遺跡を発見し、一八九二～九三年にE・シャントルが試掘して楔形文字のタブレットを採集した。その後間もなく、これがテル＝エル＝アマルナの出土資料と同類であることが認められるようになった。これらの発見がきっかけとなり、一九〇六年以後、H・ヴィンクラー、T・マクリディ、K・ビッテルらが大規模な発掘調査を行い、これが前一六世紀から前一二〇〇年ころに栄えたヒッタイト王国の首都、ハットゥサの遺跡であることを確かめた。すでに前一九〇〇年ころからアッシリアの商館が北の傾斜地にあったが、その跡地に城壁をめぐらした都市が建設され、のちには南の高みにも拡大された。王室の記録文書室は、北部でも南東の城壁沿いに建てられた王宮の一部にある。

（翻訳：V・G・チャイルド著「先史社会の戦い」『稲作とともに伝わった武器』平成一九年春季特別展図録、大阪府立弥生文化博物館二〇〇七年）

あとがき

佐原　真さんの「戦争の考古学」に関する論文のうち、それまでの著書に収録されていなかったものを集めて一冊としたのが『佐原　真の仕事4―戦争の考古学―』である。（二〇〇五年、岩波書店刊）。この書物の解説を引き受けられた松本武彦さんがいみじくも抽出された佐原さんの主張は「人類の歴史の中で、戦争を始めたのはごく最近のこと。人間には殺しの本能はなく、戦争は必ずやめられる。」ということであった。その佐原さんが、福井勝久、宇田川武久の両氏とともに立てられたのが「人類にとって戦いとは」という企画であり、二〇〇二年一一月までに東洋書林から全五巻が刊行されている。ここに掲げたゴードン・チャイルドの「先史社会の戦い」は、佐原さんの依頼を受けて試みた拙訳であり、東洋書林刊本第四巻の『攻撃と防衛の軌跡』に付論として掲げられている。この訳注のうち前半（1）～（34）は佐原、（35）～（57）は金関が分担した。

第二編　弥生文化の深奥を探る

第一章　佐原真の人と学問

佐原さんが逝去してからまだ一年余り。その膨大な学問的遺産を総括するための時期は熟していない。佐原さんの遺された資料、記録、図書などのほとんどは、この程、弥生文化博物館が遺贈を受けたが、整理作業はまだ緒についたばかりである。しかしそれらを瞥見し、また生前の佐原さんが私たちに与えた印象を想起しても、故人が現代の考古学者のなかの巨人であったという印象を明証するものばかりである。彼の生涯は、死の床に至るまで常に清新で個性に満ちたものであった。

近代的な考古学がはじまった明治の半ばになって、ようやくこの学問の定義が模索されるほどに、考古学の誕生は新しい。どのような学問でも、誕生当初の頃は、開拓者たちがそれぞれ独自の活動によって自らの存在を訴えかけた。考古学も例外ではない。明治一〇（一八七七）年にE・S・モースが行った東京都大森貝塚の発掘調査とその報告書は、当時として世界的な水準をも凌駕するものであった。佐原さんが近藤義郎さんと共同して編集・飜訳されたモースの『大森貝塚―付　関連資料―』（岩波文庫一九八三年）の克明な解説にその先進性が称えられている。しかしモース以後の日本考古学者は、素直にモースの方法を学んだわけではなかった。土器分類も実測図の表現も決して同じ方法で行っていたものではないといえるであろう。

大正一一（一九二二）年には、浜田耕作が先師、W・M・F・ピートリーの『考古学の方法と目的』（一九〇四年）に示唆を受けて『通論考古学』を著した。この名著が考古学の教科書としていかに広く学ばれ平均的な知識を高めたとしても、一九二〇年代、三〇年代に縄文土器研究の新しい地平を目指した少壮の学者たちは、普遍的な方法論に追随するだけではなく、各自の個性的な研究方法を確立しようとして苦闘した。その時代に比べると現在の発掘調査と報告書が、例外は認めるとしても、何か没個性的な印象を与えることは否めない。発掘の方法論が成熟し普遍的なものになり、一方では学ぶべき資料が山積したためだろうか。一つの狭い研究領域に自己没入することが許されなくなってきたためだろうか。学問や芸術でも、ほかのあらゆる分野でも、新しいものを生み出そうとする人々は、ほとんどが偏屈ともいえる強い個性の持ち主である。

私たちと時代を同じくする佐原さんも強い個性の持ち主だった。個性というものがどのように育つのか私にはよく分からない。早くから育まれていた繊細な感性と、興味に培われた才能の自覚、それに常人にはありえないような異常な集中力などがその要因に数えられるであろうけれども。

幼稚園の遠足で大阪豊中の青池に行って土器のかけらを拾い、先生に昔のものだと教えられ、昔とはという疑問に対しては、母親から「お父さんのお父さんの……ずーっと」と繰り返しで説明されて、佐原さんは「人が死ぬということも知ってたから。かけらとはいえ、そういう人が作ったものがあるということに感動した記憶が残っています」と述懐している（『考古学今昔物語』二〇〇三年）。この思い出については「僕は覚えていないんですが、母がそう言ってました」（『考古学つれづれ草』二〇〇二年）とも書かれている。いずれにせよ、作った人は忘れられても作者の存在を語る遺物が手で触れるように現存する事実に大きな驚きの念が刻まれ興奮して帰ってきた。才能の芽を感知した父親は、考古学の専門雑誌、多数の高価な報告書を買い与え考古学者への道を開いた。

考古学者を志した佐原さんは京都大学文学部に挑戦して失敗する。挫折しかけた彼はある先生の「（君は）本当は有能なのに数学や英語には頭を使っていない……」という言葉によって、遺物を究める自己の無二の才能を自覚する。入学試験用にいくつかの小袋をそろえ、多岐にわたる知識、総合されていないばらばらの知識を詰め込むのではなく、ただ一つの大きな袋を自分がもっていることに誇りと自信をもつ。後年、考古学の深い知識が底に堆積しているその袋に、形質人類学、民族学、民俗学、神話学などの専門家と接して積極的に獲得した知識が投入され、佐原学として見事に発酵し、それが親しみやすい話術によって楽しく語られた。

佐原さんが最初に考古学の手ほどきを受けたのは、縄文学の大成者、山内清男（東京大学人類学）であった。昭和二二（一九四七）年といえば、まだ戦後の混乱期の頃、中学生の佐原さんは、日本人類学会が催した「中学生の為の考古学講座」に参加し講師のなかでも山内清男の講義に魅了された。その後、毎週土曜日に山内研究室に通って縄文学を学び、土器の文様の技法を習得した。後に、山内の学問的な生涯を縄文土器編年になぞらえ草創期〜晩期と分期し、その前半生について「山内清男論」を執筆した佐原さんは、山内が中学生にして原書で『種の起源』を読み、進化論的な考え方に強い影響を受けていたこと、東京大学人類学教室選科を終えた頃、ヒトの遺伝を専攻しようと決め、*The Journal of Heredity*（『遺伝学雑誌』）を購読していたこと、東北帝国大学医学部に勤めた山内が人類学における遺伝学の意義を認めぬ主任教授の拒否により、その方向を断念したことなどを述べている。山内は福島県小川貝塚の発掘調査に触発され、地層の重なり合いの上下関係から、含まれている土器の型式変化の序列を確かめる仕事を続けて縄文土器型式の編年の大綱を完成した（『縄文文化の研究』一〇　一九八四年）。組み立てた型式分類の仮説を発掘によって実証して行く方法論はまさに自然科学的な追求だということができる。型式学的研究の自信を深めたのは、O・モンテリウスの *Die Methode*（『オリエントとヨーロッパの古代文化』一九〇三の第一冊）を精読したことであった。モンテリウスの方法論こそは型式学的序列（組列）と交錯年代法を組み合わせた考古学年代決定の基礎である。図1・2に示したようなイタリアの石斧から青銅斧への型式の変化、最終的には装飾の目立つ儀礼用の斧に至る変化は型式学の範例であり、佐原さんは年毎に変化する乗用車の型式を時代順に並べ、銅鐸の型式変化の序列を解説している。

佐原さんは高校生時代すでに「茨城県花輪台式土偶の新資料」を『貝塚』二八号（一九五〇年）に発表して頭角を現し、大学学部生時代「土器面における横位文様の施紋方向」（『石器時代』一九五六年）の論文を纏めた。これ

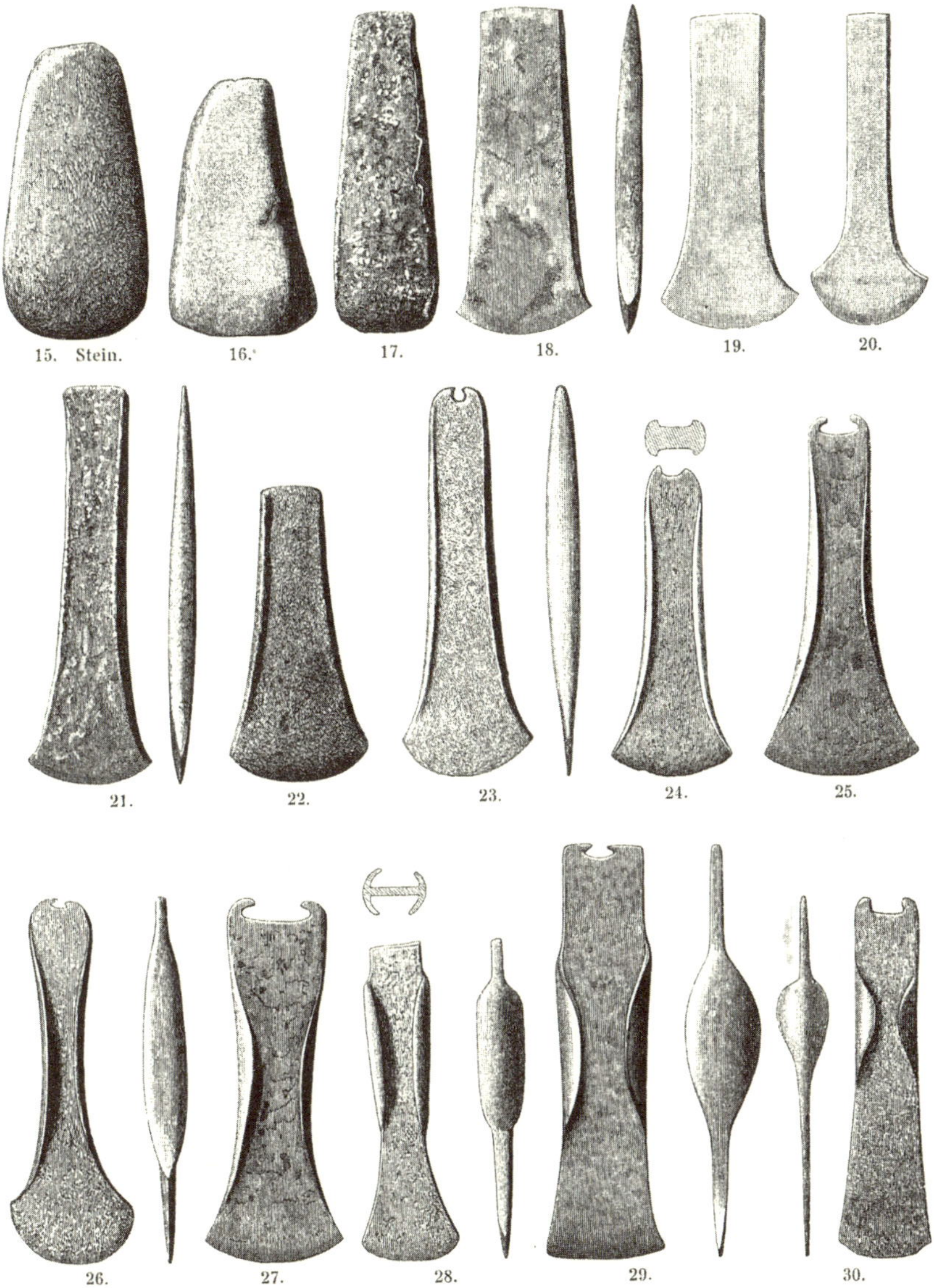

15—30. Aexte von Stein, Kupfer und Bronze. Italien.

図１　古代イタリアの斧の変化１（石斧・銅斧・青銅斧）

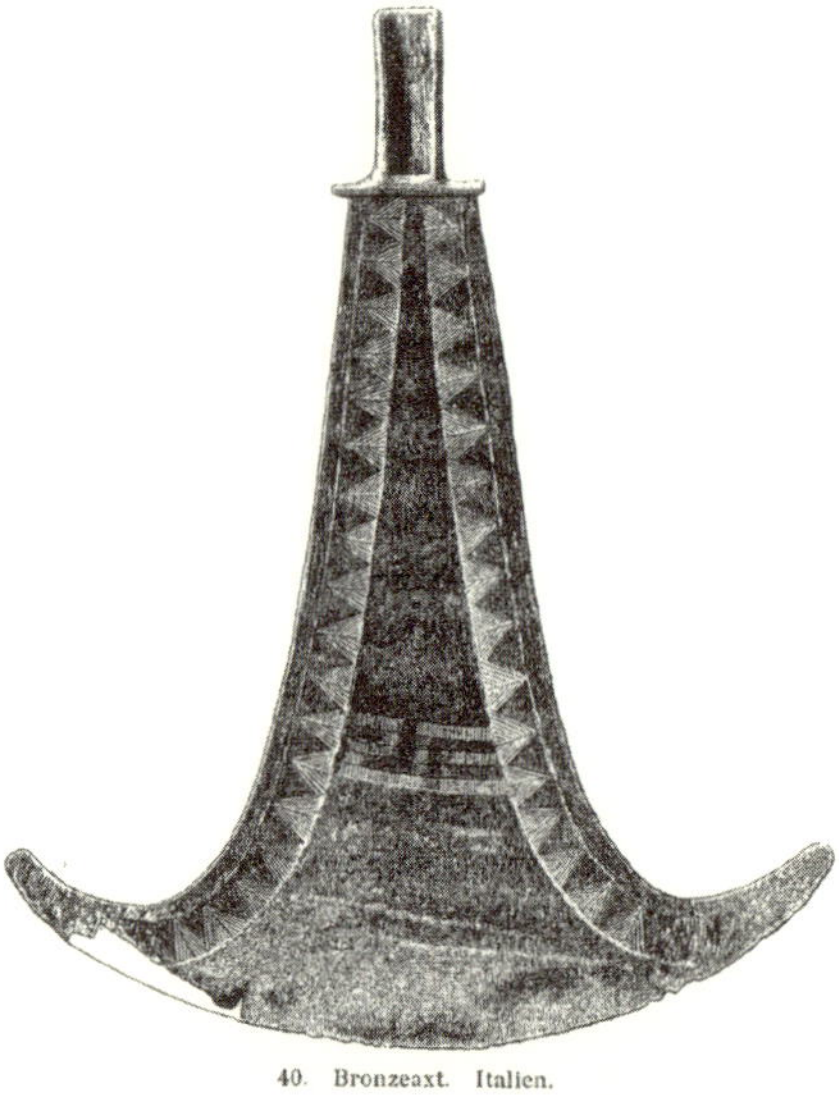

図２　古代イタリアの斧の変化２（青銅斧）

について「山内も気付いていなかった点を指摘、八幡一郎の縄紋についての解釈を批判する」と自負している。時の大家に対する批判には、その早熟の才能が学会を驚かせたことであろう。山内はこれについて筆者（金関）に「僕は知っていることをすべて書いたり話したりしてはいないよ」と語ったが、成果を評価していたことは明らかだった。その翌年の学部卒業論文は独文で書かれた「先史時代に於ける右手の優越」だった。出土人骨の四肢骨の長さ、太さ、重さを測り、先史時代から一般に右利きが一般的であったことを述べたものだという説明が筆者の印象に残っている。しかし学会には発表されていないと思う。興味深いことは、二、三の遺跡に限って左利きが多いという結果も出されていることである。私は縄文晩期の愛知県吉胡、弥生前期の山口県土井ヶ浜がそうだったと記憶しているが、遠い昔の伝聞の記憶なので確かではない。

京大大学院時代、兄事した坪井清足さんに「関西にきたからには縄文以外のこともやれ」と勧められ、素直に従って弥生文化の研究にいそしむ。幸いにも第二の師匠となった小林行雄の厳しい訓練を受けその世界は広がる。最初の弥生土器研究は、土器の表面に並行に引かれた櫛描文の観察であった。山内に習ってルーペで線の中の砂粒の動きの痕跡を見極め、施紋者が右利きであることを前提に、素朴な回転台を利用して線を入れた地域、利用しなかった地域を分けるために西日本の遺跡を行脚した。櫛描文研究から木器や銅鐸の流水文との比較に移り、やがて銅鐸の編年研究に没入する。昭和三五（一九六〇）年当時、出版計画の進んでいた『世界考古学体系』二に、小林行雄の推薦を受けて「銅鐸の鋳造」を執筆していた佐原さんは、作業中、銅鐸の吊り手（鈕）の断面の型式変化によって新旧の関係が導き出される原理を発見した。発見を記し締め切り期日の猶予を乞う編集者への手紙の下書きが残されている。躍り上がる喜びが共感され心に迫る記録である。小林行雄と共著の『紫雲出』に示された、出土資料の整理と研究はその後の遺物学の出発点となった。

佐原さんの明朗な人柄はすべての人々を惹き着け、多くの学者に貢献し多くの学者の協力をえて学際的な輪を広げた。四〇代のころ親友の田中琢さんと学問には若さが必要だ、年をとっていったら、後進を育て文化財を守ることに努力しようと語り合った佐原さんは、永遠の青年として学び続け、後進に範を示し、文化財の保存にも大きな功績を上げた。

田中琢さんは、佐原さんが『魏志倭人伝』を論じてその風俗記事の解釈に終始していることを顧み、さらに寿命が与えられたならば、佐原学に独特の手法で日本古代の国家・階級社会論について語られたであろうと惜しんでいる。しかし、佐原学の真髄は歴史学にはなく、自然科学的な方法に基礎を置いた先史学にあり、文化人類学的な視点のもとに行った活動にあると私は考える。坪井清足さんとの対談の「視野を広げた世界全体の考古学」の項目で「かっこよく言えば、われわれは人類史をやっているのである。そのケーススタディとして日本をやっている……」（『考古学今昔物語』）と語っているが、これが彼自身の思いであろう。

（「佐原真の人と学問」『弥生文化研究への熱いまなざし　森本六爾、小林行雄と佐原真』平成一五年度秋季特別展図録、大阪府立弥生文化博物館　二〇〇三年）

第二章　続縄文の文化現象

おお　おまえ！
世界がまだ朝のように清らかだった子供の頃
まだ天があんなに近く感じられた頃
おまえが美しい羽をひろげるのを見たのが最後だった

冒頭に掲げたのは、岡田朝雄氏の訳になるヘルマン・ヘッセの蝶の詩である。ヘッセの子供の心はまた、揺籃期の人類の心でもあった。

1　礼文島船泊遺跡の工字形貝製品

平成一六年春季特別展図録『弥生のころの北海道』に掲載された小山田宏一氏の論考「礼文島と響灘の花弁形貝製品」は、礼文島の船泊遺跡出土の貝製品のうち花弁形のものを採り上げて、山口県土井ヶ浜遺跡出土の同形の例と比較し、古代中国におけるタカラガイとその模倣品の分布と系統、流伝をも叙述した興味をそそる考察だと思う。同展の準備中、小山田氏から船泊遺跡の報告書を示されたとき、私も同氏の指摘に教えられ、特に同氏の論考に示されている工字形貝製品（図1）を見て、かつて発掘調査に従事した種子島広田遺跡出土の貝製品との類似に強く印象づけられた。小山田氏も述べられているように、沖縄県古我地原貝塚にも縄文後期の石製品の例がある。

工字形貝製品と名づけられた縄文後期の資料は、船泊遺跡から破損品と未製品が三点出土している。報告書によれば、薄い二枚貝（未製品によって調べたところカガミガイだという）を長方形に成形し、四辺の中央にU字形のスリットを入れて工字形に作り、表面と側面を丁寧に研磨した後に、四隅に小孔を穿とうとしている。貫通していない孔もある。四隅に穿孔を施しているので、編み物、革布などに綴じ着けたのであろうかと考えられる。礼文島のオションナイ遺跡でも以前に類似の資料が出土しているというが、不勉強にして私は知らなかった。

図１　船泊遺跡の工字形貝製品

2　南島の貝符文化

船泊遺跡の貝製品から連想した南島の貝符について述べて見よう。弥生時代を彩る文化要素の一つに南島の貝文化がある。弥生人たちはゴホウラ、イモガイ、オオツタノハなど南島産の貝殻を輸入して腕輪に仕立て上げた。北部九州を中心とする弥生の国々の首長は貝の腕飾りをもって身分の徴としていた。この習俗は古墳時代にも受け継がれ、貝の輸入が途絶えた後には、碧玉でその形を写して宝器とした。

九州には伝わらなかったが、古墳時代ごろの沖縄、奄美の諸島や種子島などでは、長方形に削った板状の貝にさまざまな文様を彫刻し、再葬集骨した遺体にそえる習俗があった。その貝製品の起源は、弥生時代後半期ごろ種子島の広田海岸砂丘に葬られた遺体の着装する貝製ペンダントに求められる。これらには四隅に穿孔した例もあるので衣服や帯など布に綴じ着けることもあったであろう。弥生の装身具から古墳時代の副葬品まで、彫刻された文様の型式的な変化をたどることができる。種子島の広田遺跡で発掘された遺体のペンダントには相当擦り減ったものがある。呪具として生前永く身に着けていたのであろう。これらは、彫刻されてい

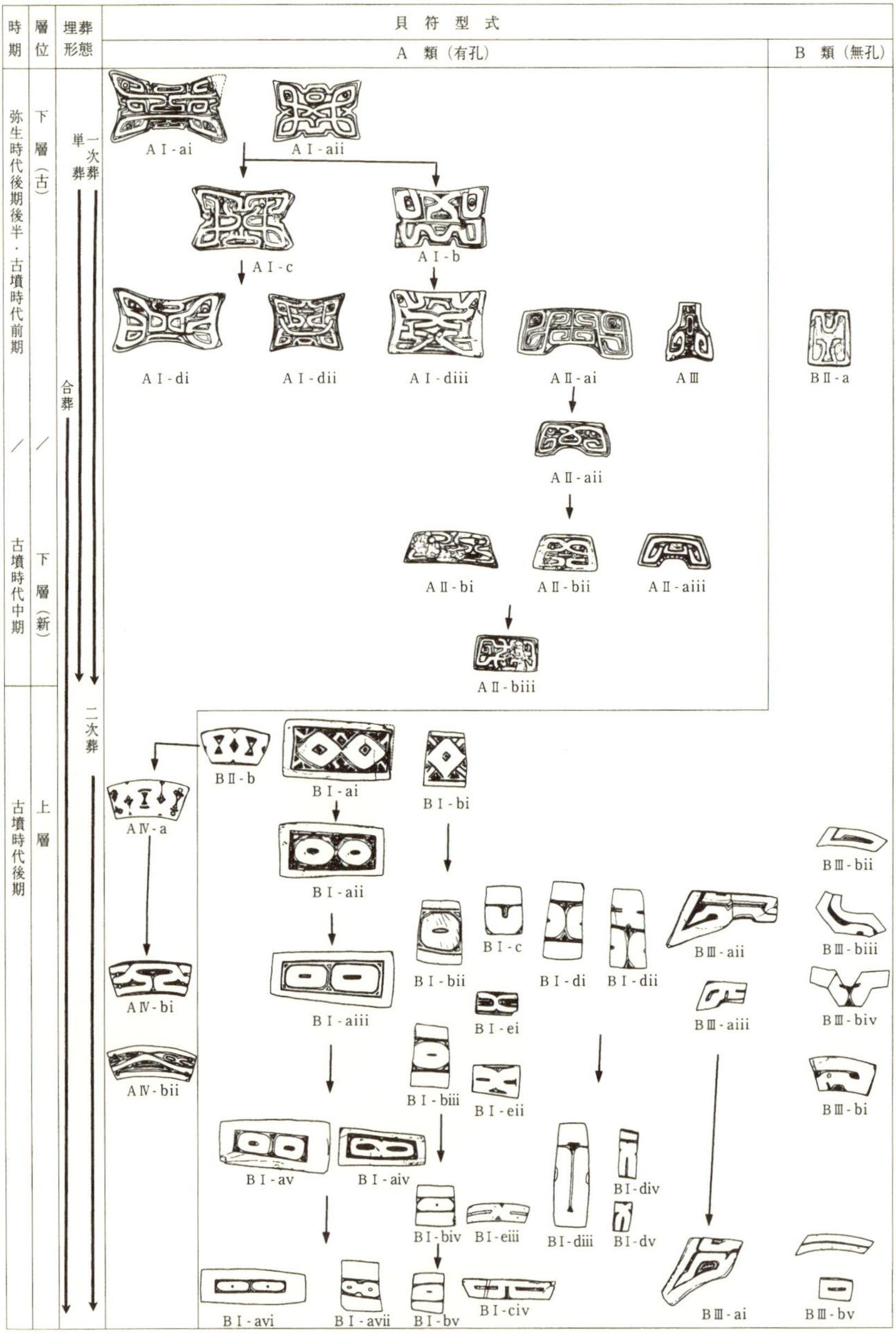

図２　木下尚子氏による広田遺跡の貝符編年

る独特の文様によって貝符と呼ばれることがある。

弥生後期から古墳時代までの型式の移り変わりについては、いくつかの試案が示されているが、二〇〇三年刊行の『種子島広田遺跡』に示されている木下尚子氏の詳細な分類と編年案（図2）が新しい。それらのうちで、糸巻形の貝の板の四辺に抉りをいれ、上下の辺の抉り込みの中央に突起状の部分を削り残したものが祖形に近いと思われる。この原形をさらに追求するならば、沖縄本島を中心として、縄文時代の後期ごろから作られているジュゴンの骨製ペンダントにたどりつく。

3　蝶形の骨製品と石製品

沖縄考古学会の島袋春美氏は『南島考古学』一一号に「いわゆる蝶形骨器について」と題する優れた論文を発表されたことがある。沖縄のジュゴンの骨製品の破片は、早くから知られていた。島袋氏は安座間原遺跡、室川貝塚、吹出原貝塚などで出土した縄文後期の骨製品を復元して型式変化をつきつめ、特に安座間原の資料（図3）は一端が欠けただけの原形をよく残した資料であったため、これらは蝶を意識して作ったものであるという優れた考えを発表された。この系譜のなかで最も古いと

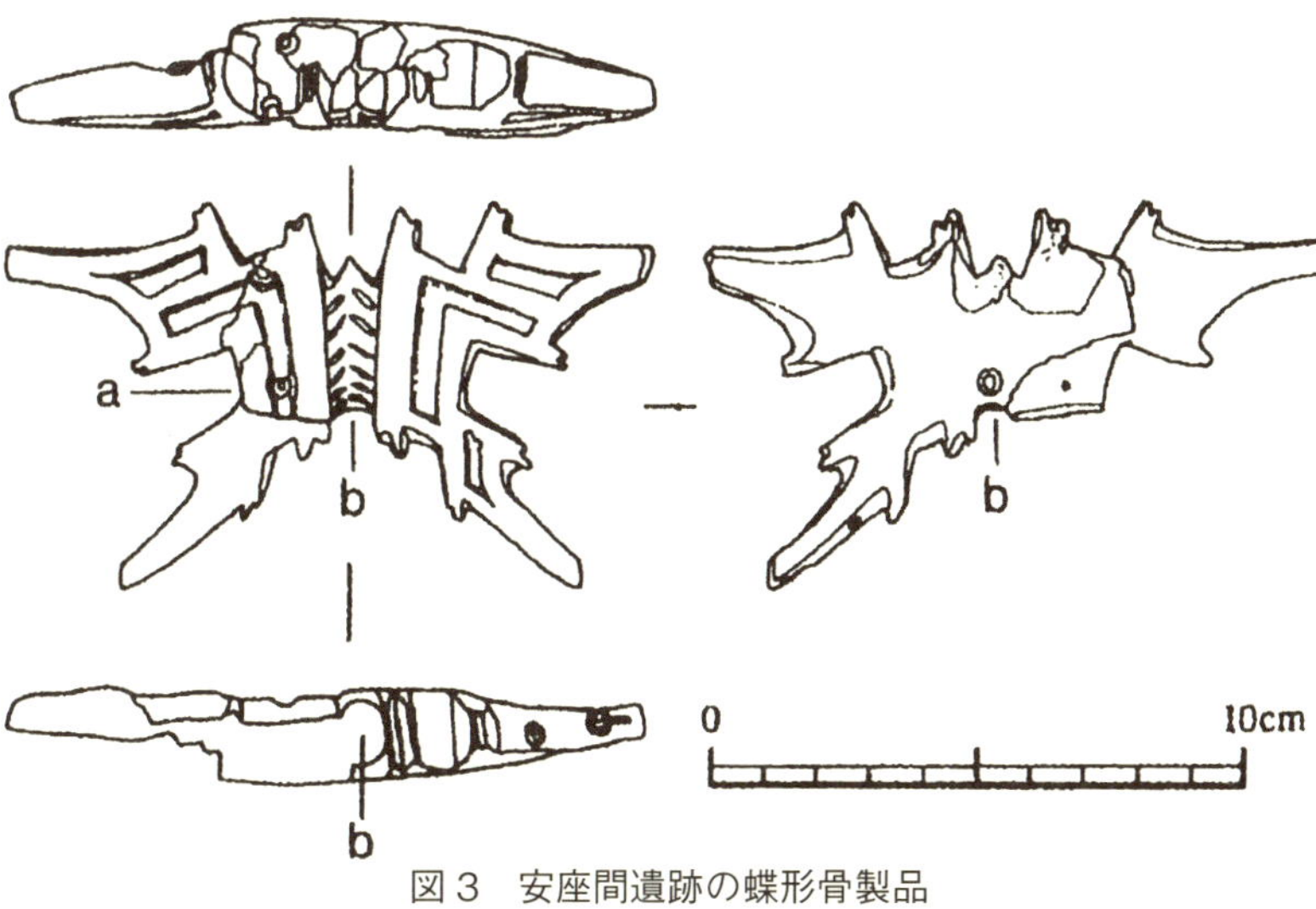

図3　安座間遺跡の蝶形骨製品

考えられるものが、古我地原貝塚で見いだされた蝶形の石製品である。ジュゴンの骨を材料としたものが大型で外形も文様もアゲハチョウのように華やかに表現されているのに対して、古我地原の石製品は同じ縄文後期に属してはいるが、長さ三八㎜の方形の石板を作り、その四辺の中央に抉りを入れ、四隅を斜めに欠いただけの単純な形の小型のものである。表面は縦軸に沿って浅い抉りを入れているが文様は彫られていない。一見、モンシロチョウのような小型の蝶の類を思わせる。先にあげた船泊遺跡の貝製品がやや小型の長方形であるという違いを無視すればよく似ている。韃靼海峡に飛び立っていく、あるいは飛来する蝶なのだろうか。

4　蝶形の魂

諸民族例から類推するならば、蝶形ペンダントは護符として佩用されていたものであろう。おそらくは人の魂の形は蝶形であり、うつせみの蝶は人の体から脱け出た魂だという信仰があったに違いない。谷川健一氏は『魔の系譜』（講談社学術文庫一九八四年）において古代の蝶の信仰をめぐる研究を繰り広げておられる。蝶形骨製品や石製品の出土した沖縄に伝わる古来の叙情詩「おもろ」（『おもろさうし』）には次の歌があることを谷川氏は引く。

あがおなり、みかみの　まぶら、てて、おわちやむやれ、えけ　おと、おな　り、みかみの　あや、はべる、
なりよわちへ　くせ、はべる、なりよわちへ

わが妹なる御神が、見守ろうとしていらっしゃったのだろう。やれ、えけ（掛け声）、美しく霊妙な蝶にお化身なされて―鳥越憲三郎訳。

航海の守護神である「おなり神（妹神）」が、美しい蝶に化身して船に近づいてくる様が謳われているのである。谷川氏はまた、長崎県西彼杵半島の黒崎地方の、かくれキリシタンが伝える「天地始之事」に、聖霊が蝶となってマリアの口にとびこみ、マリアが身ごもる叙述のあること、不慮の死を遂げた人の魂が蝶となって飛び立つという新潟県の民間伝承などもあげておられる。

沖縄の縄文時代にあったと見られる蝶と魂の信仰を考えれば、浙江省河姆渡の新石器時代の遺跡で出土した、骨製あるいは木製の蝶形（あるいは鳥形）の飾り板を思い出さずにはいられない。時代は遙かに下るが、前三〇〇年ごろの宋の哲学者、荘周の著した『荘子』斉物論の、夢に胡蝶になる有名な話がある。

　昔、荘周夢に胡蝶となる。栩栩然として胡蝶なり。自ら志に適へるを喩り周たるを知らず。俄然として覚むれば即ち遽遽然として周なり。知らず周の夢に胡蝶となれるか。胡蝶の夢に周となれるか。周と蝶は則ち必ず分有らん。此を物化と謂ふ。（諸橋轍次）

蝶の造形といえば、古代エジプトの壁画に見られ、ミケーネの王墓の副葬品の黄金の胡蝶がある。ギリシア人は蝶の類の蛾に、魂を意味するプシケの名を与えた。

われわれの身近にひらひらと舞う蝶が霊魂の化現であるという信仰は、おそらく世界的な広がりをもっているであろうが、東アジアでは、長江流域の文化に組み込まれて、縄文人の間に早くから伝わったのではないだろうか。

5　蝶と霊魂の民俗学

蝶の民俗学的な研究としては飯島吉晴氏の「蝶のフォークロア―蝶と霊魂の信仰史―」（『宗教と考古学』一九九七

年　勉誠社）を逸することはできない。この論文では、博覧強記で識見の高い著者が、古今東西の蝶と人の魂にまつわる神話・伝説、物語りや文学作品、信仰・習俗などを博捜し、日本の蝶信仰の特色ともいえるものを摘出しておられる。飯島氏はまた、吉田光邦『呪性の蝶』（一九七一年　光琳社出版）所引の、唐の劉恂の『嶺表録異』に、「越の女が鶴子草の葉を食べる虫を化粧箱のなかで飼い、虫がサナギになり赤黄色の蝶になると、この蝶を身につけ眉蝶といった」という話のあることを紹介し、祝英台の蝶伝説が越に起源することを考え併せて、先の沖縄発見の蝶形骨製品や石製品など蝶形の呪具を着ける風習の中国南部起源説を示唆しておられる。

6　続縄文時代の文化現象

本州以南の弥生時代の併行期に北海道で栄えた文化は、続縄文と呼び習わされている。しかし、この名称が適切であるかといえば異議を覚える。この時期の北海道では、水稲農業はともかくとして日本海・オホーツク海域の中心的な位置を占め、独自の文化を発信し受容した。伊達市有珠モシリ遺跡の七号墓では南海のイモガイで作った貝輪が出土している。葬られた遺体の形質にも渡来系の要素が認められるという。南海からの物資は単に交易品として、美しい装身具として運び込まれたものではなく、それらにまつわる呪的な意義も伝わったのではないだろうか。礼文島の資料に触発され、こんなことを想像して見た。

（「続縄文の文化現象」『弥生のころの北海道』平成一六年春季特別展図録、大阪府立弥生文化博物館　二〇〇四年）

第三章　陳寿がみた卑弥呼の鬼道

魏書東夷伝の文章の中で、著者の陳寿は邪馬台国の女王の卑弥呼については特別に筆を割き、いくらか詳しい記述を遺している。そのなかでも「(卑弥呼は)鬼道を事とし、能く衆を惑わす」というくだりはよく知られている。陳寿は先行の史書や収集されていた史・資料を参照して歴史を綴ったであろうが、この部分の記述は陳寿自身の考えに基づいて述べたものであろうか。かりにそうでないとしても、当時の中国の史家の意見に沿うものだということは充分に考えられる。後述のように、陳寿が表明した東夷伝記述の目的とも合致していると思う。

この度の特別展「大和王権と渡来人」の主題とするものは、三、四世紀の社会変化である。三、四世紀の頃といえば、まさに弥生時代から古墳時代への移り変わりの時期である。三世紀の前半には卑弥呼が女王として君臨していた。後半には巨大な、しかも形の整った前方後円墳が大和盆地の一角に築かれ、これを境として古墳時代に移り変わった。日常生活のために、あるいは祭りのために作られた土器の形は急速に変化し、当時の社会生活の慌ただしい変容を物語っている。おそらく首長たちが執り行ってきた農耕儀礼にも、葬送儀礼にも、新しい要素が加わり、占い習俗が廃止されるなどして、精神生活にも大きな変化を生じたであろう。では卑弥呼が代表する倭人の祭りは、どのような変貌を遂げたであろうか。私は冒頭に記した卑弥呼の鬼道と称するものが、この変容を解く鍵になるのではないかと思うので、手がかりとして取り上げてみたい。とはいえ、残されている考古資料はまさに片々たるものであり、むしろ史料を多用することになった。

1 卑弥呼の共立

倭人伝の叙述のなかに、「その国（邪馬台国）ではもともと男子が王位についていたが、こうした状態が七、八十年も続いたあと、倭の国々は戦乱の時代を迎え、多年にわたって攻め合った。そこで国々は相談して一人の女子を立てて王とした。名付けて卑弥呼という。卑弥呼は鬼道を事として能く衆を惑わした」という一節がある。ただしこの意訳には私の解釈も混えているので、誤りなしとはしない。原文では卑弥呼が王位につくところは「乃共立一女子為王」とある。すでに指摘されているように、共立という語句は、王が死に、嫡子がないために遺族達が相計って庶子のうちから後継者を選んで立てる場合（東夷伝の扶余の条）、王が亡くなり嫡子が不肖の子であったため人々が弟を後継者とした場合（高句麗伝）など、通常とは違った王位継承の際に使われている。卑弥呼の場合も、長い戦乱終息を願った臨機の処置であったと考えてよいであろう。特に卑弥呼が選ばれたのは、その特殊な能力、すなわち鬼道を事として衆を惑わすような巫的な力が期待されたと思われるのである。

2 中国の史書にみられる鬼道

鬼道とはどのようなものであろうか。そのころの諸書に見える「鬼道」を拾って吟味してみよう。まず目につくのは『史記』の封禅書である。これには亳（河南省偃師）の謬忌の言として「古は、天子が春秋に東南の郊で、七日間にわたって太一、（北極神）を祭り、太牢（牛・羊・豚を供える祭儀）を捧げ、壇を造って八通の鬼道を開く」と記している。八通について、索隠は『三輔黄図』を引き「上帝の壇八觚、神の道は八通、広さは三十歩」と説明する。觚は角（稜）の意味があるので、おそらく方形の壇の四隅を切って八角形とし鬼神の通り道を開くとしたのであろう。封禅書のこの記事の後の方にも、黄帝の祭壇に八通の鬼道を除す（はらう）という語句がある。なお

『史記』の孝武本紀は、太史公司馬遷が筆を曲げなかったため、武帝の怒りに触れて抹消された。この本紀を褚少孫が封禅書によって補ったことはよく知られている。それはともかくとして、卑弥呼の鬼道との関連は認められない。

広く言及されているのは『三国志』魏書の張魯伝の鬼道である。張魯は沛国（江蘇省）の人であるが、蜀に身を寄せた祖父の張陵と父の張衡の道術を継いだ。『後漢書』劉焉伝によれば、張魯の母はふしだらであり、身につけた鬼道を手立てとして益州（四川省成都）の長官であった劉焉の家に出入りし、張魯のために督義司馬の地位を手に入れてやった。ほぼ同じ記述は『三国志』蜀志の劉焉伝にも見える。以下再び、魏書の張魯伝によれば、計略と武力を用いて漢中を占領した張魯は、鬼道によって人々を教え導いた。張魯は自らを師君と号し、新入りの信者を鬼卒、信仰の進んだものを祭酒とした。祭酒たちには一団の鬼卒を率いさせ、多人数の鬼卒を抱えるものには治頭大祭酒の名を与え、一種の教団組織をつくって領民を支配した。祭酒たちはそれぞれ義舎と称する建物を設けた。おそらく集会などに用いたのであろうが、建物について陳寿は「今の駅舎に似たようなものだ」と述べている。この義舎には米や肉などを吊るしておき、飢えた旅人たちが自由に食べられるようにした。しかし腹を満たす以上に貪れば、鬼道により病気になるとされた。張魯の宗団には、救民的な思想もあったせいか領内はよく治まり、三十年ばかりの間にその勢力は陝西省南部から四川省東部地方に広がった。

陳寿は、張魯の祖父の張陵については「道書を造作して以て百姓を惑わす」と批判しているが、張魯について非難がましい筆致で触れてはいない。おそらく張魯が後になって魏の太祖に帰順し、鎮南将軍に取り立てられ、閬中侯に封じられたからであろう。

魏書に引かれている『典略』（魚豢の著書『魏略』と同じものだとされる）によれば、熹平年間（一七二～七七）には妖術を使う賊が盛んに活動した。三輔（陝西省中部）にいた駱曜光がその一人である。これに続く光和年間（一七八～八三）になると、東方（河北省鉅鹿）に張角が、漢中には張衡がいた。なお、原文はこの人物を張脩としているが、ここでは裴松之の注により改めた。駱曜は緬匿法（姿を消す隠身術のようなものらしい。清の袁枚は『抱朴子』の介象蔽形の術かという）によって、黄巾の乱の首謀者となった張角は太平道によって、また張衡は信者から五斗の米を納めさせるので五斗米道と呼ばれた父親譲りの呪法によって、それぞれ結社を形成した。後の二つはいずれも巫術を用いて病者を治癒する法から発しているが、張魯の受け継いだ張衡の鬼道では、静かな部屋に病人を入れ、姦令祭酒という係が監督して『老子』五千字を写させたという。張魯の鬼道と呼ばれるものが『老子』と結び付くのはこの一行の記述に係わっている。

　鬼道について史料を博捜された重松重久氏の業績「卑弥呼の鬼道の思想的背景」（重松重久『邪馬台国の研究』一九六九 白陵社所収）からは筆者も多くを学んだ。鬼道の示されている他の史料に、東晋の永和年間に常璩が著した『華陽国志』がある。その漢中志には『後漢書』と同じ張魯の鬼道について触れられているが、大同志には「鬼道を以て民を惑わせた」陳瑞なる人物が、咸寧三年（二七八）に刺史の王濬に処刑されたことが伝えられている。陳瑞の鬼道は張魯のそれと似たところがあり、その系統を引いていることが察せられる。重松氏によれば、このほかにも『晋書』の周札伝に「そのころ（東晋の初めごろ）李脱という道士がいて、妖術で人々を惑わせ、自ら年齢が八百歳だといって李八百と号していた。中州から建鄴にやってきて、鬼道を以て病人を治療した…」と述べられているという。

3　玄都国の鬼道

　なお、鬼道について考察したこれまでの論文にあまり引かれていないのは『逸周書』の史記解である。周知のように『逸周書』は『汲冢周書』とも呼ばれている。晋の咸寧五年（二七九）あるいは太康元年か二年（二八〇、二八一）ともいうが、河南省汲郡の古い墓から夥しい量の小篆で書かれた竹書が掘り出された。墓は戦国時代の魏の襄王、あるいは安釐王のものだという。晋の碩学、束皙らが解読し、戦国時代の史書のあることが分かったという。そのなかで現在まで辛うじて残っている史書には『竹書紀年』や『穆天子伝』などがある。『隋書』の経籍志、『唐書』芸文志は、今日『逸周書』と呼ばれるものも汲郡の冢から出たものだと誤って記載し長く信じられていた。しかし実は『漢書』芸文志に「周書七一篇周史記」とあるのがこの『逸周書』に当たるものであって、汲冢出土ではない。これには周の時代の王の言葉（誥誓号令）が記録されていて、現在は六十篇が残っている。おそらく戦国時代に編纂されたものであろう。

この史記解は「これ正月、王（穆王）は成周にあり。昧爽（夜明け方）、王は三公、左史、戎夫を召し出し、仰せられるには…」という文章で始まり、国を維持する上で害になる例が次々に論じられる。その後半で引かれているのは次のお言葉である。「昔者玄都賢鬼道廃人事天［求祥神也］謀臣不用亀策是従神巫用国哲士在外玄都以亡［棄賢任巫所以亡也］」。原文部分の括弧内は晋の孔晁の注である。意訳するならば「昔、玄都の国では鬼道を尊び、人に頼らず天の加護を願った。謀に秀でた臣下を用いず、亀卜に従って巫人に国策を定めさせたので、識見のある人々は国外に出てしまった。そのために玄都は亡びた」。付言するならば、玄都については『竹書紀年』の帝、舜四二年の項に「玄都氏が来朝して宝石を貢ぎ物とした」ことが述べられている。北周、隋、唐のころ陝西省長安県に玄都観という道観のあったことが伝えられているが、関係が考えられるであろうか。それはともかく、『逸周書』のこの記事は儒教や筍子の合理的な考え方を反映し、怪しげな巫覡非難の精神がこめられているように思われる。鬼道は排撃すべき陋習だとされている。

4　漢末の鬼道と卑弥呼の鬼道

このように、鬼道についての史料を通覧するならば、次のことが言えるのではないだろうか。鬼道とは、巫覡が卜占その他の妖術を駆使して鬼神と通じる道である。あるいはまた、鬼神が去来するために必要な神秘的交通路でもある。これらの鬼道はもともと特定の法術や集団を指す固有名詞ではなく、古来、使われてきた普通名詞だと考えてよい。張魯の祖父、張陵から三代を経てその系統を引く陳瑞、さらに続く李寛、李脱、李弘らは、自分たちの教えを鬼道と呼んだことがあっただろうか。

五斗米道と呼ばれていた宗教集団は、第三代の張魯が新入りの信者を鬼卒と名付けたことなどから鬼道と呼ばれるようになったのかも知れないが、彼ら自身は新出正一明（盟）威之道と称していた。張魯が曹操の軍門に下って後も天師道の名のもとに教団は維持された。一方、霊帝の中平元年（一八四）に張角が起こした黄巾の乱は、卑弥呼の時代と重なる。鎮圧と共に三〇万とも数えられる信徒が流亡したと伝えるが、そのなかに倭に移入して教えを伝えた者がいただろうか。あるいは、それ以前から多少とも影響を与えたことがあっただろうか。私は疑問だと思う。佐伯有清先生が述べていられるような「張魯の『鬼道』と関連させて、卑弥呼の『鬼道』を、その影響を受けた道教的宗教とする説が強くなってきているが、安易に結びつけることは慎みたい」（佐伯有清『魏志倭人伝を読む』下　二〇〇〇　吉川弘文館）というご意見が正しいと思う。

5　弥生中期の鬼道

卑弥呼が、あるいはその周辺の人々が、卑弥呼の聖性や神秘性を高めるために仕立てた舞台装置については陳寿の文章を通じて窺うことができる。凛とした性格の片鱗さえ感じられる。もちろん、王位に就いてから巫的な能力を錬磨し獲得したのではなく、もともとそなえていた能力によって王に立てられたのであろう。倭国の事情ではないが『魏書』韓伝の馬韓の条によれば、馬韓は五十余国からなり、それぞれの国は長帥という首長によって治められ、国邑がありまた別の邑がある。国邑では一人の祭司が天神をお祭りしている。別の邑は蘇塗ともいう。蘇塗には大木を立てそれに鈴と鼓を吊り下げて鬼神（祖霊）を祭っている。私は、蘇塗とは鳥杆の古音を漢字で写したものであり、鳥杆（杆頭に鳥形木製品を着けたもの）を周囲に立て並べて区画した祭場だと考えている。馬韓では、中国由来かとみられる天神の祭りは中央の国邑の祭場で行われ、鬼神の祭りは地方で、農民たちによって行われていた。鬼神の祭りはもともと水稲農業文化と伴っているものであり、より古く土着的なものだったであろう。

弥生時代、祖霊を送り迎えする儀礼用の木の鳥は、中部地方から北部九州の前期、中期の遺跡から出土している。鳥取県稲吉角田遺跡で見いだされた中期の土器の絵にも、福井県井向遺跡出土の銅鐸の絵にも、弥生時代の祭場の情景が描かれている。蘇塗を思わせる表現である。奈良県坪井遺跡、岡山県尾上遺跡などから発掘された中期の土器には鳥装の巫師の姿が描かれている。また、奈良県唐古・鍵遺跡出土の土器には性器をあらわにした女性像が描かれている。弥生の祭りに性的な所作の行われていたことが察せられる。

同時代の高句麗で宗廟、霊星、社稷といった中国風の祭りのあったことが、魏書の高句麗伝に示されているが、佐賀県吉野ヶ里遺跡の墳丘墓や祭壇の配置状況は、先進地帯の国邑における中国風祭祀の影響を示しているのであろうか。

卑弥呼が継承した巫術の源流をたどるならば、それは弥生時代の初めに水稲農業に複合した文化要素の一つとして、長江中・下流域の地方から伝わってきたに違いない。『楚辞』九歌の湘君、湘夫人には水辺に桟敷を作り女神の訪れを待ち侘びる巫が謡われている。志をえなかった屈原が、江南の村々で催されている祭りを訪ね、歌われている野鄙な歌辞を洗練したのがこの作品ではないかと考えられている。憑依する神と巫の性的な交わりは農耕の祭りの核となるものであった。高文・王錦生編『中国巴蜀漢代画像塼大全』収載の四川省新繁鎮発見の「野合図」も漢代の民間祭祀の一こまであるかも知れない。

弥生時代の鳥形木製品が象徴する鳥霊信仰もまた、中国の沿岸文化に由来すると考えられる。『墨子』明鬼篇に登場する人面鳥身の句芒の神や『春秋左氏伝』昭公一七年の条に語られる郯国の鳥トーテムなど史料は少なくない。

6　巫蠱の乱と党錮の禁

長期にわたる漢帝国でも、その内政に衝撃を与えた二つの悲劇的な事件があった。一つは前漢、武帝の末年に起った巫蠱の乱であり、他は後漢も末の桓帝代に起こった党錮の禁である。共によく知られてはいるが、これらは儒学を以て仕える官僚に大きな影響を及ぼし、また厳しい教訓を与えたと思われるので、ここで簡単に解説しておこう。

蠱の字形は、皿に虫を入れた形である。虫の発する毒を人に与えて呪ったところから、木の人形や鶏などを埋め、巫に呪わせる術などもあわせて巫蠱と呼ばれるようになった。事件については『漢書』列伝の戻太子、江充の各伝に詳しく、武帝紀にも簡略に述べられている。また、公孫賀伝には予兆となったできごとが記されている。

武帝の丞相であった公孫賀が、子の敬声をかばうために侠客の朱安世を捕らえたとき、安世は、敬声が木の人形を埋めて帝を呪ったこと、さらに公孫賀が犯したさまざまな罪をも併せて逆に訴え「この災いは宗室に及ぶであろう」と予言した。将軍衛青の没後、武帝は衛皇后とその子である戻皇太子を疎んじ始めた。その後、武帝は甘泉宮に病臥し、猜疑の心が強くなり蠱の災がかかっているという疑いを感じた。その機会に、予て皇后・皇太子に嫌われ、帝の亡き後、太子に退けられることを恐れていた佞臣の江充は、胡の巫師に埋めさせた木の人形を掘り出してみせ、蠱の気が満ちあふれているといいふらした。民は互いに誣告しあって罪に座して死刑になった者が万をもって数えた。江充は巫蠱が宮中にも行われていると主張し、皇太子の宮殿から桐の木で作った人形を掘り出した。太子は抗弁が不可能であると感じ江充を斬って兵を挙げた。しかし丞相の劉屈氂の軍と長安城内で戦って敗れ、湖県（河南省閿郷）に逃れて自殺した。武帝は後に令狐茂の奏上、車千秋の訴えを受け、巫蠱の罪が作り事であることを認めて強く後悔し戻太子を手厚く葬った。このような事件の後にも巫蠱の術が長く続いたことは『後漢書』皇后紀などによって知られる。

一方、党錮の禁は、後漢帝国の崩壊を早めた大事件であった。『後漢書』党錮伝では「桓帝、霊帝のころ（一四七～八八年在位）になると、君主は暗愚で政策は間違いばかり、国事は宦官に任されてしまった。そのため、志あるものは腐敗した宦官とつき合うのを恥じとした」と述べている。桓帝のころ河内（河北省）に張政という占いに巧みな男がいて、その術を通じて宦官と親しく、桓帝もまた占わせることがあった。長政は息子に人を殺しても大赦があるから罰を受けないと占って実行させた、時の河南の長官の李膺は、天下の学生たちが手本とする武将であり硬骨の政治家でもあった。李膺は息子を逮捕して投獄したが果たして大赦令のおかげで釈放された。憤激した李膺はその息子を殺した。長政は宦官たちを通じて帝に「李膺は太学の学生を養い、地方の生徒たちとも結び、互いに利用しあい、朝廷をそしり風俗を乱している」と誣告した。帝は激怒し儒家の官僚、士大夫、学生など徒党を組む者、すなわち党人を逮捕させた。しかし外戚の竇武らがとりなしたので、これらの党人を田舎に帰し終身官職に就かせないという処置（禁錮）となった。党人の禁錮を党錮の禁と呼ぶ。建寧元年（一六八）に、竇武は陳蕃らと計り政権を私物化する宦官の誅滅を計ったが敗れ、党人は徹底的に弾圧されて政治は空洞化した。二三三年生まれの陳寿にとって、党錮の禁の事件は五〇年ばかり前のできごとであったが、身近に感じていたに違いない。

7　東夷伝の目的

陳寿は、魏書東夷伝の初めのところに、記述の目的ともとれるような、次の趣旨を書き遺している。すなわち『尚書』の禹貢には東は海に至るまで、西は流沙の地まで中国の教化は広がったと記されている。しかしその外側の地域については、時たま使いが来るほか情報を得ることができなかった。それでも西域は、張騫の歴訪後、西域都護の官を置き、領有したので、情報も豊かになり詳細な記録が書き記せる。ところが東方については、公孫氏が三代にわたって遼東の地を領有したため、東夷との接触が断たれた。景初年間（二三七～三九）大規模な遠征を行い、公孫淵を誅殺し楽浪・帯方も占領し、この地方情勢は鎮静化した。その後、高句麗が背いたときにも兵を出し、烏丸・骨都を過ぎ沃沮を通り粛慎の領域に入り、東海岸にまで到達した。それらの地域を観察し、各民族の掟、習俗、領域の大小や名前などを詳しく記録できるようになった。これらは夷狄の国ではあるが（中国の）祭祀の儀礼が伝わっている。かりに中国で礼が失われるようなことがあっても、（礼の世界を回復するために）これを四夷に求めることがあるかも知れない。こうした理由で、それぞれ国について順に記述し、違いを列挙し、これまでの歴史書に書かれていないところを補う。

陳寿が、『春秋左氏伝』昭公一七年の孔子の言葉「われ之を聞く、天子、官を失えば、学、四夷にあり」に基づいて、礼を四夷に求める事態を考えたのは、遠い昔の巫蠱の乱、近い過去の党錮の禁を想起したのかも知れない。景初二年以来、国交の開始された倭の女王が巫の出身であり、怪しげな呪術によって政策を左右するならば、今後の関係はどのような事態をはらむかという危惧が「鬼道を事として能く衆を惑わす」という語句に表れている。倭の宗教も変わらざるをえなかった。

（「陳寿がみた卑弥呼の鬼道」『大和王権と渡来人』平成一六年秋季特別展図録、大阪府立弥生文化博物館　二〇〇四年）

第四章　玦と玦状耳飾

1　玦状耳飾の研究の回顧

現在日本で玦状耳飾と呼ばれているものについて、その発見を初めて学会に報告したのは大野雲外であったと思われる。大野は、三重県志摩郡神明村大字多徳島で、石鏃や石錐とともに石製の環を採集し、「志摩発見の石環に就て」と題して『人類学雑誌』二七―五（一九一二）に発表した。この報告のなかで、大野は、石質については滑石らしいとし、古墳出土の銀環の模造品であろうかと推測している。続いて柴田常恵がこの種の石環を集成し、「玦様の石製品について」と題する論文を著した（『人類学雑誌』三二―一二（一九一七）。この論文において、そのころ中国で玦と呼ばれていた玉製品との類似が考えられている。

一九一七年から二一年の間に行われた大阪府国府遺跡の発掘調査では、縄文人の遺骸の耳の辺りから、玦様の石製耳飾が発掘され、初期の調査成果が『京都帝国大学文学部考古学研究室報告』第二、第四冊として、それぞれ一九一八、二〇年に刊行された。その第二冊では「…本山氏（本山彦一）は更に石製玦状の耳輪を耳辺に存するもの三体を発見…」と記述されているが、第四冊では「玦状耳飾」と明記され、学術的な名称が定まったと見られる。また、この報告書では、浜田耕作が「本山氏の発掘に係る玦状の耳輪の如き支那との交通を揣摩するの材料たらむ。」と述べ、両者の関係の可能性を考えた。しかし当時歴史学会の泰斗であった喜田貞吉は、このような耳飾をアイヌ系統のものだと考えていたために、中国との関係は顧慮していない（「河内発見耳飾石環に就て」『民族と歴史』二―二　一九一九、「河内国府遺蹟最古の住民」『歴史地理』三三―四　一九二三）。

そのころ梅原末治が鳥取県で行った先史時代の遺跡の調査は、一地方を対象とした考古学的総合調査として画期的なものであった。この調査の報告書、『鳥取県下に於ける有史以前の調査』(『鳥取県史蹟勝地調査報告』一 一九二二)では、全国出土の玦状耳飾を集成し、それらが縄文系の遺物であることをあきらかにし、後期古墳にときたま副葬されている金属製耳飾との系譜的な関係を否定した。一方、鳥居龍蔵は、早くからその著書の『有史以前の日本』(一九一八)で、この分布が朝鮮半島から東北アジアに広がることを指摘し、また呉大澂の『古玉図攷』(一八八九)の例を引き古代中国との関係をも論じていた。同じ論旨は『諏訪史』(一九二四)にも掲載されている。後年、林巳奈夫氏は呉大澂のこの図攷が、現在の標準から見て多くの謬見を含み、後世に大きな悪影響を与えた点のあることを論じている(『中国古玉器総説』一九九九)。その昔に与えられた玦状耳飾という名称も、この図攷が玦と名づけて収載している資料によったのであろうか。

玦状耳飾の研究史では、集成と型式編年を行った樋口清之の業績が重要なものに数えられる(「玦状耳飾考」(『考古学雑誌』二三―一・二 一九三三)。樋口は縄文文化の遺物に大陸的なものがほかに見られないことを大きな理由として、玦状耳飾と玦との関係は不明であると考えた。第二次大戦後、中国では大規模な発掘調査が進められ新発見が相次いだ。いわゆる玦についても、一九五五~五八年にかけて行われた南京市北陰陽営遺跡の発掘調査で、前五〇〇〇年紀の資料が見出され、山内清男が縄文時代開始の年代を論じた際に引用したこともあった。

その後、玦状耳飾について新しい編年論を案出した藤田富士夫氏は、「玦状耳飾の編年に関する一試論―特に北陸及びその周辺を中心として―」(『北陸の考古学』石川県考古学研究会々誌 二六 一九八三)などに続く一連の論文で、浙江省河姆渡遺跡出土の資料との比較を通じて、縄文の玦状耳飾の起源を江南新石器文化に求められた。中国の安志敏氏も縄文文化複合の源を江南だと考えている。一九九〇年代になって、遼寧省文物考古研究所は阜新県沙拉致郷査海遺跡における調査成果を報じた『阜新査海遺址的発掘與初歩分析』(『遼海文物学刊』一九九一―一)を発刊した。出土遺物にはいわゆる玦、匙形器、斧、管玉などの玉製品が含まれている。放射性炭素年代は前七六〇〇年ごろである。一方、福井県桑津遺跡では箆形垂飾（匙形器）とともに最古の型式と見られる玦状耳飾や列点文で飾った管玉が発掘され、これらについて木下哲夫氏は、年代が縄文早期末ごろまで遡る可能性を示唆された（「桑野遺跡」『金津町埋蔵文化財調査概要』一九九五）。最近ではまた、京都府浦入遺跡群P―2地点で縄文早期末の石山式に伴うと見られる滑石製大型の玦状耳飾が発見された（京都府埋蔵文化財調査研究センター『浦入遺跡群〈本文編〉』（『京都府遺跡調査報告書』二九　二〇〇一）および、舞鶴市教育委員会『浦入遺跡群発掘調査報告書遺物図版編』舞鶴市教育委員会　二〇〇二）。これらの新発見を通じて、玦状耳飾の起源が極めて古く、興隆窪文化に属する査海遺跡の年代と相前後し、初期のものに匙形器や管玉を伴う共通性もある点で注目を惹く。川崎　保氏はその前後から、さらに広い視野をもって朝鮮半島、中国東北地方、沿海州の諸遺跡との比較研究を進められている（「日本海をめぐる二つの遺跡から見た玦状耳飾と装身具」森　浩一・松藤和人編『考古学に学ぶ―遺構と遺物―』同志社大学考古学シリーズⅦ　一九九九）。日本海を通じて行われていた文化の流れがさらに明らかにされて行くことを期待したい。

2　玦状耳飾の名称

玦状耳飾の名称は、いうまでもなく、今日一般に玦と呼ばれている古代中国の耳飾りとの類似から生まれたものである。ここでは、まずその名称について考えてみたい。とは言っても、玦については、あるいは古代中国の玉器や青銅器全般についても、林巳奈夫氏の長年にわたる深い研究の蓄積が多くの論文と大著に示されていて、私自身の乏しい創見を出す余地はほとんどない。以下に述べる論述の多くの部分は、林氏の著書に学び、興味を触発されたものであることをお断りしたい。

今日でも広く使われている『世界考古学事典』（一九七九　平凡社刊）の玦の項目では、林氏が「腰に吊しておく一そろいの道具や装飾のなかの一つ。弓を引く時に親指にはめる、突起のついた指輪状の道具。抉とも書かれる。

中国では戦国から漢代にこれの装飾品化した玉器があり、これも玦と呼ばれた。なお板状の環の一部を切ってC字形にした玉器が玦と呼ばれたことがあるが、これは『玦は環のごとくにして欠す』という『国語』の韋昭の注の読み誤りによる命名である。」と解説し、別の論文で『釈名』の釈天を引き、韋昭のいう欠とは、月の欠けるように円の形が歪んだものだと解釈し、また『説文』にも「玦は玉佩なり」とあるが、環のような耳飾りは佩玉ではありえないと述べている。事典の同じ頁の下には朝鮮半島石巌里二〇〇号墳出土の例（装飾品化した玉器）と並べて、中国、客省荘出土のC字形の例が「石玦」として図示されている。また同じ事典でこの後の玦状耳飾の項目では、「縄文時代の耳飾りの一種。中国古代の玉器の一種である玦に類似し、形は環状かつ扁平で、下部には切れ目がある。」と説明し、出土した縄文遺跡の分布や時期が記述されている。これと同じ項目では、中国新石器時代から殷周にかけてみられるいくつかのC字形の例を玦として解説し、また遺体の耳部に装着したことが明らかな例のほか、口中、胸部、腹部から出土したものもあるので「耳飾り以外の特殊な役割を果たしていたことも考えられる。」と述べられている。

ここに掲げた事典の記述によって玦の実態を理解するのはいささか難しい。中国の古典に登場する玦（決・抉）は、矢を放つとき射手の指を傷つけないために右の手の拇指に着けられるものである。殷後期の例には、安陽小屯出土の指貫形をして外側面の一部に弓の弦を引っかける玉玦がある。また春秋後期後半の例として指貫形の一部に突起のある玉玦が知られている。

《儀礼》の大射礼の記述と注を読み合わせるならば、司射すなわち射人が次（着替場）に行き、決（玦）と遂を着ける。決は闓のようなもので、象牙をもって造り右の親指に着け弓の絃をひっかける。遂は弓を射るときに用いる鞲である。朱色の韋（なめしがわ）で造り左肘に着ける。日本古来の弓道と同様、弓懸けがあり弓籠手のようなものも用いられていた。同じ大射礼にある「贊設決、朱極三」の極について、注は食指、中指、薬指に着ける朱色のなめし革であり、これがなければ矢を放ったとき指が痛むからだとしている。

林氏が説いていられるように、玦は腰帯に着けて吊り下げる佩用品の一つでもあった。上記の呉大澂の『古玉図攷』は、佩玉の玦と弓の弦にかける玦とは別種のものだと解釈し、別に韘の資料として白玉の指環状のものを掲げ、『詩』衛風の芄蘭にある「童子佩韘」の韘について、毛伝が「韘は玦なり」と解釈していることなどを根拠としている。一方、鄭玄は韘と玦は別物で、韘は手指に重ねる（革製の指貫であろうか）とする。また革製の韘を玦と呼んだとする孫詒譲の説もある。

詩経のいう芄蘭は野山に野生するガガイモである。ガガイモの葉は長手の心葉形をしていて、弓を射るとき指に被せるサック付きのなめし革製の袋と形が似ている。童子が腰帯に佩用する韘を芄蘭の葉と歌ったのであろう。韘の字の偏をみても、もとは革製品であったことが察せられる。紐でサックと繋がり手首に巻き付ける革製品は、トルコのセンジルリ出土の前九—八世紀ごろの射手の浮き彫りに描かれている。なお、トプカプ宮殿博物館所蔵の一六世紀後半の弓術用指輪（弓懸け）は、硬玉製で金やルビーの美しい飾りがある。殷周の玉玦と類似している。

玦が佩玉であることは、『楚辞』九歌の湘君、『春秋』左伝の閔公二年（前六六〇）の条、『国語』晋語にも見え、考古資料としては、広州華僑新村四九号墓、広州動物園八号墓、湖南省零陵東門外一号墓、江蘇省銅山県小亀山などで出土した玉製品や、蒙古ノイン・ウラの六号墓出土の刺繡に表された佩玉の図案などで知られる。概して楕円形の大型の玉板の中央に円い穴をあけ縁を刻文や透かし彫りで飾った非実用的なものである。林氏によればC字形の玉環を誤って玦としたのは、道光一二年（一八三二）の序文のある瞿中溶『奕載堂古玉図録』だという。このC字形の玉製品が珥あるいは瑱と呼ばれたであろうと考えたのは、H・ハンスフォード（『中国の彫玉』一九六八）であり、林氏は珥説を是としている（『中国古玉器総説』一九九九）。玦状耳飾も本来は珥状耳飾と呼ぶべきだったであろうか。

（「玦と玦状耳飾」『北陸の玉と鉄』平成一七年秋季特別展図録、大阪府立弥生文化博物館　二〇〇五年）

第五章　都江堰散策

春がたけてくると田に水が引かれ苗代が作られる。このごろはあまり見かけなくなったけれど、この季節、陽光に誘われて家近くの「山の辺の道」のあたりを散歩すると、畔を切って水を導き入れる水口に、一束の花とお米が供えられていることに気づく。微かなせせらぎの音と鮮やかな花の色が脚を止めさせるのである。米は、訪れる田の神への供物であり、ところによっては「鳥の口にあげる」ものだという。苗代の種籾が啄まれないようにと祈る気持ちなのであろう。こうした水口祭がいつごろから始まった習俗なのかは知らないが、弥生時代以来の遺風だとすれば、鳥が田の神を運んでくるという信仰の世々伝わった形かとも思われる。

1　弥生時代の井堰

稲は、豊かな大地、太陽と水と農民のたゆまぬ努力によって秋の稔りをもたらす。導水・排水の技術は、日本列島では弥生時代に始まり、北部九州から中国・四国地方、近畿をへて東海、関東に伝えられたのであろう。井堰を設ける知識や技術なしに水田を営むことはできない。福岡市板付遺跡の弥生早期の層では、小川のなかに杭や矢板を打ち込んで三重の井堰を設け、流れをせき止めた例が見出されている。同じ早期の井堰の遺構は、茨木市の牟礼遺跡でも発掘されている。

最近では、二〇〇三年の一二月に伊丹市岩屋遺跡で、前期後半の整った井堰や用水路の遺構が発掘された。『兵庫の遺跡』五一号（兵庫県埋蔵文化財調査事務所二〇〇四年）の略報告、同事務所の上田健太郎氏による報告、「伊丹市岩屋遺跡の調査」（第七回近畿弥生の会二〇〇四年）、上田健太郎「岩屋遺跡」（『考古学ジャーナル』五一九号二〇〇四年）などによれば、この遺構は、当時、付近を流れていた蛇行する川に設けられたものであるという（図1）。上流の、外曲する水勢の強い側の縁辺には、護岸工事を施して井堰（堰2）を作り、カーブが変わって内曲する下流に、もう一つの井堰（堰1）を築いて水を用水路に導き入れるという工夫が凝らされている。下流の堰は、長さ六メートルばかりの木材を流れと交差する方向に横たえ、杭を打ち込んでこれを固定し、杭の間には粘土や草の束をつめ

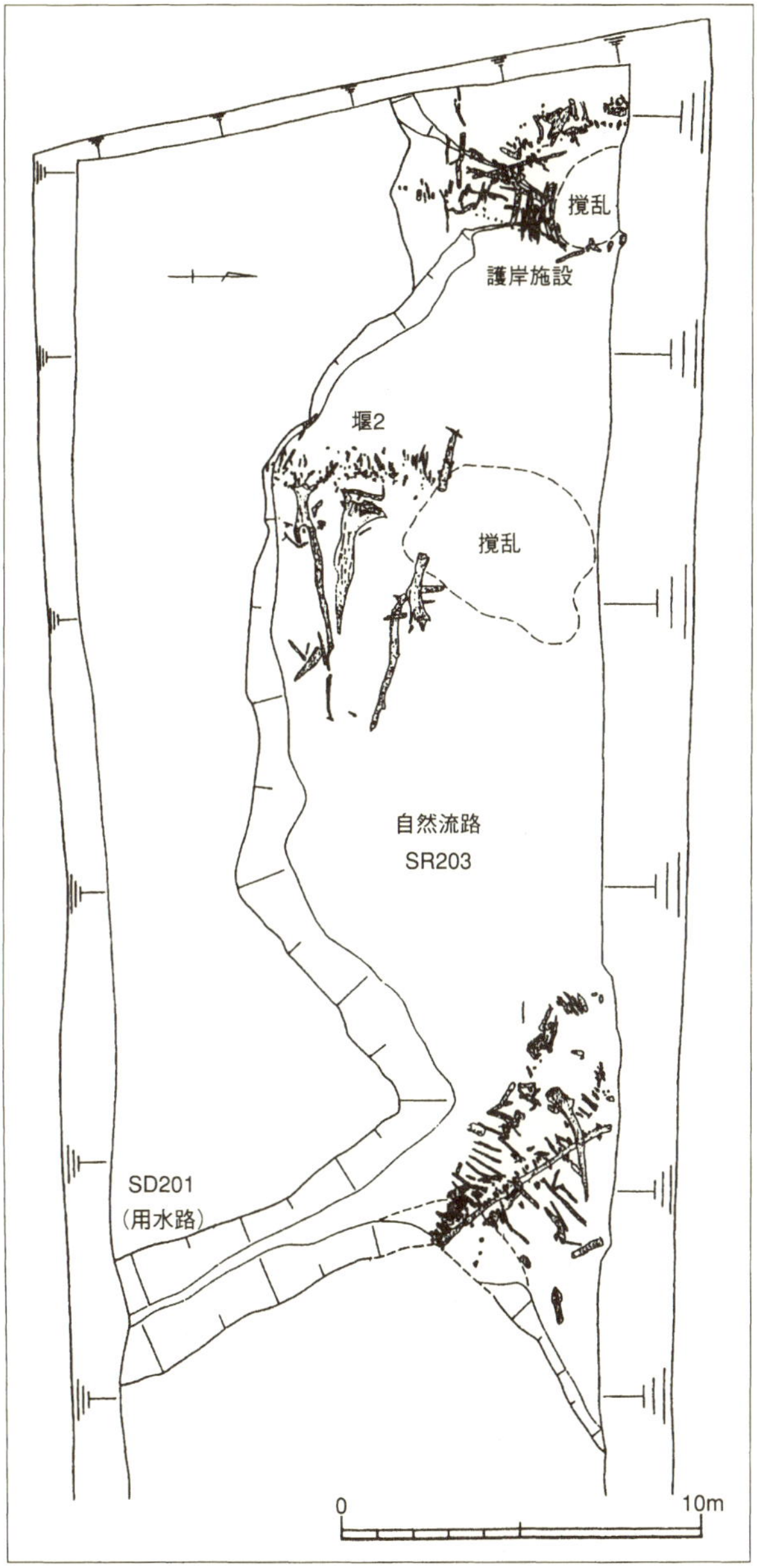

図1　岩屋遺跡の井堰と用水路

ている。堰の本体となるこの施設の上流側には、本体とは斜め方向に、二列に杭を打ち並べている。堰の本体にはクヌギ・クリなどの枝や細い幹の先を尖らせた杭、あるいは太い幹を割って仕上げた杭が用いられ、頑丈な構造になっている。報告によれば、現在、弥生前期の潅漑施設は全国で一四例余りが調査されているが、岩屋のような複雑なものは初めて知られたという。

2　都江堰を訪ねて

井堰の構築が弥生早期に始まり、しかも進歩した技術が駆使されていることから知られるように、こうした水利施設が水田農業文化の一要素として朝鮮半島から伝わってきたことは疑いない。さらにその源をたどれば、長江の流域で開花し発展した農耕文化に行き着くであろう。中国の水利施設については、農業史研究の面から多数の業績が出されている。少し古い時期に書かれたものではあるが、分かりやすく概説されているのは、杉本憲司氏の「中国古代の陂池」（森浩一編『日本古代文化の探求・池』社会思想社一九七八年）である。「分かりやすく」といったが、該博な知識が盛られていて私のような初心者にとってはとりわけ有難い論説である。

溝を穿ち堰を設けたりする水利の工事は新石器時代に始まるが、大規模に行われるようになるのは鉄製の道具が普及する春秋・戦国のころからである。戦国時代に作られ、今でも大いに役立っている施設の一つとして先ず挙げるべきは、四川省の都江堰であろう。幸いにして私は二〇〇二年の冬、この地を訪ねることができた。旅の主目的は、発掘調査中の成都西郊の金沙遺跡と世界文化遺産に登録されている「青城山と都江堰水利施設」の見学だった。青城山は、「鬼道を事とする卑弥呼」を論じる時には、いつも引き合いに出される張魯の祖父にあたる張陵が、沛国（江蘇省）から移り住んだ所である。張陵はここで道術（後の五斗米道）を教え始め、陳寿によって「道書を造作して以て百姓を惑わす」と非難されている（『魏書』張魯伝）。唐宋以来「天下の幽邃の名勝」とされ、今は中国道教の中心地の一つだという。登ってみたかったが果たせなかった。その代わり、歴史に名高い都江堰にはいくらかの時間を割くことができた。

帰ってから同年の九月に大川裕子氏による「秦の蜀開発と都江堰―山西平原扇状地と都市・水利―」（史学雑誌第一一一編第九号二〇〇二年）を読み、見学を想い出しながら興味を新たにした。同氏はまた最近にも四川盆地の水利開発を論じておられる（大川裕子「水利開発よりみる秦漢時代の四川盆地―扇状地と丘陵地の比較から―」（『中国水利史研究』第三二号二〇〇四年）。ともに非常に啓発をうけ、古くから積み重ねられている都江堰と成都平原開発研究の深さを教えられた。短文ではとても尽くせないが感想のようなものを記そう。

3　都江堰観望

成都平原北西の山岳地帯から流下する岷江が形成した扇状地の、要にあたる扇頂に作られたのが都江堰である（図2）。もともとは平原に漲溢する岷江の治水のために設けた施設だが、後には広大な平原の灌漑・舟運、漁労などにも、『華陽国志』蜀志が「沃野千里、号して陸海となす」と称えているように、農業生産や交通に重要な役割を果たしてきた。都江堰の名は、岷江が潤す水利系統の全体をさして呼ぶこともある。

小雨の降る夕暮れ時、岷江を見下ろす玉塁山上の二王廟（李冰父子を祀る）のあたりに立てば、流下する江水が、築かれた中州によって内外の二江に分かれる景観を眼下に望みうる。左の内江は狭まった宝瓶口を通って扇状地の左の縁と中軸部の方角に向かう。右の外江は岷江の本流であり、扇状地の右の縁を下って行く。内江は灌漑に、外江は治水の上で大きな効果を上げた。

山を下って堤を歩くと今もなお川岸で工事に携わっている大勢の人々が見える。魚嘴と呼ばれる細長い中州の先端部が内外の流れを分け、中州の下流側には蛇籠を並べたごく低い堰（飛沙堰）が築かれている。水位が高まると、狭い宝瓶口に阻まれた内江の河水は、飛沙堰を越えて外江すなわち岷江の本流に流れ出す。こうして扇状地への水量は常に一定に保たれ、平原部への洪水の害が避けられるという仕組みである。蛇籠の名は、古くは石囲（『元史』

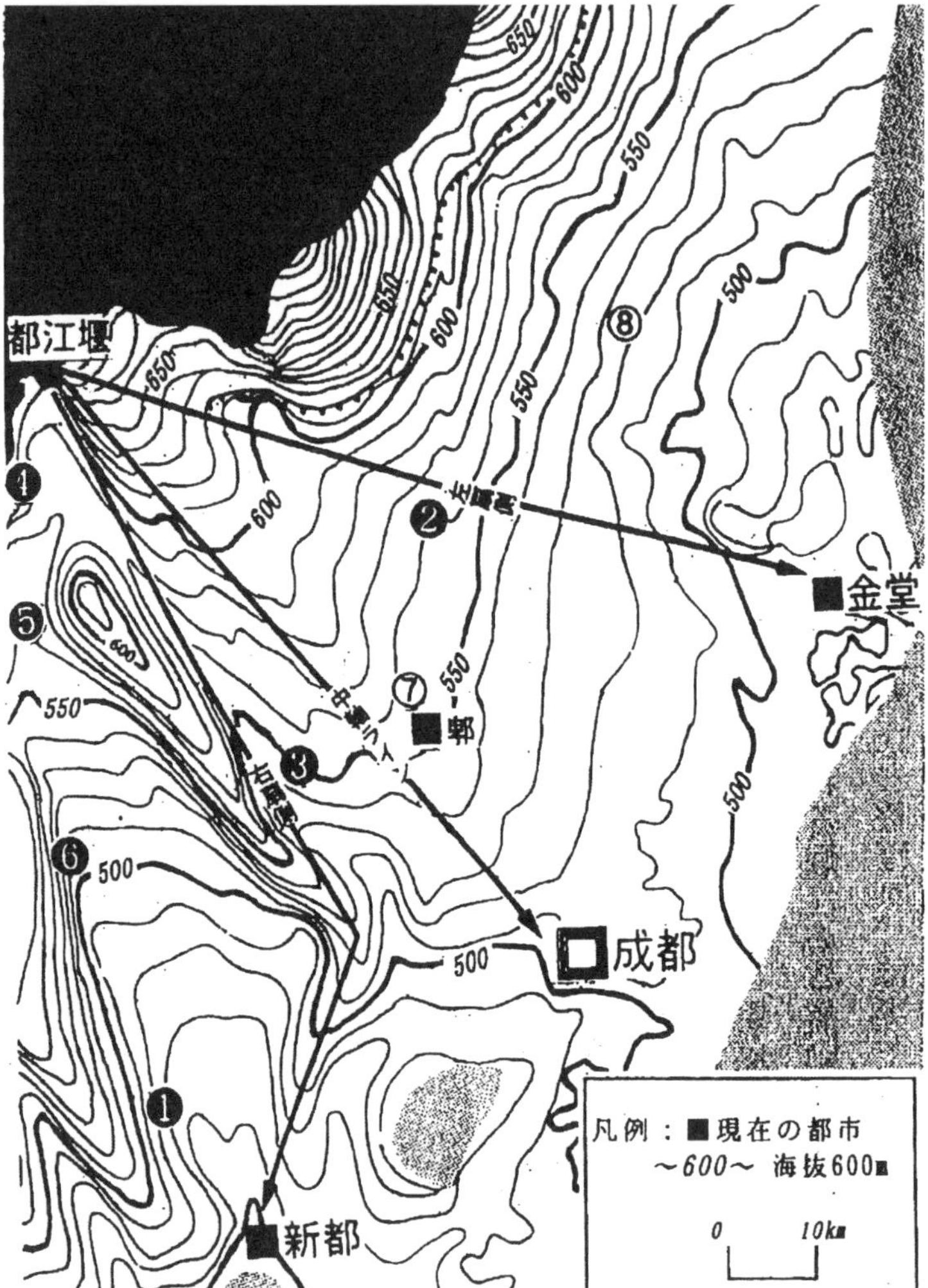

【地図1】成都平原等高線図
※『四川省地図集』（四川省測絵局出版、1981年）をもとに作成。
①新津県宝墩遺跡②郫県古城村遺跡③温江県魚鳧村遺跡
④都江堰市芒城遺跡⑤崇州市双河村遺跡⑥崇州市紫竹村遺跡
⑦郫県杜鵑城⑧広漢市三星堆遺跡

図2　都江堰と西都平原

地理志五）、または籠石蛇（『宋史』不忌伝）とも呼ばれていた。

4　都江堰の築造

都江堰を造成したのは、秦の昭王（前三〇七～二五一年）のころの蜀郡の郡守、李冰だとされている（『史記』河渠書、『漢書』溝洫書）。しかし、蜀国時代の開明王による治水伝説も語られている（『華陽国志』蜀志）ので、より古くから試みられていたかも知れない。都江堰の名も『宋史』の河渠志に始まり、『史記』は離碓、『漢書』は離堆、『華陽国志』の蜀志は堋と呼ぶなど時代によって違っている。また、李冰が設けた離碓が現在の都江堰の位置と一致していることは定説ではあるが、疑問視する考察も発表されている。大川氏によれば、現在の楽山市の大渡河に、あるいは現在の魚嘴の二・六キロ上流に求める説もあるという。

『史記』、『漢書』などによれば、李冰は洪水を治めるために沫水（岷江）を分水しただけではなく、二条の水江を扇状地の中央部に掘削した。これらの二江は船で行き来ができた。水量に余りがあれば灌漑にも利用できたので、人々は利益を受けたという。これらの二条の水江が今の郫江と検江である。扇状地に広がる成都平原が千里の沃野となったのは、漢代以降に営々と行われてきた灌漑事業の賜物であって、戦国以前から豊饒の土地であったわけではないと考えられている。それにしても、弥生前期の岩屋遺跡と同じころに開鑿され、二〇万ヘクタールを超える面積を潤し、今も維持されている都江堰の水利事業の淵源と規模には驚嘆を禁じえない。

なお、一九七四年三月と七五年の一月に、河川改修工事中それぞれ一体の石像が発見された。その一つは建設者の李冰の像である。その像の両袖と襟のところに、「故蜀郡李府君諱冰　建寧元年閏月戊申朔廿五日都水掾　尹龍長陳太壹造三神石人汵水萬世焉」と三行の銘が刻まれている。一六八年に三神の石像の一つとして彫刻されたものである。堰を護るため、また、水位を測るために立てられたのだと推測される。像の高さは二・九メートル。他の一体は両手で鋤のような土掘道具を捧げ持っている。
この小文を綴るうえで大阪府立狭山池博物館の工楽善通館長と弥生文化博物館の小山田宏一氏には多くのお教えをいただき、資料を賜った。先に記した上田健太郎氏の業績、大川裕子氏のご労作からも学ぶところが大きかった。感謝申し上げたい。

（「都江堰散策」『東海の弥生フロンティア』平成一七年春季特別展図録、大阪府立弥生文化博物館　二〇〇五年）

第六章　人面鳥身の神

弥生人が土器に描いた絵のなかには、奈良県坪井遺跡出土の破片に描かれているような人面鳥身の姿、あるいは岡山県尾上遺跡出土破片にみられるような鳥面人身の姿を表したものがある。鳥を装った人なのだろうか。鳥と人が融合した神のような超自然的な存在の表現なのだろうか。

1　西アジアの神の形

遠い西アジアの世界で編纂された『聖書』の創世記には天地創造の第六日目に、「神はまた言われた、『われわれのかたちに、われわれにかたどって人を造り、これに海の魚と、空の鳥と、家畜と、地のすべての這うものとを治めさせよう。』神は自分のかたちに人を創造された。すなわち、男と女とに創造された。」と記されている（日本聖書協会『旧約聖書』一九五五年改訳）。聖書の世界では人は神の姿を象ったものである。『聖書』の天地創造物語の原型はバビロンのエヌマ・エリシの神話であったと考えられている。この神話はアッシリアの都であったニネベ出土の粘土板に書かれていた。おそらくハンムラピ大王（前一七二四〜一六八二年）のころには語られていた神話であろうという。アッシリア学者として著名なジャン・ボテロによれば古代メソポタミアにおいて「神々の姿は本質的に人間の姿を基にしたものだった。」という（ジャン・ボテロ著、松島英子訳『最古の宗教―古代メソポタミア―』二〇〇一年）。同書は『アトラハシース叙事詩』（前一七世紀ごろの写本）についても言及し、人類が神々の労働を代行するために造られた次第を述べている。人間のもとは下級の神の血を採って粘土を練り鋳型のような型に入れて制作された。人間は神のために働き、死によってエッェンム（幽霊）となり、ようやく労働から解放されるものである。

2　古代エジプトとギリシアの神

古代エジプト人の宗教については多くの資料が残されているにもかかわらず、後世のプルタルコスの記録したオシリス神話などのほか本質的な事項はよくわからない。おそらく口承されていたのであろう。エジプトの神の姿を表現した最古の資料は前四千年紀中ごろ、人々がナイル川沿いに部族に分かれて住み着いていた時期のものである。各部族にはそれぞれ部族神がある。獣形の神、鳥形の神、樹木や草や交差する矢を描いた楯といった各種の物神である。このような神の姿は時代の移り変わりとともに人の姿に変わっていく。ただ頭だけは鳥や獣を表しそれを人体につけたおなじみの表現になる。最後には頭も人の形になるが獣の耳や角だけ人頭に残る。第二王朝ごろにはこの表現が固定し、以後変わることがない（Felix Guirand Larousse *Mythologie Generare* 1959）。おそらく先史時代のナイル河谷の各部族がトーテムとしていたもの、象徴としていたものが、帝国統一によってファラオを頂点とする神々の世界に組み入れられたのであろう。雄羊の頭をもつクヌムは上流域のエレファンチネ地方の三神の一つであり、ワニの頭をもつセベクはファユム地方の神であった。

ギリシアの神々もほとんどは人の形を取っている。なかには、こめかみに一対の小さな角を着け、山羊または馬の脚をもち、長い馬の尻尾の生えた山野の精霊であるいたずらもののサテュロス（ローマではファウヌス＝パーン）、上半身は美しい婦人で下半身は斑のある大蛇として表されたエキドナ、悩ましい美声で船乗りを誘惑して難破させ、オデュッセウスにも危機をもたらした人面鳥身のセイレーネス（サイレン）など、神ではないが物の怪として登場するやからがいる。セイレーネスはインドに伝わっては迦陵頻伽（妙音鳥）となり極楽浄土で法を説く。日本でも仏供養の法会の際、背に羽を着けて胡蝶とともに舞う。

3　古代中国の神

古代中国の神の図像表現については林巳奈夫さんの『漢代の神神』（一九八九年）や『中国古代の神がみ』（二〇〇二年）に詳しく解説されている。中国の神様やその眷属は、どちらかといえば人面獣身、人面鳥身の形で表されたものが多い。たとえば、周・秦のころに著されたとみられる『山海経』には人面で一本足の鳥の橐𩇯（図1）、人面の雄鶏である鳧徯や人面で牛身、馬身、虎身、羊身、竜身（西山経）の神々・妖怪たちがあふれている。獣面人身のものもあるが、神であるためには人の顔が着いてなければならないという。これらの神や怪物はもちろん中国古代の世界で祭られ恐れられたものであろう。『山海経』を解説された高馬三良氏によれば、その大荒西経に「顓頊は老童を生み老童は重と黎を生んだ。最高神である帝は重に上天を捧げさせ、黎に大地を抑えさせた。」と述べられていることを大英博物館が所蔵するエジプトの天地創造図と比較された。この図によれば、エジプトでもシューの神が両手を挙げて天空の女神ヌトを支え大地の神ゲブが、シューの足下に横たわって地面をおさえている。

『山海経』の神々のなかでも興味深いのは氐人国の人面魚身の住人である（海内南経）。先史時代の仰韶文化期の半坡遺跡で出土した土器を飾る有名な人面魚の絵（図2）と同類であるようにも思われる。しかし前記の林さんの著書『中国古代の神がみ』を学べばそうでないことがわかる。すなわち、その「先史鬼神」の章では、半坡の図が人面魚を表したものではなく、側面を見せた雌雄一対の魚の接吻を人面の神がとりもつ表現だと説明されている。聞一多の『詩』（詩経）では魚が情交の象徴として扱われているという考え（『神話与詩』一九五六年）を引き、沂南の漢代の画像石に表された伏犠と女媧のなかだち（媒）をする神の図と対比するなど、きわめて説得的な論旨であ

図１　『山海経』の人面鳥身の神

図２　仰韶文化期の人面魚の絵（半坡遺跡）

図３　画像石に表された伏犠女媧

る。伏犠も女媧も人面蛇身の姿で表現されている（図３）。伏犠は帝（最高神）の太皞であり太皞を補佐したのが句芒と呼ばれる神である。漢の伏勝の遺説を記録した『尚書大伝』は、東方の果てまで太皞と句芒が司るという。

4　人面鳥身の句芒

『墨子』明鬼篇にはこの句芒が登場する。そのくだりを私なりに解説してみよう。「昔、秦の穆公（前六九五～六二一年）が昼間に廟にいたことがあった。そのとき神が門に入ってきた。神は人面鳥身であり黒く縁取りした白い服をまとい、面貌は四角い。穆公は驚き恐れて逃げ出そうとした。神は『恐れることはない。帝は汝の徳の高いことを受け、汝の寿命を一九年延ばし、汝の国家を繁盛させ、子孫が絶えることがなく国の滅びることもないようにせよと私に命ぜられた。』と告げた。穆公は二度拝礼し頭を地面に擦り付け『恐れながらお名前をお教えください。』と願った。神は『予は句芒である。』と告げた。」『墨子』の明鬼篇は、鬼神の存在を証明するために鬼神が勧善懲悪する物語を集めている。鬼神が存在するかどうかわからないと考える人も、信ずれば悪に走らないであろう、世間の道徳が高まるという効果が期待できるであろう趣旨が盛られているのである。なお、『墨子』についでは儒学の盛んであった漢晋以後長く顧みられなかったために、脱漏や誤りが多く、清代から後の学者たちの努力によってテクストが整えられた。とはいえ完全なものではない。旧本では鄭の穆公となっているが孫詒譲の『墨子間詁』により秦の穆公とされた。人面鳥身の人面の二字も旧本にはないが孫、畢沅の校注、戴望の校記などによって補われている。河南省輝県瑠璃閣一号墓の奩の画像文などには鳥頭人身の射手が描かれていて、鳥と人の一体化を窺わせる。

『墨子』の記す句芒と穆公の会見の場面は当時広く行われていた宗廟の祭りの一こまであろう。祭事には一族の一人が祖神を演じるために指名され、神（尸）として振舞う。神は捧げものを受け、祭主である王に長寿を授ける。『尚書』禹貢、『史記』五帝記、『漢書』地理志には鳥夷という民族が記載されている。これが鳥装の民族であったことは『漢書』の顔師古の注に引かれ、また実在の民族であったことは、卜辞に基づく陳夢家の考証（「隹夷考」一九三六年）に詳しい。弥生の鳥装の人物もこうした東夷の仲間であったのだろう。

（「人面鳥身の神」『弥生画帖』平成一八年春季特別展図録、大阪府立弥生文化博物館　二〇〇六年）

第七章　徐福伝説と弥生時代

今年の春、山東・江蘇省における漢代の遺跡を訪ねる旅の途次、山東省諸城県の海岸で古の琅邪に立ち寄った。丘頂には秦の始皇帝に拝謁・上書する徐福の石像と、レプリカながら始皇帝と二世皇帝の石碑があり、歴史の現場に居合わせるような感慨が胸に迫った。司馬遷の『史記』秦始皇本紀に書かれている方士の徐福は、不思議な、ある点では魅力的な人物である。徐福はまず始皇帝二八（前二一九）年の条に登場する。天下を統一した始皇帝は、東方の地を巡行し之罘（山東省福山県付近）から南下して琅邪山に登り、大いに風景を楽しみ、三ヶ月間この地に滞在し、ここに琅邪台を築き秦の徳を称える石碑を立てた。

立石の仕事が終わったとき、斉の人である徐市（徐福）が現われ、書を奉っていうには、「海中に三つの神山があります。その名を蓬萊、方丈、瀛洲と申します。これらの山には僊人（仙人）がいると聞いています。願わくは心身を潔め、童男、童女とともにこれらの山に行かせてください。」これを聞いた始皇帝は、徐福と童男童女数千人に僊人を求める旅へと出発させた。徐福出航の七年の後、長生不老の仙薬を希求する皇帝は、方士たちが約束しながら薬を奉らないことに苛立ち、「方士の韓衆は報告もせずに逃亡し、また徐市らは巨万の金銭を費やしただけで、これもまた不死の薬をもたらさない。彼らは姦悪の徒で利益を貪るだけだという評判もある。」と怒った。ところがその二年後（前二一〇）、始皇帝が南から海岸沿いに巡行して琅邪に至ったときに再び徐福に会った。徐福は五、六年間、海上に出て仙薬を求めたが手に入らない。そのため巨万の富を費やしたので皇帝に責められることを恐れ、詐っていうには「蓬萊山の薬を得ることはできますが、海上では常に大鮫魚に苦しめられて島に到着できません。射撃の名人を派遣していただき同行したく存じます。そうすれば大鮫魚を見つけ次第、連発式の弩弓で射殺して目的を達成いたします。」」。始皇帝は海神と戦う夢をみた。海神は人と同じような姿であった。これを夢占いの博士に問うと、博士は、「そもそも水神は人の目には見えないものです。その光臨は大魚や蛟竜の出現が兆候となります。陛下はいつも謹んで祈祷も祭祀も行っておられます。にもかかわらずこのような悪神が出てくるのであれば、これを除くなら善神がきてくれるはずです。悪神退治のために海に出て大魚、蛟竜を退治すればよいと存じます。」」。皇帝は海人に命じて巨魚を捕獲する漁具を持参させ、自ら連発式の弩弓を執り大魚を射殺そうとし、琅邪の海岸から北の栄成山に行ったが大魚はいない。ようやく之罘でしとめることができた。

『史記』秦始皇本紀のこれらの記事だけで徐福の行動はよくわからない。それについてさらに詳しく伝えているのは、同じ『史記』淮南衡山列伝である。淮南王の劉安はかねてから漢の王室に謀反の念を持っていた。側近の伍被は、呉王や秦の始皇帝などの暴挙、過誤を例に引いて王を諌めた。諌言に用いられた話に徐福の渡海がある。

秦の始皇帝は徐福に命じ、海に出て神秘の薬を求めさせました。徐福は還ってきて嘘をついていうには、私は海中の大神に見えました。神は、「汝は西方の君主である皇帝の使いであるか。」と問われました。「そうでございます。」と答えると、「汝は何を求めるか。」と。「願わくは延年益寿の霊薬を。」と申しますと、「汝の主の秦王は供え物が少ないので、その霊薬を見せることはできるが与えることはできない。」」。私は神に従って東南に進み蓬莱山の芝成宮に参りました。そこには使者がいましたが、銅色の竜のような姿で、その光は上天にまで輝いていました。私が再拝して「何をお供えすればよいでしょうか。」と尋ねますと、神は「良家の童児と童女、各種の工匠を捧げよ。そうすれば霊薬を与えよう。」と答えられました。徐福からこの報告を聞いた皇帝は大いに喜び、童男・童女三千人、五穀の種、多くの工匠たちを徐福に与え海神に供えさせました。ところが徐福は航海に出てから平原広澤の地に至り、これをわがものとし、王となって還ってきませんでした。そのため秦の人々は悲しみ憤って国を滅ぼそうとするものが十家のうち六家にもなりました。

伍被がこの話を含む諌言を呈したのは、徐福の出航後、およそ百年経ったころである。人々の記憶もまだ鮮明だったと思われる。『漢書』の伍被伝にも『史記』の文章に基づく同趣の記述がある。『史記』よりも三百年ばかり後に、晋の陳寿が『三国志』を著した。その呉書の呉王伝黄竜二（二三〇）年の条に次のような記事がある。「孫権は春正月、将軍の衛温と諸葛直に命じ武装した兵士一万人を率い海に浮かんで夷洲と亶洲を探すように命じた。亶洲は海の彼方にあって、年寄がいうには、秦の始皇帝が方士の徐福に童男童女数千人を連れて出航させ蓬莱神仙及び仙薬を求めさせた。徐福はこの亶洲に止まり還ってこなかった。その子孫は代々続いて数万戸にもなり、その地の人々は時には会稽にきて布を商うことがある。会稽東（冶）県の人のなかには海に出て風のために流され亶洲に行き着いた者もいると。亶洲はとても遠く将兵は行き着くことができなかった。ただ夷洲には行き着いて数千人を連れて還った。」。宋の范曄（三九八－四四五）が著した『後漢書』東夷伝倭の条にもほぼ同様の記事がある。徐福が行き着いたという亶洲はどこであろうか。夷州については『後漢書』の注に引かれた沈瑩の『臨海水土志』が、三国の呉の設けた臨海郡（浙江省臨海）東南にあり、郡からの距離は二千里（約八六〇キロ）とし、産物豊かな南方的風俗を叙述している。方向・距離から憶測すれば台湾にあたるであろうか。亶洲については済州島説、種子島説などもあるが決め手はない。

中国にあって日本史に詳しい汪向栄氏によれば、一九五〇年代以前の中国では徐福を実在ではなく伝説の人物だと考えていたという（「中国の徐福学」『弥生の使者徐福』一九八九年）。おそらく、『史記』の封禅書が海上の三神山、蓬莱、方丈、瀛洲にかかわる伝説を叙述し、「戦国の斉や燕の王たちも秦の始皇帝も、人を派遣したが行き着くことができなかった。」と記しているから、多くの方士たちが語り継ぐ徐福の物語を司馬遷が事実とみなして始皇帝本紀に書き入れたのだ、という解釈が主流だったのだろう。一九五〇年、燕京大学教授であった衛挺生は『日本神武開国新考』（別名『徐福入日本建国考』商務院書館刊）を出版し注目を浴びたことがあった。徐福は実在の人物であり日本に渡航して神武天皇となったという趣旨が述べられている。この論旨は台湾出身の彭雙松氏に受け継がれ一九八四年には大著『徐福研究』（富蕙図書出版社刊）として実った。彭氏の業績で特記されるのは、日本各地の徐福上陸伝説地五六箇所を可能な限り踏査し、伝説を集成し記録したことである。また、弥生時代の考古学的研究、形質人類学的研究への配慮も見られる。吉野ヶ里遺跡調査成果が挙がった後、彭氏は後続の著書で徐福の上陸地を佐賀平野に求める見解を強調されている（『徐福與邪馬台国』一九九〇年）。

中国本土におけるその後の研究情勢の変化について汪向栄氏は次のように論じておられる。八〇年代以後、中国大陸の学術気分が一変し、歴史学者たちは、六〇年代から考えていたことを論文として発表し、考古学の成果を踏まえて得た知見を明らかにした。汪氏もこの時、徐福問題についての新しい考えを発表された。汪氏の新認識は、徐福の実在と、彼が始皇帝の虐政を避けるために計画的に海外に移民したという主張である（汪向栄『邪馬台国』一九八二年中国社会科学出版社刊など）。一九八二年には中国の全土で地名調査が行われ、古代の琅邪郡の地域内にあたる、現代の江蘇省贛楡県后徐阜こそが徐福の故里であると認められるようになった。綿密な地誌的研究、発掘調査の成果などを総合して判断されたものである。徐福は秦代に実在した人物であることが認められるようになった。

日本でも古くから徐福の得た平原広澤はこの列島のどこかであろうと信じられ、各地に農業や薬の神として徐福が祭られてきた。戦後になって、弥生時代が稲作の時代であることが広く認められると、徐福は多くの人々を引き連れ、五穀の種、青銅・鉄などの金属器や薬をもたらしたと信じられるようになった。物だけではなく造る技術も伝えられたとも説かれた。しかし、弥生時代の開始年代は徐福の時代よりも遙かに古く、放射性炭素のＡＭＳ法による年代測定では、北部九州における水稲農業の開始年代が前一〇世紀ごろ、殷末周初ごろかと考えられるようになった。より新しく考える説もある。

徐福の出航は弥生中期の中葉ごろだろうか。最近、形質人類学者による弥生人骨の研究によって、かつては一様に見られていた渡来系弥生人の体つきにも地域的な差があり、松下孝幸氏は前期末（前五世紀ごろ）の山口県土井ヶ浜遺跡出土の弥生人骨などは、山東省の戦国～漢代の人骨と類似しているという。また、日本・朝鮮・中国の古代~現代のコメについてＤＮＡを広く調べられた佐藤洋一郎氏は、弥生時代に栽培されていた古代米は朝鮮半島を経由することなく中国から直接渡来した可能性が高いと述べておられる。樋口隆康先生や中国の安志敏先生の主張が裏づけられたわけだ。始皇帝をだました魅力的な人物、徐福への興味は徐福学を盛りたてる。実像は中国古代の史料に求める以外にはないであろうが、こうした自然科学の成果なども学び、私たちも大いに想像を馳せたいものである。

（「徐福伝説と弥生時代」『弥生人躍動す』平成一八年秋季特別展図録、大阪府立弥生文化博物館　二〇〇六年）

第八章　広田遺跡と貝製容器

1　はじめに

広田遺跡学術調査研究会が編纂した『広田遺跡』図版編（二〇〇三年、鹿児島県立歴史資料センター黎明館発行）にも、今回の特別展図録にも、種子島の広田遺跡で出土した二点のヤコウガイ容器が原色で示されている（図1）。数多くの貝符や腕飾りとともに広田貝文化を代表する遺物の一つだといってよいものだと思う。特にこの二点は未だに貝の光沢が保存されていて人目を惹く。出土したときには脆くて不安を感じたので、保存科学者の澤田正昭さんに処理をお願いした。そのおかげで、もとの色も形もよく残っている。

一九六五年、初めての海外調査に参加するためバンコック空港に立ち寄った際、売店でお土産に売られている民芸品の貝の匙を見た。広田遺跡の発掘調査報告書を纏（まと）めることが念頭にあったので、「ここにも似たものがあるのか」と、注意を惹いた。ヤコウガイ製品だったと思うが、今となっては確かではない。真珠の輝きにも似た美しい内部をもつ貝を容器に利用するアイディアは、原料さえ手に入るならば、いつでも、ど

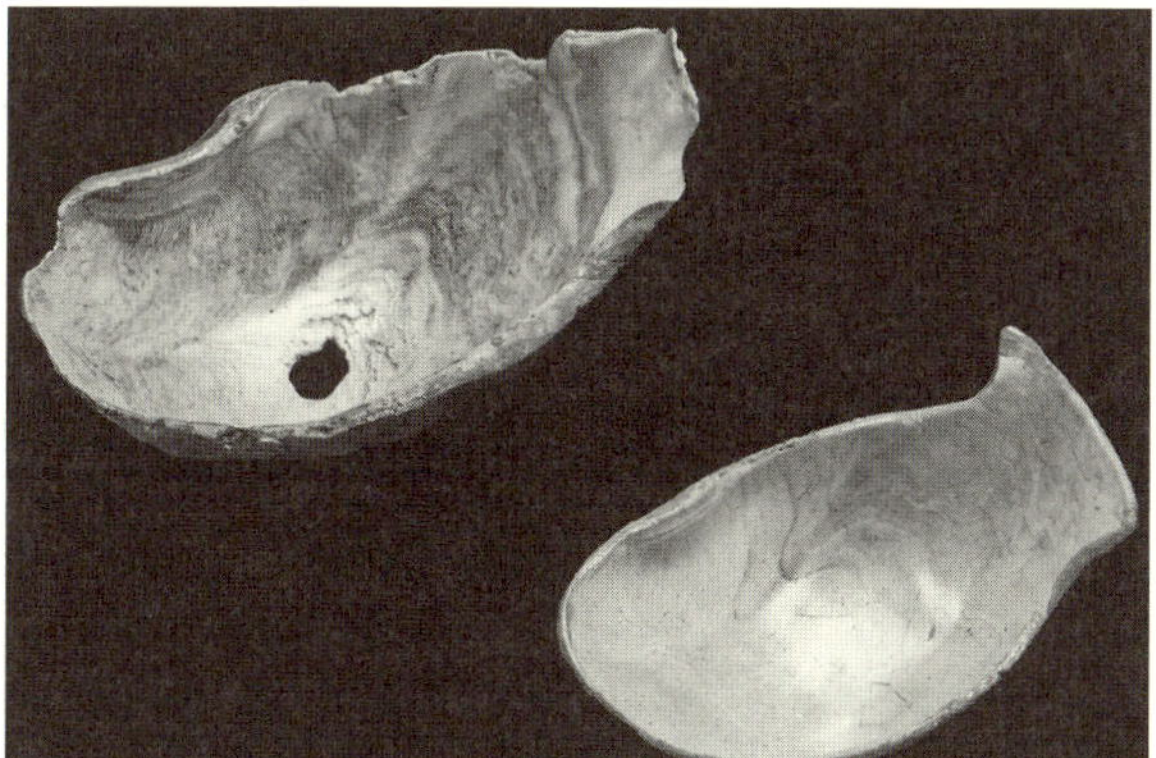

図1　広田遺跡出土のヤコウガイ容器

の世界でも生み出されるのかと思ったものだ。三島格さんの『南島考古学―南島考古学―南島・大和・および華南・台湾―』（一九八九年、第一書房）には示唆に富む議論が数多く見られるが、かつて白木原和美教授が僅か四工程で、おそらく簡単に、ヤコウガイの貝匙を完成されたという話や、宋文薫・蓮照美両教授の書簡に、台湾東南の「蘭嶼はヤコウガイ多産の島であるがヤミ族は貝匙をもたぬ」と書かれている話を伝えていられる。おそらく食生活に必要がなければ、身の回りの豊かな資材ほど見向きされないのだろう。

なお、小文の表題は木下尚子さんの「貝製容器小考」（『南島貝文化の研究』一九九六年、法政大学出版局所収）に従い、貝製容器としたが匙形の資料は恣意的に貝匙と呼んだ。

2　台湾原住民の貝製匙

私がかつて勤めていた天理大学の附属参考館には、考古美術資料とともに世界の民族資料が集められている。なかでも台湾原住民（当該の人々の希望でこの名称が定着）の資料は素晴らしい。それらのうち代表的なものは天理大学附属天理参考館が編集した『ひとものこころ』（「台湾原住民の生活用具」一九九三年、天理教道友社」に収録されている。その図版八五に図示されているのが台湾東南部在住のアミ（族）の人々が使っていた貝匙である（図2）。巻末に当時学芸員であった紙村徹さんによる解説がある。それによれば、匙の長さは十四・四cm。ハルカゼヤシガイの貝殻製で、「台湾原住民の食事用の匙ないしは杓子の材料には、骨製、木製、竹製、椰子殻製、瓢箪製が一般的であるが、貝殻製のものは、おそらくアミ族にのみ見られるだけであろう。本例は、ヘラに盛られた米飯ないしは粟飯をすくって食べるための飯匙である。」と述べ、形状は中華料理に用いられる蓮華（チリレンゲ）とよく似ているので、「漢人と古くからつきあってきたアミ族ならば、それを模倣して作ってもおかしくはない」と解釈していられる。しかし、後述のように台湾では新石器時代の貝匙がいくつか出土している。アミの人々の貝匙

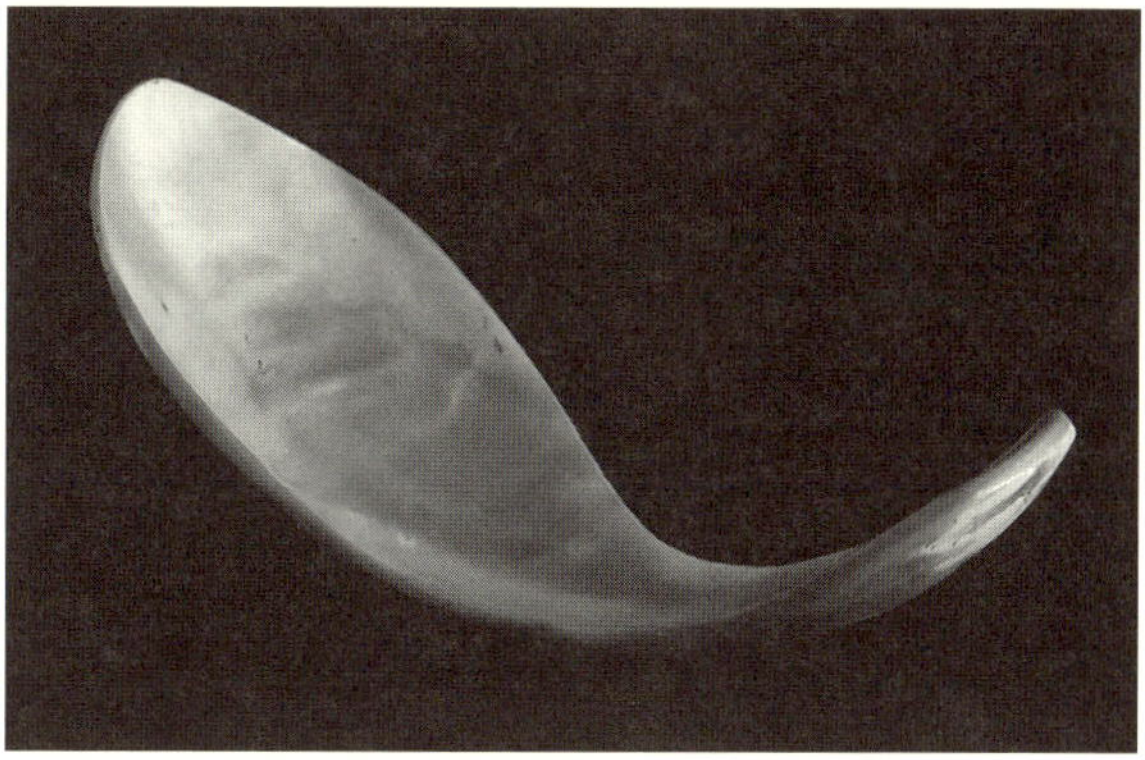

図2　台湾東南部、アミ族の貝匙

はその伝統かとも想像される。

台湾の原住民が美しい貝殻の色澤を好んだことは他の資料からも知られる。同書の図版八〇に採録された東部平地のプユマの人々の木製の大型飯匙（イルス）の柄には青貝殻の平象嵌が施されている。また、同書図版四二の屏東県瑪家郷家村マカザヤザヤ社のパイワンの人々が愛用していた「火縄銃口火用の火薬入れ（ポラムラモガン）」は、木を剥って造ったものであり、漆塗り仕立てで表面を青貝殻の平象嵌で飾っている。この類品はときどき見かける。青貝とされている貝は、ヤコウガイのような感じである。古来、ヤコウガイやアワビなどを青貝と呼ぶ。ヤコウガイとアワビの仲間のフクトコブシなどは奄美大島の近辺から熱帯に生息するからそうしたものが材料になったのかも知れない。ヤコウガイの容器がこの地で使われていた可能性を思わせる。私も一度はヤコウガイ製容器の民族資料とその分布などを調べてみたいと考えながらまだ果たさずにいる。

3　鵞鑾鼻（ガランビ）Ⅱ遺跡出土の貝匙

最近、旧知の連照美教授からご著書の『臺灣新石器時代墾丁寮遺址墓葬研究報告』（二〇〇七年、國立臺灣大學刊）をいただいた。後述するように、この墾丁寮遺跡の報告書は連教授による最近の発掘調査報告ではなく、前半の部分では一九三〇年に日本の学者が行って未報告のままになっていた墾丁寮（コンテイリョウ）遺跡の調査の成果を纏め、後半部に展開する研究によって、それを台湾の新石器時代文化の体系に位置づけたものである。特に墾丁寮出土の鈴形玉製品と卑南文化の同種の遺物との比較研究の成果は重要である。

ここでは、この報告書の図版Ⅲ－１－３（一六三頁）上段に「夜光蝶螺殻體製」と図示されている鵞鑾鼻Ⅱ遺跡で出土した貝匙を取り上げて紹介したい（貝匙の原画は李光周氏の一九八三年の報告によるという）。図を観察すれば、柄は短いが先端の左右に突起を造りだしたように見える。身との間に深い抉りを入れ、外面には殻の稜を残している。長さは約九cm。伊江島のナガラ原西貝塚出土の貝製容器に似たものがあるかも知れない。鵞鑾鼻の貝匙に触れているのは、この報告書の第三章　研究論文のなかの「（一）臺灣史前時代貝器工業初探」とされる部分である。

論文中の遺跡分布図によれば、台湾最南端に突き出た鵞鑾鼻の岬には六箇所ほどの遺跡があり、鵞鑾鼻遺跡、鵞鑾鼻Ⅱ遺跡、鵞鑾鼻Ⅲ遺跡などが含まれている。このうちの鵞鑾鼻遺跡の発掘調査については宋文薫、黄土強、連照美、李光周の各氏の連名で「『中國東亜學術委員會年報』六（一九六七年）に報告され、また李光周氏が「再看鵞鑾鼻—臺灣南端的史前遺址」（『國立臺灣大學考古人類學刊』三五・三六、一九七四年）にも述べられているようである。おそらくその後に、やや南の鵞鑾鼻Ⅱ遺跡の発掘調査が行われたのであろう。その成果は李光周氏による『鵞鑾鼻公園考古調査報告』（國立臺灣大學人類學系研究計畫報告、一九八三年）に報告されているという。しかし、私にはこれらの文献をまだ読む機会がない。

貝匙が出土したのはこれらのうち鵞鑾鼻遺跡と鵞鑾鼻Ⅱ遺跡である。鵞鑾鼻遺跡では箱式石棺内に一体の幼児が葬られ、その両足の上に置かれた縄蓆（ジョウセキ）文土器の壷中に貝匙が納められていたという。鵞鑾鼻Ⅱ遺跡の図の説明で原料は夜光蝶螺が（Turbomarmorata）とされているので、ともにヤコウガイ製とみてよいであろう。

4　加路蘭・志航基地・鎖港の貝匙と鵞鑾鼻の貝匙

台湾の新石器時代の遺跡で貝匙が出土したのは鵞鑾鼻遺跡と鵞鑾鼻Ⅱ遺跡のほか、東海岸地方の台東市の加路蘭遺跡と志航基地遺跡がある。ともに台東県中部の海岸砂丘で近接した位置にある。新石器時代の卑南文化に属していることも同様である。加路蘭遺跡は、早くから鳥居龍蔵、鹿野忠雄、鈴木謹一などの諸先学が調査したことで学史の上ではよく知られている。近年では一九七二年以降、宋文薫・連照美教授と黄士強氏等が調査し箱式石棺墓、打製石斧、石錘、土器などと貝匙を見出した（Egki.Hans Neusteinzeitliche Typenkreise an der Ostkuste von Taiwan, Anthropos 67）。また、志航基地遺跡でも一九八二年以後、同じメンバーが調査を行い、箱式石棺墓、土器、貝匙と玉製腕輪を発掘した（宋文薫等『臺灣地区重要考古遺址初歩評估第一階段研究報告』一九九二年、中国民族學會研究計画報告）。

一方、鎖港遺跡は中央研究院歴史語言研究所の臧振華教授が調査し『澎湖羣島的考古学』として纏められた大著、Archaeology of the P'eng-hu Islands *Special Publications, Numver 96, Institute of History and Philology Academia Sinica,* Taipei 1992 に取り上げられている。同書の第五章は細縄蓆文遺跡として鎖港、南港の両遺跡の調査研究にあてられている。鎖港は澎湖島南西の海岸の砂地にあり、新石器時代の住居や墓が営まれ貝塚もある。出土土器は彩文土器をはじめ多様にわたり、石器、石錘、土製の環なども採集されている。貝匙長さ一〇・四㎝、最大幅は三・四㎝の靴箆形をしたもので、いくらか反りが見られ、上端中央に小孔が穿たれている。出土した貝による放射性炭素樹林較正年代は四〇三五±一六〇B．P．である。

これらの貝匙について連教授はおおむね次のように述べておられる。

「これらを比較して特に気づかれるのは、台東地区の貝匙が鵞鑾鼻遺跡のものと一様であることだ。すべて箱式石棺に副葬された土器に収められていて、親縁関係が深いという文化的な意義があるといわなければならない。ただし、台東地区で貝匙を容れた土器は橙色素面であり、型式や特徴はすべて既知の卑南文化の箱式石棺に副葬されている土器と一致している。この点で鵞鑾鼻の土器とは違っている。また、台東の志航基地遺跡では貝匙、土器と一緒に見事に作られた貝製の腕輪が出土している。ところが、今のところ鵞鑾鼻から墾丁寮にかけてはこのような型式の貝製腕輪は知られていない。これも注意すべき点である。」

鵞鑾鼻遺跡発掘者の一人である宋文薫教授は、出土した副葬の貝匙が余りに薄くて脆いので、これは実用品というよりは副葬のために製作したのかと考えられた。一方、志航基地遺跡の副葬の貝匙はしっかり作られている。鵞鑾鼻Ⅱ遺跡と鎖港では墓の副葬品ではないので実用品であった可能性が考えられる。以上に連教授のお考えを要約した。

最近の台湾の考古学者の研究により、東海岸南部の卑南文化の様相が明らかにされてきた。連証美教授の著書である『台湾新石器時代卑南研究論文集』（二〇〇三年、国立歴史博物館刊）は、これまでの研究を総括した名著だと思う。その一八五頁から始まる「考古學的理論與實践―卑南研究二〇年」の中で、卑南文化の年代が論じられている。もちろん西海岸の文化との比較は重要であるが、一九八二年から八八年までに行われた放射性炭素年代測定結果を総括して二八〇〇～三四〇〇B.P.の年代が与えられている。しかし開始期はより古いであろうとする推定も出されている。

5　広田遺跡の貝製容器

『広田遺跡』本文編の第Ⅲ章五節の「第一～三次調査出土遺物観察表」によれば、ヤコウガイ等の貝製容器のうちで観察されたものは一四点である。さらに、未確認遺物一覧表記載の一〇を加えるならば二四点を数える。広田の海岸砂丘墓地は弥生時代後期後半期から古墳時代後期まで継続して営まれていた。木下尚子さんは貝製装身具の類型を上層と下層の二類型に大別し、下層をさらにⅠ型とⅡ型に分けられた。最古の下層類型Ⅰは弥生後期後半に出現し古墳時代前期にかけて減少する。一方、下層類型Ⅱは弥生末から古墳前期に現れ、Ⅰと並行し古墳時代中期末に上層類型に変る。上層の存続期間はほぼ古墳時代後期ごろだとされる。ヤコウガイ容器を、共伴した出土人骨の層位によって確かめると、下層に属するものが二三点中二〇点、上層に属するものは僅か三点である。広田の貝製容器の大半は弥生後期後半~古墳前・中期ごろのものであろう。

また貝製容器の分布が、台湾の東海上百キロに浮かぶ与那国島に及んでいることも木下さんの論文で学んだ。材料が豊かで簡単に造りうるならば貝製容器は多元的であろうが、私は広田の貝製容器と台湾の貝文化に何か繋がりがあるかも知れないと密かな空想に耽（ふけ）っている。

このエッセーを書く上で、編集に当たった学芸員、東徹志さんにはいろいろお教えを受けた。末尾ではあるが御礼を申し上げたい。

（「広田遺跡と貝製容器」『日向・薩摩・大隅の原像』平成一九年秋季特別展図原、大阪府立弥生文化博物館　二〇〇七年）

第九章　龍を味わった夏の孔甲

平成二〇年度冬季特別展図録『倭人がみた龍』九頁に掲げた仙人画像鏡の解説者、永野仁氏は、鏡背文様の「龍に手を差し出す仙人」を取り上げ、『春秋左氏伝』を引き、豢龍氏や御龍氏の神話を表したものではないかと推測していられる。行数の都合で省かれたとみられるその有名な物語の内容について、ここで蛇足を付けておこう。

1　晋の国都に龍が出現

左伝の昭公二九（前五一三）年の条には、晋の国都である絳（山西省絳県の南）の郊外に龍の現れた記事がある。これを聞いた晋の家老の魏献子が史官の蔡墨に向って、「聞くところによれば、生き物の中で龍ほど賢いものはない、なぜなら、龍は生きたまま捕らえることができないからだ、といわれているがそれは本当だろうか。」。蔡墨は答えて「本当は龍が賢いのではなく、人に知恵がないからです。遠い昔には龍を飼っていました。だから国には龍を飼育する豢龍氏や龍を扱う御龍氏という役人がいました。」と。

献子は再び問うて「この二氏については私も聞いたことがある。だがその由来をしらない。どういうことなのだ。」。蔡墨は、「昔、飂の国（河南省唐河県の南にあったという）の君主の叔安の末子に董父という人物がおりました。彼はとても龍が好きで、龍の好む餌を求めて与えていたので、多くの龍が集まってきました。そこで董父は龍を飼いならすことを職掌として舜帝に仕えました。帝は彼に董という姓、豢龍という氏を賜り、鬷川（鬷は山東省西南の定陶県の北）の地に封じました。今（春秋の時代）の鬷夷氏はその子孫だから董姓が多いのです。」。つまり舜帝の時代には龍が飼われていたということがわかります。ところが夏王朝の時代になって、王の孔甲は天帝をよく祭ってそのお眼鏡にかない、天帝は孔甲に乗龍（四匹の龍）を賜り、雌雄一対の龍を黄河に、他の雌雄一対を漢水に置かれました。孔甲は龍を養う方法を知らず、豢龍氏も見つかりません。しかし昔の陶唐氏（尭の子孫）は衰えたとはいえ、その後裔に豢龍氏から龍の飼いならし方を学んだ劉累という人物がいました。劉累はその腕を振るって孔甲に仕え、うまく龍を養いました。孔甲は喜んで御龍という氏を与え豕韋氏の後裔としました。

なお、豕韋氏については、同じ左伝の襄公二四（前五四九）年の条に、穆叔（叔孫豹）と問答する范宣子（士匄）の系譜の説明がある。すなわち、范宣子の祖先は舜よりも前には陶唐氏と称し、夏代にあっては御龍氏、商代では豕韋氏、周代では唐杜氏、晋が中原の盟主となった後には范氏と称したという。

史官の蔡墨の話は続く。「ところが龍累が面倒を見ていた雌の龍の一匹が死にました。龍累はその肉をひそかに塩漬けにして、龍の肉とはいわずに孔甲に食べさせました。孔甲は賞味し、もっと食べたいと申しつけました。龍累はそれが龍の肉だと打ち明けるわけにも行かず、罰を恐れて魯の国に出奔しました。今、晋の家老を勤めている范氏は、その子孫にあたられます。」。

左伝のこの話を読むと、中国の古代には実際に龍がいたのかと思われるほど巧みに語られていて、またその肉料理についてのくだりなど、食味に情熱をもやす中国人ならではと微笑ましくなる。

2　雨を呼ぶ龍

神話の昔から、あるいは歴史時代になっても、彫像、図像として活躍する龍の起源は何であろうか。森三樹三郎『支那古代神話』（一九四四年大雅堂刊）には龍に関する勝れた考察もあり、「実に龍の使命とするところは降雨の一事に尽きるのであり、その他のことは要するに付随的な現象に過ぎない。」とされている。龍の形は湿地に好んで棲む蛇に発している。脚や翼が付加された龍は水を支配し、旱に悩む華北の農地に雨をもたらす神であった。有翼の龍の一種である応龍は、古代の伝説中「よく雲を興し雨を降らせる神」として祭られ、『後漢書』張衡列伝にも「それ女魃退きて応龍翔り、洪鼎声して軍容やみ、溽暑至りて鶉火棲い、寒水沍りて黿鼉蟄す。」とあるように、季節の移り変わりにおいても、旱が終わって応龍の訪れる雨期に入ることが述べられている。『山海経』の大荒東経には、「旱のときに応龍の状（像）を作れば大雨が降る。」とあり、郭璞はこれに「今の（晋の時代）の土龍（土で作った祭祀用の龍）のもとはこれである。」と注記している。また『淮南子』の説山訓に「聖人の物を用うるは、朱糸を用いて蒭狗（藁で作った祭祀用の犬）を約するがごとく、土龍をつくりて、もって雨を求むるがごとく…」とあるのは、土製の龍を祭って雨乞いする風習が太古のころから行われていたことを示すのであろう。左伝に登場する豢龍氏や御龍氏の一族は、かつて白鳥清が説いたように、水辺に生息する蛇をトーテムとして祭り、龍の形に仕立てあげ、雨を呼んだ巫師であった（白鳥清「豢龍氏御龍氏に就いての憶説」『東洋学報』二一－三）。『楚辞』の天問の「蓱号起雨」の句に、王逸は「蓱は雨師の蓱翳であり、号は呼ぶことだ。」と注している。「『山海経』の海外東経に述べられている雨師妾についても郭璞は「雨師の蓱翳である」としている。蓱翳は色が黒く両手に各一匹の蛇を操り、左耳には青蛇を、右耳には赤蛇をつけている（海外東経）。このような巫師の子孫が、祖先について伝説を作り、雨乞い儀礼の場面などを物語に作り上げたのだと思われる。

3　鳥トーテムの祭り

こうした例は鳥トーテムにも求められるであろう。『史記』の秦本紀には「秦の祖先は、帝顓玉の子孫である女脩が玄鳥の卵を飲んで孕み、子の大業をもうけた。大業の子の大費には大廉と若木という二人の子供があり、大廉の玄孫である中衍は鳥身人言だった。」という伝説が示されている。司馬貞の索隠は「だからこの一族を鳥俗氏というのだ。」としている（一説では鳥浴氏）。また『史記』の趙世家では晋の景公と韓厥との問答のなかで「秦と趙の共通の祖先である中衍が人面鳥噣（嘴）であった。」ことが語られている。人語を発する鸚鵡については『淮南子』説山訓や『礼記』曲礼上にもあるので、古くから知られていたことは確かではあるが、この記録の意味しているのは鳥装の巫の存在であろう。商（殷）や秦・晋のように鳥トーテムを持っていた人々の子孫は、祖霊祭祀に際して一族の祭司（巫）が嘴のついた鳥の仮面をかぶり、鳥装をして儀式の進行を司ったのであろう。『墨子』の明鬼には秦（孫詒譲『墨子閒詁』）の名君であった穆公のところに、人面鳥身の神である句芒が現れるくだりがある。これも鳥装の巫が尸（形代）を務めた祖霊祭司の一場面であったと考えられる。

戦国時代の祭りの情景を活写しているのは、一九七八年に見出された江蘇省淮陰市の高荘墓で出土した銅器（『考古学報』一九八八年二期）や、山東省煙台市王溝墓中のM2墓で出土した銅器の画像紋である（『考古学報』一九九三年一期）。銅器の年代は戦国時代前期末から中期に位置づけられるであろう。これらの画像紋は、槌打ちで成形した純銅に近い軟らかな器面に、尖った針描きで刻まれていて、鋳出し紋様よりはるかに生き生きと表現されている。画像には、祭礼、田猟、宴楽、飲酒、料理、農作業、鬼神などがあり、中には奔放な躍動的な表現もある。鬼神には『山海経』の怪神を彷彿させるものも見られる。そのころの各地方の祭礼に現れる善神、厄神こそが『山海経』の図譜に纏められたのであろう。王溝墓の銅器に表された龍頭飾りの馬車の御者などは当時の祭りで龍を御す神として崇められたものであろう。これらについてはかつて「高庄（荘）墓出土の画像紋について」（『論苑考古学』天山舎一九九三年所収）と「山東半島と弥生文化のつながり」（『中国仙人のふるさと』大阪府立弥生文化博物館図録一九九六年所収）に紹介したので、ここでは詳説しない。

4　『山海経』と新潟県下ノ西遺跡の絵画板

なお、『山海経』といえば、最近、おそまきながら桐本東太氏の著書、『中国古代の民俗と文化』（刀水書房二〇〇四年刊）を拝読し、著者と長谷川彰氏との共同執筆として掲載されている第七章の「『山海経』と木簡」と題する論文を読んで、鋭い洞察に感銘を受けた。

絵画板は、曲げ物の底を利用したもので、奈良時代に溯る可能性があるという。絵は立ち木に縛られたと見られる人物と、その下に、とぐろを巻く体に人面のある動物が表現されている。『山海経』海内西経に「貳負の臣を危という。危は貳負と（二人で人面蛇身の）窫窳を殺した。そこで（天）帝は危を疏属の山（陝西省綏徳県にあるという）に繋ぎ、右足に足かせを着け両手と髪を縛りつけ山上の立ち木に括った。」という叙述がある。これと木板の絵が符合するという考証が詳しく書かれていて説得的である。龍蛇の話題として紹介しておきたい。

（「龍を味わった夏の孔甲」『倭人がみた龍』平成二〇年度冬季特別展図録、大阪府立弥生文化博物館　二〇〇九年）

第十章　仮面のない文化

最近私の注意を惹いた資料の一つに土製の人像頭部がある（図－1）。内蒙古自治区敖漢旗の趙宝溝遺跡で出土した新石器時代の遺物だという。高さが五・一cmばかりの小さなもので扁平に近いが中空に作られている。顔面には連接した左右の太い眉の下に窪んだ眼窩と秀でた鼻梁が表され、円形の口に唇の表現はなく親しみの感じられるものではないが、両耳から下顎に向かって逆三角形に細まった顔の輪郭はいかつい表情を和らげている。同じ遺跡では人面を表した土板も出土している（図－2）。高さが二・九cmの小型のものである。顔の輪郭はほぼ円形だが下顎の先端が僅かに尖っている。これらの遺物は、出土遺跡の名をとって命名された趙宝溝文化期に属し、前五〇〇〇年頃に年代づけられる。

同じ敖漢旗の小山遺跡出土のカリネートした鉢形土器の腹部には、鹿、猪、鳥などの像が表されている。これらは霊的な図像であろうと解釈され、当時の社会で特別な役割、おそらくは宗教上の役割を果たした人々が用いた器物ではないかと考えられている（中国社会科学院考古研究所編『敖漢趙宝溝―新石器時代聚落―』一九九七年）。人形の像が作られていることも、土器に動物の姿が表されていることも、年代や距離は遠く離れているとはいえ、その点だけを見れば弥生時代の人々の精神的な活動との似通いが感じられる。趙宝溝文化は次に触れる紅山文化に先立つが、両文化の系譜・継承の関係について私は詳らかにしないが皆無ではないと思う。

周知のように、燕山北麓の内蒙古東南部から遼西に広がる長城以北の地方では、一九三五年に赤峰市の紅山後遺跡の発掘調査が行われた際に新石器文化の遺跡が見いだされ、この遺跡名をとって前四〇〇〇年頃に始まるこの一帯の新石器文化を紅山文化と呼ぶようになった。一九八一年に開始された調査では、遼西の凌原県と建平県の境界

図　趙宝溝遺跡出土の土製人像頭部と人面土板

に位置をしめる牛河梁の丘陵地帯で多数の積石塚を含む遺跡群の存在がしられるようになり、その北山の南斜面では、亜字形の平面をなす半地下式の建物跡が掘り出された。

この遺構では彩色を施した保存のよい土製の人像の頭部が発見されて発掘者を驚かせた。遺構は主室を中心に前・後室がありこれらと幾つかの側室が連なった複雑な構成で、南北の長さは一八・四m、東西の幅は残存部で六・九mの規模のものである。遺構内では前述の頭部など六体分にあたる土製の人像の断片が出土した。中国社会科学出版社刊行(二〇〇二年)になる『二十世紀中国百項考古大発現』に「紅山文化的祭祀中心」の項を執筆された李学来氏によれば、人像の断片には頭部のほか、腕、乳房、手などの部分があり、すべて女性を表現したものだという。ほとんどは等身大の寸法であるが、三倍の大きさのものもある。

注目されるのは李氏が女神像だとする保存のよい顔面である。高さは二二・五cmで、出土したときに顔面は鮮やかな紅色を帯び、目の縁や頬の辺りには特に色濃く残り、唇には朱が点じられていた。面貌の作りは真に迫っており、上唇の両端は微かに反り上がり、口を開いて何かを語りかけようとしているようにも見える。目、頬、上下の唇などは微笑を浮かべているようで、神秘的な表情が感じられると記述されている。残念ながら私には実物を観察する機会が与えられていないが、原色の図版によって淡青色の丸い玉を眼窩の窪みに嵌入して眼を表現していることがよくわかる。特に右眼は玉球の中心部の青色が濃いために非常にリアルな感を与える。鼻梁の部分は破損のため写真で見る限りでは判断できないが、李学来氏は全体として蒙古人種の特性が顕著だと記述していられるから、鼻根の部分は低くなっているのであろう。鼻翼のふくらみも鼻孔も見事に造形されている。耳はやや大きく張り出している。広い額の上には突帯がめぐっているが被り物の表現であろうか。

この像には強く訴えかける表情がある。遼西紅山文化の人々がどのように感じていたかについては確かめようがないけれども、私には、その眼光の煌めきや唇の一瞬の動き、鼻翼のふくらみをとらえて示す効果が、微笑というよりは威厳、優しさというよりは威嚇ともいうべき表現だと思われ、畏怖の念すら覚える。新石器時代の彫塑芸術としては抜群の例に数えられるのではないだろうか。この作品が人を表したものではなく神像として作られ、崇敬されたであろうという解釈はまことに尤もなことだと思われる。同時に出土した塑像の断片によってこれが女神像であり、その安置されていた場所が女神廟と呼ばれることもまた容易に受け容れられる。

李学来氏はさらに、出土した六体分にあたる像の断片の寸法から、等身大の像に交じって三倍の体躯の巨像のあることを勘案し、これらは巨像を中心とする神々の群像であろうことを類推していられる。これを読んで私はふと、女神たちの構成するパンテオン、オリンポスの世界、といった空想あるいは、妄想の翼をひろげたくなった。神殿に祭られる神々の像といえば、かつて松島英子氏が文献史料や考古資料を総合して描きだされたメソポタミアの神々の世界を思い出さずにはいられない（松島英子『メソポタミアの神像—偶像と神殿祭儀—』角川叢書　二〇〇一年刊）。メソポタミアの神像の由来についてはよくしらないが、文字が遺されている都市形成期以後には都市、あるいは都市国家の守護神として神殿に祭られ、多くの神官によって生けるが如くかしずかれていたことが明らかにされている。神官は神像に仕え、最高の飲食物を捧げ、善美を尽くした衣服をまとわせ、装身具で飾り、祭りには奉戴して町を練り歩き、敵対する都市の守護神像を奪い合う。

もちろん、紅山文化期に都市が形成されていたわけではないであろう。しかし、女神廟の見いだされた牛河梁の一帯では、ほかに祭壇の遺構と見られるものもある。廟と同時期には土で覆った積石塚が数多く築かれており、その幾つかが発掘されていて、神秘的な形の、また工芸的にも優れた美しい玉製品の副葬がしられている。それぞれの積石塚は中心に大型の墓があり、中・小型の墓がその周囲に分布している。また丘陵の頂上には平面が方形または円形の格段に大規模な塚が位置を占め、その被葬者は社会の特別な人物であったことを示しているという。さらに、その社会を構成する上で、最高の権力者とともに神職、工人などの階層が分化していた可能性も説かれている。

牛河梁一帯の考古学的な調査により、この地が広大な紅山文化圏の宗教・祭祀の中心地であったと考えられるようになった。この地域に紅山文化全体の宗教的な機能を独占する唯一の中心地があったと断定してよいかどうかは確かではないとしても有力なセンターだったと考えてよいであろう。遥かに後世の記録ではあるが、『三国志』烏丸鮮卑東夷伝では王沈の『魏書』を引き烏丸の習俗について、その死者の魂が犬に導かれて赤山に行くという信仰のあることを伝えている。赤山は遼東郡の西北数千里のところにあり、あたかも中国の人が死ねば魂が泰山に戻って行くのと同じだとも述べられている。牛河梁の女神廟が位置を占める北山にはそのような信仰が宿っていたのであろうか。

こうした成果を受けて想いだされるのは、パレスチナの金石併用時代（前四三〇〇～三三〇〇）における祭祀中心地説である。この地では純銅時代初期頃、シリア南縁からネゲヴ北部まで、南北ほぼ三五〇㎞の広がりをもった地域に、ガッスル土器を共有する比較的等質な文化が始まった。コムギ、オオムギとニンニク、タマネギの栽培に加えザクロと堅果の利用、ヒツジ、ヤギ、ウシや南方ではブタの飼育などが生業であった。さらにオリーヴとナツメヤシも作られ始め生活は豊かになった。武器や防御施設など戦いの証跡を示す考古資料は見いだされていない。

この時代の興味深い遺跡の一つは死海西岸の高い崖の上で発掘されたエン・ゲディの神殿である。付近には太古の昔から豊かな真水の湧き出す泉がある。水の乏しいこの地には珍しい水源が聖地の対象となったことは否定できないであろう。エン・ゲディの神殿は東西二五m、南北一八mばかりの石積みの垣に囲まれた小規模なもので、周辺には同時代の遺構が発見されておらず孤立した施設だったと見られる。その時代の末期には石を積んで門が鎖され、南約二五kmのユダの山中の洞窟では、この神殿から運び出して秘匿したとされる夥しい量の銅製の杖を主とする祭器などが発見されている。こうした状況に基づき、この神殿が広範囲にわたるガッスル文化期の集落群の共同の宗教施設であったと説かれている。ガッスル文化期を通じて、象牙、石を材料とする、あるいは土製の小型人像は見出されているが、礼拝の対象であったことが証拠立てられる資料は見つかっていない。

仮面は人が着装者以外の存在となるための道具である。民族学的には採集・狩猟・牧畜民には仮面の文化がなく、農耕社会になって出現するという説が出されているが、佐原　真氏が考古学的な資料を示して反論されたように採集・狩猟民の文化にも組み込まれていたものである（佐原　真「総論—お面の考古学」『仮面—そのパワーとメッセージ—』佐原　真監修、勝又洋子編　里文出版刊　二〇〇二年）。

もちろん仮面が農耕社会で広く用いられていることは否定できない。しかし宗教的崇拝の対象として、人の作った偶像自体が、あるいは人が描き上げ凝集せしめた観念の実像が、神の実体として堅く信仰されている社会、例えば、ある時代のメソポタミア・ギリシア・ユダヤなどでは、宗教上の目的を持った仮面を必要としない文化が維持されていた。紅山文化期もそのような時代だったのではないだろうか。

小文に記載した趙宝溝遺跡の資料については小田木治太郎氏の教示を受けた。記して感謝したい。

（「仮面のない文化」『MASK』平成二二年度夏季特別展図録、大阪府立弥生文化博物館　二〇一〇年）

第十一章　中平銘鉄刀と卑弥呼の時代

天理大学附属博物館である天理参考館は、一九六一年の一一月から翌年の二月にかけて、天理市櫟本所在の東大寺山古墳の発掘調査を行った。古墳は標高約一三一mの丘陵の上に築かれた北向きの前方後円墳である。築造後の地滑りのため旧状を大きく損ねているが、復原長約一四〇m、後円部の直径は約八〇mの中型の古墳である。墳丘には二重に円筒埴輪列がめぐる。主に埴輪の形状からこの築造時期は四世紀中葉ごろだと推定される。

古墳が位置を占めている丘陵とその周辺には併せて四基の前方後円墳があるが、東大寺山古墳はなかでも最も時期の古いものである。発掘はこの古墳の後円部に設けられた竪穴式墓壙の粘土槨と、その付属施設について行われた。粘土槨内はおそらく一三世紀の中頃、北端を遺す大部分が盗掘の難に遭い、北端部分も一九六一年の春季に密掘された。北端部に副葬されていた緑色凝灰岩製腕飾り類を主とする数多くの遺物は、幸いにして回収されたが副葬状況についてはよくわからない。

参考館による発掘調査では、棺を覆う粘土槨中に封入されていた夥しい量の武器・武具が見いだされた。それらのなかで注目を惹くのは青銅製の環頭飾りを着けた五点の鉄製大刀である。五点の刀は、もともと漢代に通有の素環頭の鉄刀であったが、環首が倭製の青銅環頭と着け替えられている。着け替えは埋葬に近い時期だと見られる。これらの青銅環頭を着けたうちの一点は、刀背に金象嵌で紀年銘を表していることから特に重要視されるようになった。

この刀の銘文は、調査員の一人であった白木原和美氏が錆を除去する作業中に発見し、梅原末治教授を始め諸家の努力によって次のように解読されている。

「中平年 五月丙午 造作文刀 百練清釧 上応星宿 下辟不祥」

この出土から五〇年を閲した現在に至るまで、紀年銘刀の例は一九七四年に山東省蒼山県卞荘で出土した永初六（一一二）年銘の一例のみであり、この刀の出土を報告した文中にも「近年の考古学発掘調査では、陝西省西安、河南省洛陽、湖南省長沙、広西省貴県、遼寧省遼陽などすべての地で環頭大鉄刀が出土している。しかし銘文を表したものは未だ見いだされていない。」と述べられている（陳自経・劉心健「山東蒼山発現東漢永初紀年鉄刀」『文物』一九七四年一二期）。その後さらに三六年間の年月を経た今日まで、紀年刀出土の知らせは聞かない。なお上述の例の他に、今は実物が残っていないが、宋の『鐘鼎款識』、清の『金石索』などの金石図録に、元嘉三（一五三）年銘の刀の存在が伝えられている。しかし、東大寺山古墳出土品を併せてもわずか三例に過ぎない。一方、紀年銘鉄剣も一九七九年に江蘇省潘塘の小型磚室墓で出土した建初二（七七）年作の一点しか知られていない。武器ではなく書刀の例は、一九五九年に調査された四川省天廻山の崖墓の副葬品が報告されている。これには「光和七年廣漢工官□□□服者尊長保子孫宜侯王□宜□」の銘がある。光和七年は一八四年で中平元年と同年である。

東大寺山古墳の発掘で紀年銘刀が見いだされた一九六二年の当時には、今後、日本の遺跡の発掘調査が広範にわたって大規模に行われるならば、紀年銘刀剣の出土も相次ぐであろうかと憶測していた。しかしその後、中国の漢墓や弥生遺跡、古墳の発掘調査が盛んに行われても上記の二例が中国で見いだされたに過ぎない。こうした状況から東大寺山の紀年銘鉄刀は極めて稀少な例の一つだと思うようになった。とはいえ、江蘇省潘塘の建初紀年銘刀が小型磚室墓の副葬品であることから、中国では必ずしも被葬者が王侯のような特別に高い身分であったとは考えられない。なお永初紀年銘刀が副葬されていた遺構については不明である。

僅かな例であるが、これらの銘文の書体について比較してみよう。永初六年刀の銘文はやや肉のある流麗な隷書体で筆勢がある。また潘塘出土の建初二年の鉄剣の銘文は細い金線で端正に表されている。天廻山崖墓の光和七年の書刀の銘文は極めて細く特殊な字体だが整っていて繊細な感じである。銘によってこの書刀が広漢郡の官の工房で作られたことが分かる。鉄製品の象嵌ではないが、かつて梅原末治先生が著された『日本蒐儲支那古銅精華』六の四五三に挙げられている漢代（おそらく後漢代）金錯龍渦文銅杓の外底面に「湛露軒供御銅匙□□□□潤月涼□□造」の金錯（象嵌）の銘がある。この器面の龍渦文は非常に優れた技術を駆使した工芸的価値の高いものであり、細線で表された銘の字体は中平銘鉄刀の字体とは違っている。銘文の「湛露」は『詩経』小雅の篇名である。『春秋』左伝文公四年の条に記されている甯武士（甯兪）の文公への答弁からも、その由来が推測し得る。すなわち、「湛露」の楽は、昔（周代）、正月、朝賀のため王都に集まった諸侯に対して、周王が宴を設けて演奏させたもので、諸侯の一人に過ぎない文公がこれを甯武士のための宴席で謡うのは適切ではないという趣旨の答弁である。こうした挿話から、この銅匙は、後漢の宮廷に設けられていたと想定される饗応用の建物、「湛露軒」の備品であり、王室工芸部局製だと想像される。

このように、後漢の官造かと思われる武器や器物の銘文の字体と東大寺山出土の鉄刀の銘文の字体の開きは小さくない。当初、私はこうした違いを年代による字体の変化かとも考えた。しかし、天廻山の書刀と東大寺山鉄刀の製作年代は接近している。おそらく、字体の違いはそれらの製作地方、あるいは製作された工房の技術の違いに由来するものだと考えた方がよいであろう。

二〇〇三、四年度には東京国立博物館と九州国立博物館の共催による東大寺山古墳出土紀年銘刀に関する研究調査が行われ、その結果が『重要文化財　東大寺山古墳出土金象嵌銘花形飾環頭大刀』として二〇〇八年に報告された。一連の調査研究では、金象嵌の銘文の文字ごとに蛍光X線分析による材質の調査が行われ、計測したすべての文字の金の成分が九九％の純度であり、なかには九九・九％の定料値を示すもののあることが明らかにされた。おそらく非常に高い精錬技術によって生産され、厳しく管理されていた材料を使用したものであろう。上記の報告書には、東野治之教授による銘文の字体についての研究結果も報告されている。それによれば、中平銘刀の銘文の字体は「（整斉な後漢の隷書の字体に比べて）やや緩みが見える。」とされ、「本大刀銘の場合は、若干楷書体が交じっているといってもよい。」と述べられている。さらに細部の観察の結果、「本大刀が中国製であることを示す傍証としてよい。」と結論付けられている。二〇〇七年一一月二四日に天理大学で開催されたシンポジウム「東大寺山古墳―古代東アジアの中の東大寺山古墳―」の席上で工藝文化研究所の鈴木勉理事長が発表された「技術移転論で読み解く中平銘鉄刀―百練刀の使命―」の中でも、中平銘刀の字体が漢隷の書体からはずれたものであることを、比較資料を示しながら詳しく例証していられる（雄山閣『東大寺山古墳と謎の鉄刀』二〇一〇年）。

こうした紀年銘刀はどのような目的で作られたものであろうか。数ある同種の鏡でも紀年銘鏡は何か特別の意味を担っていたのであろうか。紀年銘鏡と紀年銘刀剣とは同じような役割を果たしたのであろうか。

刀が下賜された記録としてよく知られているのは『三国志』魏書東夷伝の倭人の条に記載されている魏の皇帝が倭の女王卑弥呼に下した詔書の記録（魏志倭人伝）である。景初二（二三八）年一二月（景初三年とする説が有力）のこの詔書には下賜の品目のなかに五尺の刀二ふりが見られる。長さ一・一六m内外の大刀である。

漢代の記録として『漢書』匈奴伝第六十四下に、甘露三（前五一）年に匈奴の呼邪韓単于稽侯狦が来朝した折、宣帝が単于に下賜した品目として冠帯衣裳と共に玉具剣、佩刀が挙げられている。また『後漢書』南匈奴伝第七十九にも、呼蘭若尸逐就単于の兜楼儲に賜った品物の目録にも、玉具の刀剣が記されている。このように、美々しく飾った刀剣には蕃夷の王の朝貢の際の賜り物として下賜されたものがある。それらのなかには下賜の紀年を表したものもあったと考えられる。

また帝の寵臣に刀が与えられた例として、『後漢書』列伝第二十三の馮魴列伝に、魴の孫に当たる定の弟の石が、安帝の寵愛を受け、駁犀の具剣（斑な犀角で飾った剣）と佩刀などを下賜されたことが伝えられている。また同じく虞延列伝にも、延の言辞、振る舞いが光武帝の称揚するところとなり、銭と佩刀を賜った記事がある。一方では古代の節鉞のように、賊を征伐する使命を負った将軍に刀剣が与えられたこともあったと思われる。そのなかにも施与、任命の年を表した刀剣があったかもしれない。

稀少例である中平紀年銘刀が漢で作られたことは疑いない。ただし、その銘文を見ても、おそらくは、官の工房ではなく地方で私的に作られた蓋然性が高い。刀が作られた中平年間のころは弥生時代の終末期に当たり、魏志の倭人伝はその前後のこととして、次のように述べている。「その国では、もともと男子が王位についていたが、そうした状態が七、八十年もつづいたあと、〔漢の霊帝の光和年間に〕倭の国々に戦乱がおこって、多年にわたり互いの戦闘が続いた。そこで国々は共同して一人の女子を王に立てた。その者は卑弥呼と呼ばれ、鬼神崇拝の祭祀者として、人々の心をつかんだ。」（今鷹 真・小南一郎訳『正史三国志4』ちくま学芸文庫一九九三年）。倭国の乱の継続期間を光和年間（一七八〜一八四年）とするのは『梁書』の東夷列伝倭の条、『北史』の倭国伝、『太平御覧』倭の条の『魏志』などの記述も同じである。これらの記述が正しいとするならば、霊帝の治世の終わり頃、七年ばかりの間、倭国に乱が続き、そこで卑弥呼が立てられて乱が収まったと読み取れる。もっとも、この解釈が定まっているわけではない。

私は、倭国の乱を鎮めた、あるいは鎮めようと計った卑弥呼、あるいはその新政権が政権の後ろ盾になることを願って漢王朝に遣使したのではないかと憶測している。朝貢を伝える記録は残されていない。しかし、後漢時代の外交上の、また歴史的な事件の全てが記録されていたわけではないであろうし、記録の全てが残っているわけでもない。『晋書』司馬彪伝には短文ではあるが『続漢書』の編纂過程が述べられ、「安順以下亡欠する者多し」として、安帝、順帝以後（一〇七年以後）の後漢の記録に失われたものが少なくないことを伝えている。卑弥呼遣使の記録も失われた可能性が考えられる。

仮に卑弥呼共立の前後のころ使いが出されたとして、その使いは無事に洛陽に辿り着くことができたであろうか。そのころ、すなわち霊帝中平元年のころから、漢土では張角による黄巾の乱が勃発するなど世は乱れはじめた。倭の使いが平穏な旅を続けたとは考えにくい。また中平年間には遼東で公孫氏による漢からの独立が企てられた時期でもある。私は、卑弥呼の政権が漢に送ろうとした使いが公孫度に行く手を阻まれ、政治的な結びつきを強制され、公孫氏の手で急造されたこの刀を与えられたのではないかと憶測している。

（「中平銘鉄刀と卑弥呼の時代」『邪馬台国』平成二二年度秋季特別展図録、大阪府立弥生文化博物館　二〇一〇年）

第十二章　弥生時代祭祀と銅鐸

「鼎の軽重を問う」、上役などの実力を疑ってその地位を覆そうとする時に発せられる問いかけの一句は、今でもときどき使われている。その用例は古代中国に遡る。時代は春秋の魯の宣公三年（前六〇六年）のことである。『春秋』の経は「その年に陸渾と呼ばれる戎が侵入してきたので、楚子（楚の荘王）がこれを征伐した。」と記し、『春秋左伝』はこれについてつぎのように述べている。「楚子は陸渾の戎（甘粛省西北部の異民族）を伐ち、雒水（洛河の上流）までやって来て、周との境界線の辺りで（示威のための）観兵式を催した。周の定王は大夫の王孫満を遣わして楚軍を労わせた。」。周の王室にはかねてから天下の王権象徴の鼎が伝世している。楚の荘王はその鼎の大小軽重を問うたのである。王孫満は答えた。「大小軽重はその王朝の徳にあって鼎に関わるものではありません。昔、夏王朝に徳が備わっていたときに、遠くの国ぐには物の姿を図に画いて〈中央に〉届け、九州（『周礼』では冀・兗・青・揚・予・雍・荊・幽・并の九つの州を指す。）のそれぞれの長官に金（青銅）を貢ぎました。そこで、貢納された青銅を以て〈夏王朝の禹は〉鼎を鋳造し、その鼎に遠国の物の姿を表し、民に神異妖怪の形相を知らせるようにしました。おかげで人びとは川谷や沢や山林に分け入っても、身を害する魔物や螭魅魍魎などと遭遇することはありませんでした。このようにして、夏の国では上下が協同し天祐を受けることができました。ところが、桀の代になって王の徳が失われたので、鼎は商王朝に遷り、六百年の間祀られることになりました。しかし、そのころ商の紂王が暴虐であったため鼎は周に遷りました。このように徳が立派で明らかであれば鼎は小さくても重く、徳が邪で乱れているならば鼎は大きくても軽いのです。とはいえ、天が王に明徳を与え続けるにも限度があります。周の成王が鼎を郟鄏（洛陽の西）に定置したとき（都をその地に定めたとき）に、周王朝は何代、何年続くかを占いました。代は三〇代、（継続）年数は七〇〇年という結果がでました。これが天命なのです。いま周の徳が衰えているとしても天命は改まっていません。いまはまだ鼎の軽重を問う時期ではありません。」と。

この問答中ここで注目したいのは、遠方の国ぐにが提出した「物」の図像である。晋の杜預の注では「山川奇異の物を描いて献じた。」とある。「物」に出会った者は恐ろしい目にあう。「物」は物騒な物の化であるらしい。白川静『字通』の「物」の項は、『左伝』定公一〇年の、駟赤の言葉として「叔孫子の甲には物あり。」という「物」、『儀礼』郷射礼記の「旌（はた）には各おの其の物を以てす。」など「物」の用例を挙げ、「物」には無限定的な万物を意味する「もの」以外に、氏族の標識として氏族霊を象徴する「物」があったとしている。

中国古銅器研究に画期的な業績を遺した林巳奈夫さんは、青銅祭器、彝器などと呼ばれる一連の器の装飾文様の表現の意味についても、いくつかの優れた論文を出したが、晩年にはそれらを分かりやすくまとめて『中国古代の神がみ』（二〇〇二年吉川弘文館）に解説している。中国の青銅器の中心的な装飾・文様はいうまでもなく饕餮（図－1）である。饕餮は江南良渚文化の玉器の図像から系統を引き、商が鄭州に遷った二里岡期に青銅器の文様として現れ始めた。林さんは「饕餮は帝を表す」と考える。林さんの「青銅器の紋様は何を表したものか」（樋口隆康・林巳奈夫監修『中国青銅器清賞』二〇〇二年所収）でもその説は強調されている。徳による統治を理想とした周の饕餮の穏やかさとは違って、武力で四夷を鎮圧した商の饕餮の眼光は威嚇的であると。その周囲には小怪獣や小動物が配置されている（図－2・3）。また饕餮を構成する部分、例えば角にはときに鹿角や兕（水牛）の角が採り入れられている。そうした小動物も小怪獣たちも鹿や水牛も、それぞれが被征服諸氏族の守護神であり標識であった。林さんは、饕餮すなわち帝は商の最高神であり、その周囲の図像は征服された周辺氏族のトーテムであって、『春秋左伝』などがいう「物」とはこうした氏族の守護霊の姿であったと考えている。商の青銅器の装飾は、その時代の政治的世界をも表象するものであった。

話は変わるが、私の書架には先代が古書肆で求めた和刻本の『山海経』がある。その世界に登場する神々の絵図

図　林巳奈夫『中国古代の神がみ』から

は、いずれもおぞましく不気味なもので見てもあまり楽しくない。ただし伊藤清司先生の著された『中国の神獣・悪鬼たち　山海経の世界』（一九八六年）は非常に興味深く目の開かれる思いがした。『山海経』はもともと描かれた山海図の説明だったという。成立は戦国（前三、四世紀）のころであろう。その神獣・悪鬼たちは、商・周の青銅器に表された「物」とは全く面影を異にするが、何かの脈絡があるのだろうか。

有名な『楚辞』の天問は画賛であろうとされている。『楚辞』の最古の注釈書である漢の王逸の『楚辞章句』に「屈原が放逐されて山澤を彷徨ふうち、楚の先王の廟や公卿の祀堂の壁に、天地山川神霊及び古の賢聖や怪物などの図が画かれてあるのを観て、其の壁に此の辞を書いたのを、楚人が編纂したものである。」と記されている（青木正児『新訳楚辞』一九五七年）。青木正児はまた『晋書』の束晳伝を引き、晋の太康二（二八一）年に出土した竹簡の古書七五篇の目録中に「図詩一篇、画賛之属也」とあることと、「天問」が『楚辞』のなかでただひとつ、四言四句を一章とする韻文であることは、画賛の伝統に従ったと推定されることなどから、王逸の記述の正しいことを認めている。『楚辞章句』と並ぶ優れた朱熹の『楚辞集注』も、屈原が図画のある壁に詩句を書いたことを事実とする（吹野安『楚辞集注全注釈』三　天問　二〇一一年）。戦国時代の壁画や平織りの絹に描いた帛画の神霊、怪物の中には南方の氏族守護神像もあったのだろうか。

民族の重要な祭器には往々にして彼らの信仰が描かれている。シベリアのアルタイ系諸民族について詳しい研究を行ったウノ・ハルヴァの業績は広く知られている。私は、田中克彦氏の訳書『シャマニズム　アルタイ系諸民族の世界像』（一九五一年）によって学んだ。

この書の「シャマンの太鼓」の章では、全てのアルタイ系民族の太鼓に飾り絵があるわけではないが、あるものにはその内外両面に描かれている。太鼓の面は円、楕円、卵型などであるが、中心よりやや上のあたりに水平な一線があり、線より上には日月あるいは星や霊など天上世界を、下には下界を表している。彼等にとって太鼓は単なる楽器ではない。ヤクートやブリヤートなどの人々の間には、太鼓こそはシャマンが天に昇る乗り物だとする信仰があるという。飾り絵は彼らの世界観の表現であり、自由な発想から無差別に画題を選んで描いているわけではない。

一九九七年、愛知県八王子遺跡で発掘調査も終りに近いころ銅鐸の埋まっていることがわかった。調査中の銅鐸出土は稀有のことなので大きな反響を呼び、埋納状態などが詳しく調査された。この発見を記念して催されたシンポジウムは、『銅鐸から描く弥生時代』（二〇〇二年）にまとめられている。シンポジウムには当時銅鐸研究の中心であった佐原真さんが病をおして参加し、「銅鐸の絵・大昔の絵」という標題の講演で聴衆を魅了した。この講演で佐原さんは、銅鐸の絵を緻密に分析した上で新鮮な視点を通じて解釈を示した。話の中で強調されている一つは、いま考古学者が進めている解釈に対して、「民俗例を引いたり、『古事記』、『日本書紀』、『風土記』、『万葉集』というものとの比較した考察があるけれども、銅鐸の絵を描いてから史書の編纂された奈良時代まで七百何十年もの隔たりがある。だから史書に出てくる話や中国の話と銅鐸の絵を結び付けて解釈してよいかどうかわからない。」という批判であった。しかし、これに加えて、「これからも銅鐸の絵を解釈する方法としてはこれしかない。

してい る。

(中略) いろいろなアイデアを出していき、そのなかから真相をさぐるほかないことも確かです。」とする見解を示

古代中国の青銅器の文様やシャマンの太鼓の飾り絵などを顧みるならば、それらには飾られるべき、あるいは描かれるべき必然のあることが類推される。銅鐸の絵にも土器の絵にも表現の理由と従い守るべき伝統があった。北アメリカのプエブロ・インディアンの仮面舞踏や蛇儀礼について試みたアビ・ヴァールブルクの分析(ヴァールブルク著 三島憲一訳『蛇儀礼』二〇〇八年)は、私たちが踏み入ることのできない世界の一端を暗示している。銅鐸に表された動物のそれぞれが弥生人の各部族の標識、「物」であったかもしれない。あるいは全体として、世界観の表現であったかもしれない。私にはアルタイ系諸民族のシャマンの太鼓の飾り絵から読み取れるような、儀礼のプロセスを教えているものだという思いが強い。これも佐原さんのいうような牽強付会であろうと思うが。

(「弥生時代祭祀と銅鐸」『豊饒をもたらす響き　銅鐸』平成二三年度夏季特別展図録、大阪府立弥生文化博物館　二〇一一年)

第十三章　吉村次郎さんと下関の考古学

一九五三年から五年間にわたって続けた山口県土井ケ浜遺跡の発掘調査が一応終結した五七年の秋、砂丘で後片付けをしていた私を訪ねて、下関市教育委員会の吉村次郎（一九〇七〜一九七八）さんがみえた。初対面であった。五〇歳前後の吉村さんは柔和ながら苦労人の面もちがあり、当時三〇歳に満たない若造の私にも慇懃に接して下さった。用件は、「下関市史を編纂するために、市内で有名な梶栗浜遺跡の発掘調査を実施して資料としたい。五七年度中に取りかかってほしい。」という依頼だった。周知のように、富任にあるこの遺跡では一九一三（大正二）年、長州鉄道（現ＪＲ山陰本線）の敷設工事中、一面の多鈕細文鏡と一対の細形銅剣が出土し、森本六爾による一九二七年八月の踏査以来、学史に名をとどめている。その遺跡の実態を究める仕事が舞い込んだ。何とありがたい申し出だろうか。

年明けて五八年一月と八月の二度にわたってこの遺跡の調査を行い、よい成果をあげることができた。これが下関市との半世紀以上にわたる長い付き合いの発端となった。私にこの機会を与えて下さった吉村さんは、下関市安岡浦の出身で、父君は対馬で漁業関係の仕事を手広く営んでいたという。

吉村さんは世間知らずの私から見れば、世故にたけた不思議な人物だった。顔に刻まれた深い皺は長年の苦労を語っていた。時折洩らされる思い出、梶栗浜遺跡の調査を共にして以来の古い友人である伊東照雄さんから聞いた話を総合すると、明治四〇年生まれの才気あるこの人物がたどった軌跡がおぼろげながら浮かび上がってくる。

吉村さんは東京電気学校に進学し、学生時代は卓球で名をはせた。後には卓球協会の役員をしたこともあるらしい。卒業後報知新聞の記者として当時の満州国に渡り、大陸ではさまざまな仕事についた。「国民党政府の役人として天津で暮らしたこともありました」とも語る。戦後、帰国して職がなく、日々雇用の労務者として下関市内の工事現場を移動しながら暮らした。そのころから方々で土器を拾い遺跡を確認して分布図を作った。後に発掘調査された潮待貝塚などは、当時、吉村さんが発見したものである。

戦前、下関市の一帯は海峡を望む火の山の砲台を中心にして要塞地帯であったため、写真撮影や地図作成などは固く禁じられていた。鍵谷徳三郎など明治の先人の踏査を別とすれば、吉村さんの活動はこの地域における考古学野外調査記録の嚆矢となるものであろう。一九五一年の年末に下関市職員として採用され教育委員会社会教育課に配属された吉村さんは、下関市市制七〇周年（一九五八年）を記念する市史編纂事業にそなえ、山口大学の小野忠凞教授や筆者などに依頼し、市の事業として主要遺跡の発掘調査を行った。成果は一九六五年刊行の『下関市史原始 - 中世』に纏められている。吉村さんはまた、考古学・民俗学調査に熱意をもった市内の青年たちを糾合し、「下関始原文化研究会」を組織し長府博物館に集まって定期的に勉強会を開いた。会には、下関市吉見の農林省水産大学校の国分直一教授も加わって勉強会のレヴェルを高めた。この組織は、後に産業開発による綾羅木郷遺跡破壊の考古学的危機に際して大きな役割を果たした。

吉村さんの多才で有能な器量はおいおい知られるようになってきた。一九五五年の年末に郭沫若を団長とする歴史学者、考古学者の一行が来日した折、吉村さんは下関に立ち寄った郭団長の通訳を見事に果たして名を挙げた。長い中国生活によって身についた当然の語学力であろうが、経歴を知らない市の同僚には驚きであった。伊東さんの話によれば、吉村さんは和歌の造詣が深く、家業であった海釣りは本職並み、麻雀には驚異的な腕があり、社交ダンスの達人であったともいう。

出身地の安岡はもともと漁村であり、狭い路地の行き交う海浜沿いの一帯は今も古い漁師町の面影を遺している。国道（一九一号線）を隔てた東側は低い丘陵となり、丘陵には西流する梶栗川や綾羅木川の潤す低地に水田を営む梶栗の村が広がっている。丘陵裾の旧い海岸砂丘に位置するのが梶栗浜遺跡である。

地蔵堂遺跡の発見

始原文化研究会の会員は仕事の合間に市内、近郊を巡回して考古遺物の出土情報を求めた。一九七〇年一月下旬、会員の一人であった井原晃融さんは巡回中に、梶栗浜遺跡南西約三kmの稗田地蔵堂の丘で工事中に石棺が出土し、そのなかに珍しい遺物があったという情報を聴き知った。この情報は吉村さんの後任として下関市の社会教育課主事となった伊東さんに伝えられ、伊東さんは早速その現場を訪ね、開発事業当事者で土地所有者でもある下田氏から出土状況の説明を受けた。下田氏によれば、宅地造成のために地蔵堂の丘を削平中、一九六九年九月一七日に丘頂で石棺が見つかり棺内から金具のようなものを採集したという。その出土状況については大阪府立弥生文化博物館の塚本浩司学芸員が博物館図録四六『弥生文化のはじまり』第四章の「百余国」の王墓地蔵堂遺跡に記述している通りである。工事担当者が撮影し、提供してくれた貴重なカラースライドで多少の状況が察せられる。

伊東さんの説得に応じて、下田氏は保管していた採集遺物を下関市教育委員会に寄託した。遺物は鑑定のために私の処に郵送されてきた。書留小包に昼寝の夢を破られた私が箱を揺すってみると、微かにカラカラと音がする。内容を改めて驚愕。「果報は寝て待て」。いろはカルタは思い出したが物件の名称が想いだせない。急いで梅原末治先生の『朝鮮古文化綜鑑』を探して蓋弓𣝣爪（蓋弓帽）を確かめる。おそらく日本ではそれまで知られていなかった遺物だ。一緒に採集された遺物は鏡の破片だった。机上で接合して欠けた部分は少なくないが一面の清白鏡であることがわかった。年代を推定する手懸かりを与える。

一対の蓋弓帽は共に管の末端が折損し、飾りの花瓣部分にも欠け目があり、一点は爪が折れている。しかし鍍金の輝きは鮮やかで、倭人は初めて目にした金の光に感嘆しただろうと想像してみる。長いほうの蓋弓帽を取り上げると中から何かが滑り落ちてきた。乾いた細長い木片だ。長さ約六・六cm、直径は太い所で約七・五mm。断面は円みを帯びているが、一部に平滑な削り痕が認められる。一端はそぎ落としたような痕があり他端は折れたようになっ

地蔵堂遺跡の位置（著者作図）

ている。表面には緑青の色が染みついている。弓橑（蓋の骨）の一部に違いない。乾いて細くなってはいるが、副葬時には内径九㎜ばかりの蓋弓帽にきっちりと嵌めこまれていたのであろう。奈良文化財研究所の藤原技官に鑑定していただいた結果では、この骨がヤナギ材であることが分かった。軟らかいヤナギの長い骨は蓋斗から四方に差し出され、馬車の動きと共に揺れる。先端の金華爪（蓋弓帽）がキラキラと光る。こんな空想は止めよう。なお伊東さんから頂いた聴き書き記録では、遺物の中に長さ一㎝ばかりの黄色の石製管玉が四点ばかりあったが粉砕してしまったという。

この文末に掲載した工事前の地形図によれば、石棺のあったのは地蔵堂の南約三〇〇ｍの丘頂の中心で標高は約四四ｍ、周囲の平地との比高は約二〇ｍ余りである。石棺は長さ約一二〇ないし一三〇㎝。幅は六〇㎝内外。内法の高さ約六〇㎝。ほぼ東西むきに据えられ、北辺は三枚、南辺は四枚の板石を立て、東側辺には二枚の板石を外からあてている。西側は不明。蓋石は三枚ばかりというが正確ではない。隙間に薄い板石をあてている。棺内には土の流入がほとんどなかったという。棺内の遺物は、東寄りに約三〇㎝の間隔で一対の蓋弓帽を平行に並べ置く。華飾りは東を向く。蓋弓帽の位置から七〇㎝ばかり南に鏡があったという。棺底の固め方は不明。工事担当者は作業を中止して写真記録を遺したほど興味があったようなので、ここに掲げた記録にはいくらかでも信憑性があるように思う。この遺構の位置から海岸までの最短距離は一㎞余り。海から見えたか、海が眺められたかわからない。しかし、海上を抑えていた人物を葬ったのであろう。

響灘の考古学を回想してエッセイを書くようにという編集者の注文に応えて吉村次郎さんを回想し、彼にまかれた種が、市民活動の中に育ってきたことを綴ってみたくて筆を執った。

(「吉村次郎さんと下関の考古学」『弥生文化のはじまり』平成二三年度秋季特別展図録、大阪府立弥生文化博物館　二〇一一年)

第三編　遺物の考古学・遺跡の考古学

——天理大学・最終講義——

講義の一齣

京都大学考古学教室

戦後まもなくの頃、私が入学した当時の京都大学の考古学教室には、国史へ行くのも難しそうだから考古学でもやろうか、考古学しかやれないのではないか、私を含めてそういうデモシカ考古学の人たちもおりました。何人かが集まるといつも議論するのは、考古学とは体何だろうか、ということなんですね。考古ボーイ出身の、昔から山や畑を歩いて遺物を集めて喜んでいる人たちにとっては、考古学というのは当たり前のことではないか、自分たちがやっているのが考古学だ、何の説明がいるのか、ということになります。

ピカソという有名な絵描きさんがいます。あの人の絵は大変むつかしいという評判でした。今日の皆さんにはピカソの絵はただ美しくて何の説明も要らないかもしれませんけれども、ピカソがいわゆる前衛的な絵を描きだした時に、人々はこれは何の絵なのだろうか、どうしてこんな絵を描くのか、と聞く。それに対してピカソは、私が描きたいものを描くのになぜ説明が要るのか、という逆の質問を投げかけました。美術作品に説明が必要なのか、見て美しければいいではないか、自分はこう表現したいんだ。そういう言い方をするわけです。実際その通りです。考古学を好きでやっている人に考古学って何ですか、と聞けば、好きでやっている、自分がやっていることが考古学なんだ、という返事だけで十分なわけです。ところが、考古学への愛情のない人にはやはり、考古学とは何かということを説明しなければなりません。その二つの考え方の中に入って、私などは大変悩みました。というのは、自分がやっていること、ただ人の手伝いの発掘をして、土器を集める、それだけでは考古学にはならないぞ、という恐れがあったがあったわけです。もう一つ大きな恐れは、当時戦争が終わった直後、日本人は飢えていました。恐らく今の世代の人たちには分からないような、食糧難に対する大きな恐怖があった。明日何を食べようか、あるいはどこかで飢え死にしている人がいる。こんな時に考古学なんかしていいんだろうか、と。そうした倫理的な疑問も私たちの心をさいなんだわけであります。なぜ考古学が必要なのか、なぜ社会に考古学が必要なのか。こういうことも我々が常に感じなければならない問題として、大学の中で議論をしておりました。

さて、京都大学へ入った時の戸惑いについて、つい先年、といっても、もう一〇年ばかり前になりますけれども、「遺物の考古学と遺跡の考古学」という短いエッセイを書いたことがあります。京都の同朋社という出版社の『同朋』と言う冊子に頼まれて書いたものです。その中で私が入った頃の京都大学の考古学教室の思い出を述べました。その結論として、当時の京都大学の考古学の目的は遺物の考古学である。それに対して、随分後になってアメリカ合衆国を旅した時、南西部の大きな大きなメサと呼ばれる丘の上の遺跡に立って、アメリカ考古学のおぼつかない知識でその進歩を考えてみた時に、何か日本の考古学とは全く違う「遺跡の考古学」ということをしみじみと感じました。この二つを対比して、文章にしたものです。

梅原末治先生

公平に見て日本の考古学界をリードしてきた、あるいは日本考古学界の進路を決めたのは、ちょうど私たちが入学した頃の京都大学の考古学の方法論ではなかったかと思うんです。そしてその方法論を決定されたのは私の先生にあたる梅原末治先生でした。したがって「遺物の考古学と遺跡の考古学」の前半のところは、梅原先生の思い出を、あるいは梅原先生がどのようにして現代の日本考古学の方法論を形成されたか、ということを書いたつもりであります。幸いにして私の知り合いの福島の穴沢咊光さん、この方は非常に優れた考古学者であると同時にお医者さんでもありますけれども、その方が『考古学京都学派』という書物に梅原末治論を展開されました。

『考古学京都学派』という本は、我々の先輩の角田文衞先生が編纂された書物です。角田先生の文中では梅原末治先生は悪役を演じておられるように思われます。そんなに悪い方ではなかったんですけども、人物像が非常に誇張されたような気がします。恐らく角田先生の梅原像であろうとは思います。この天理大学に非常に大きな足跡を残された梅原先生ですし、私も晩年ずっとお付き合いをしてよく存じあげている先生ですから、『京都学派』に出てくる梅原先生の像はあまりにもお気の毒なような気がするんです。しかし、その中で「梅原論」を出された穴沢さんは、私のこの「遺物の考古学と遺跡の考古学」を引用していて、少なくともそれほどひずんだ像は出しておられないような気もします。私としては、あの機会に部分的な引用ではなく、私が書いた全部を出して欲しかったと思っています。梅原先生の『考古学六〇年』（平凡社）などによって思い出話をしましょう。

当時、京都大学の考古学が目指す一つの方向があったと思います。梅原末治先生は今ご存命でありましたら百四歳におなりになる、確か明治二六年のお生まれだったと思います。中学校を出られて後、あまり健康が優れないので進学を断念されました。しかし、大変考古学に熱心な考古ボーイであるということで、京都大学の先生方にかわいがられて、当時京都大学の教授でありました東洋史学者の内藤湖南であるとか、考古学者の浜田青陵などという先生方に誘われ京都大学の助手になられました。助手といっても、官制に則った助手ではなくて、研究室の下働きをするという仕事に就かれたわけであります。しかし、梅原先生は非常に刻苦精鋭されました。周囲の先生方も、梅原先生の才能を見込んで学問を仕込まれました。浜田先生は、例えば、ミハエリスの美術考古学のドイツ語の本を「梅原、これを私と一緒に訳そう。」と言って、二人で講読しながら、その翻訳を二人の名前で出版されました。その頃京都大学におられた、富岡鉄斎の令息の富岡謙蔵先生は、鏡の研究の手伝いをさせ、漢文を教え、富岡家に書生として出入りをさせました。そういう恵まれた環境で、梅原先生は、恐らく正規の嵩等学校や大学の課程よりもっと恵まれた環境で考古学の道に進まれました。

梅原はあまりにも才能のある男だから放っておくのは惜しい。世界の考古学を見せてやろう、ということで京都大学の先生方が、奈良の財閥であった関家などから外国で暮らさせる費用を集め、ヨーロッパに送り出しました。旅行の前には、西洋料理の食べ方から、ヨーロッパ人のマナーから、全部教えました。ロンドンで梅原先生は大使館に挨拶に行き、イギリスの貴族社会に出入りをするから、礼儀作法を勉強するように言われる。そんなことがあったうち、ちょっとしたエピソードになりますが梅原先生が、スコットランドの貴族の考古学者のセイスから招待を受けました。梅原先生はその招待状を持って大使館に行かれる。書記官であった吉田さんは京都の吉田神社の社家の出でありました。「京都から来た梅原か。この招待状は大変なものだ。」「貴族の屋敷に行って逗留するんだから、おまえは持って行くものを全部チェックしろ。」「行くとおまえの鞄は執事が取りあげて、メイドが開いて、それをおまえの部屋のクローゼットに全部納めてくれる。その時に、そのおまえの持物で値踏みされるんだ。人物がね。だからまず靴は一流の靴を買え。それから下着類は全部ボンドストリートで紳士用品の最高級のものを買え」。こう言う教育なんですね。で、その通りにして行きますと果たしてセイスの家で恭しく執事が鞄を取り、メイドが整理してくれました。もちろんセイス先生は偏見のない方でしょうが、粗末なものではメイドさん達が「今度来たお客さんは。」と言って軽蔑するかもしれない。名誉に懸けてというのが日本の大使館の考え方なのでしょう。そういう教育を受けました。苦労しながら考古学を勉強されました。梅原先生のヨーロッパ旅行について、当時の新聞は「梅原はどこにも行かない。オペラも聴かない、芝居も観ない、映画館にも行かない。ただひたすら博物館とホテルの間を往復しているだけだ。」ということを書いております。

梅原先生は自分の目に留まった必要な遺物を観察し、実測図を作り、拓本を打ち、そしてホテルに帰ってきて、夜、資料を広げて感想を書き、また次の日に自分の見た感想と前の日に見た感想を比べて書き残している。一日に二〇だか三〇の記録を作られるわけですね。それを一生続けられました。ですから亡くなった時には倉庫一杯にあたる程の記録類が積まれていました。ただ記録したというわけではなくて、それが頭の中に焼き付いているわけです。そういう先生でした。

そういう風に大変な努力でモノの研究に生涯を捧げられたわけです。もっとも遺跡の方にも行かれたことはあるんです。私が調査に行ったイスラエルにも、はるか昔、一九二七年にテル・ジェメーと言う遺跡でフリンダース・ペトリーの発掘キャンプに泊まって仕事をされたけれども、一週間で音を上げて逃げ出したと書き留めておられます。

梅原先生はどうして遺物にこだわって、そして遺跡についてはあまり関心がなかったか。決して関心がなかったわけではありませんが、それほどご熱心ではありませんでした。といいますと、大変な近眼なんです。ですから、モノを見られるときに、まるで目にモノを押し当てるようにして見てられる。本当に細部までよく見られるわけですが、遺跡となれば遠くの方はポーッとして見えない。それほど強度な近眼でした。トンボのような眼鏡をかけておられる。ですから、細部については非常によく観察されたわけです。

私の「遺物の考古学と遺跡の考古学」にも書きましたけれども、梅原先生が晩年天理大学に来られ、天理大学でお仕事をしておられた時に、奈良県の南のメスリ山古墳の発掘調査が行われました。その古墳からごく小さな滑石のカケラが出土しました。滑石製品のカケラ。私の爪くらいの大きさのカケラをジーッと見ておられて「うん、この割れ目には覚えがある。これは京都の守屋コレクションにある滑石製の椅子の割れ目と同じや。」と言われるんです。それで後に、守屋コレクション（今は京都国立博物館蔵）の滑石製の椅子とそのカケラを合わせますと、ぴしっと接合しました。つまり、守屋コレクションの滑石製の椅子は恐らく近い過去に誰かがメスリ山古墳を盗掘し、その盗掘品が売りに出されて、京都の弁護士として有名な守屋孝蔵のコレクションに入り、そして今は京都国立博物館の収蔵品になっていると言うわけです。本当に小さい断片を見て、それが何であるか、どこで見たモノであるか。何万という資料を見ておられて、覚えてられる。これはもう尋常な人間ではない。梅原先生のような天才にしてはじめてできることであります。こういう梅原先生の観察、それからそれを表現する技術それが梅原先生にとっては考古学であり、学問でありました。

そろそろ学年も終わりに近い、そして卒業を控えた春、受講生は私一人、先生は梅原先生だけ。先生はもう随分お年をとっておられて、「金関君、今日は試験をしよう。」「もうこれで講義は終わりだ。口頭試問をする。」と言われたんです。私はびっくりして、何の用意もしてませんから、かしこまって、「はい。」と答えると、「考古学とは何か。」と聞かれました。これは大変難しい問題です。うっかり返事はできないし、あまり返事を遅らしては成績をもらえそうにないし、どうしたらいいかなと思っていますと、梅原先生はじっと私の方を見て「この質問の難しさがわかるか。」と。「はい、難しいことはわかります。」「そいじゃあ、及第。」と言って優をくれました。ですから、来週の試験で私がそんな問題を出したら「難しい。」と答えれば九〇点か一〇〇点あげます。そういうことなんですね。ただし、その後で梅原先生は洩らすように「考古学の本義はモノの研究だ。」と言われました。梅原先生にとってはモノが中心だったのです。梅原先生がそれほどモノに執着し、モノを分析し、観察する。それは何から来ているかといえばやはり梅原先生は残るモノを求められたのだと思います。残るモノというのは、要するに後世に残せる業績です。後世に残せる自分は何であるか。それはモノの研究と観察である。そして学説ではないということです。考えてみれば、梅原先生の生きてこられた時代には多くの学者がたくさんの学説を出しました。例えば、今から一一〇年前に東京の弥生町の貝塚で土器が見つかった。その土器に弥生式土器という名を与えられる。それがちょうど今から一〇〇年前のことですね。その後、弥生式土器について随分いろんな説が出されました。最初はこの土器はマレー系の人が日本にやってきて作った土器だという説が出たり、いや、これは神話の土蜘蛛の土器だとかですね。そのうちに、これはどうも貝塚土器（縄文土器）とは違うらしいということが分かって、その土器が象徴する時代が弥生時代であり、それが縄文時代と古墳時代の間をつなぐ独立した時代なんだ、ということが認められてきました。その後、それまでにも知られていた銅鐸とか銅で作った剣や矛が、この弥生式時代の遺物であることも分かってきました。それ以前に出されたいろんな仮説、学説が皆消えて行くわけですね。もちろんマレー式土器などという名前はもう皆さんもご存じないでしょうし、それは日本の学史の上に残るだけのことです。たくさんの仮説や学説は皆消えて行きました。何が残るか、資料集が残る。これが梅原先生の頭にあったんじゃないか。ですから梅原先生は自分の資料を蓄積し、それを資料として出版して行かれる。そう言いますと、誰にでも出来るではないか、努力さえすれば出来るではないかとお考えになりますけれども、実は梅原先生と資料の間には我々が察知できないようなある心の交流があったような気さえするんです。

もちろんただ見て正確にそれを表現しようと努力しておられるだけかもしれませんけれども、梅原先生ならでは表現できないような何かがそこに潜んでいる。それがあればこそはじめて梅原先生の個性のある資料集ができるんだ。それが私の評価なんです。一般的に見れば、ただ資料を積み上げただけで、何の主観も入っていないと思われるかもしれませんが、そうではない。

中国の淮河の流域で出土したことから淮式の銅器と言われる遺物があります。中国の北と南をわける淮河という河の流域で出ている銅器を集め、これが一つの地方的なスタイルを持っているんだ、ということを言い出した人がいました。しかし梅原先生はこの類を全部集成され、これは中国の春秋から戦国にかけて作られていた青銅器の時代的な様式であることを考証されました。立派な業績であります。しかし先生のその後の資料集は、だんだんだんだん議論が少なくなってきて、最後の古玉の資料集は写真図版だけです。記述もないというようになってきました。それはひょっとしたら体力の衰えであるかもしれません。有名な演奏家などが若いときには音量の豊かな響きの良い演奏をしていたのに、年をとると音も枯れて小さくなる。しかし、そこには何か独特の味があるような、そういうものさえ感じられます。梅原先生はご自分がそういった実践をされただけではなくて、自分の弟子達にその方法を強制されました。ですから、我々がある銅器なら銅器を見せられる。「おまえ測れ。」測る。「なんとモノの心をつかんでいない図ではないか。」「観察記録を書け。」書く。「お前はここを見落としている。これも見落としている。こういう肝心の所を忘れて記述しては役に立たない。」こういう攻め方をされるんですね。ですから、実測図というのは、それを書いた人の考古学者としての力量を量る一つの成績表のように見ることができる。とにかく図を描く技術を錬磨し、あるいは遺跡に適用すれば地形を測る技術を錬磨した。技術一本の考古学。そして観察し、モノを記録する。これが考古学である。我々が例えばいろんな推測を加えると「なぜそんなことが言える。」「いや、理由はありませんけども。」「理由のないことを言うな。」ということになる。先生の頭には非常にたくさんの資料が入ってますから常に人々の学説に対して「お前はそれだけを取りあげるけれども同類のモノはここにもある、これもある。」と言って沢山並べられて、作られた説を壊してゆかれるわけです。

一つの例を挙げましょう。当時の中国の鏡の文様に植物文があるかないかが大きな議論になりました。例えばエジプトなどでは割合早くからパピルスなどのようなものが文様になっていますが、中国の美術にはどうして登場しないのだろうか、という問題であります。それで、中国の文様を非常に詳しく研究された若手のある先生が、漢の時代に植物文はない、と言う論文を発表されました。梅原先生はすぐその後に「漢代の植物文」と言う論文を書き、一挙にして若い先生の議論を葬ってしまったんですね。梅原先生があげられた漢代の植物文の資料は的確で、重要な資料であります。そういう資料が頭の中に収まっているから、誰かが「中国は動物文の世界である。」ということを言えば、「いや、植物文もある。」という反論で片付ける。我々が出した議論が簡単に否定されると、ホントにやるせないというか、生きてゆく価値がないような気がします。

小林行雄先生

もう一人の傑出した先生は小林行雄先生。こちらも私の講義にしばしばお名前を出しました。小林先生は、梅原先生とはまた考え方の違う先生でした。梅原先生は、どちらかといえば同じスタイルのものを沢山集成し、大きな分類を作る。例えば、淮式に似た銅器を沢山集めてきて、一つの時代設定を行うというような、総合する仕事がお得意でした。小林先生はある日、私に「二つモノがあれば、その二つの間の関係は推理できるはずだ。つまり、分析して分けることができる。」そういう考え方を示されました。小林先生の代表的なお仕事の一つは『弥生式土器集成』だと思います。全国の弥生土器を集めて、同じ方法で実測し、三分の一で測って六分の一の図にする。こういう集成図を作られました。これはイギリスのフリンダース・ペトリーの伝統を引くものです。この図を作る時、小林先生は一つ一つの土器をそれぞれの個性毎に時代順に並べられました。これもやはり非常に細かい観察に基づいています。また型式的な前後関係を見極める鋭い推理力が働いているから可能なのでありました。

小林先生は梅原先生とは違って、遺跡の調査にも熱心であり、遺跡の調査方式を決められたのは、ある意味では小林行雄先生ではないか、と思います。そこにも、決して人の仕事を無批判に信用しない。ご自分でレベルを取り、トランシットを持ち、箱尺を立てて測らなければいけない。この頃多くの調査では測量会社などに下請けに出して、その図で我慢しているようなところがありますが、そういうことは決して許されなかったと思います。つまり遺跡も一つのモノとして扱う。梅原先生にとって遺跡が大事であったのは、自分が研究するモノが出土する場所として大切であった。小林先生にとっては遺跡もやはり考古学の対象として大切である、とも表現できます。小林先生は晩年、遺跡から出土したモノを通じて、日本の歴史の中に一つの杭を打ち込まれました。中国の魏の時代の鏡であろうと考えられていた三角縁神獣鏡の分布を通じて、卑弥呼の時代を描き出そうとされました。その頃すでに、恐らくは小林先生の頭の中にあったヤマトにある邪馬台国から鏡が配布されたという仮説をモノを通じて証明されようとしました。その点で梅原先生の考え方、方法論とは全然違っております。

イスラエル

この学風に鍛えられて、私は一九六五年に初めてイスラエルに派遣されました。オリエント学会の開設一〇周年記念に、その学会に深く関わっておられた先代真柱の中山正善先生が「一つイスラエルへ行って調査してくれ。」とのことでした。一緒に行ったのは東京大学の宗教学科の先生方であります。私は技術員として派遣された訳です。

イスラエル行きにあたり、イスラエルの考古学にはどのような伝統があるのかと調べてみますと、パレスチナ考古学の草分けとも言うべき人物の一人がフリンダース・ペトリーでした。フリンダース・ペトリーは京都大学の考古学を創設した浜田耕作とその弟子の梅原末治の師匠であります。京都大学に移された学風は実はペトリー以来のものであることが分かりました。だからイスラエルへ行きイスラエルの若手の学者と発掘調査することになれば、当然同じ学問の流れの中にある方法論を用いるだろう、と思っておりました。ところが全く違う方法論でした。基本的にどう違うかといえば、遺跡を調査するにあたって、イスラエルの方式は完全な役割分担方式でありました。発掘調査のディレクターは広い遺跡に何百平米かのいくつかのエリアを設定し、これら各エリアに責任者として大学院のドクタークラスの学生を任命します。その下に学生を何人かと作業員が配置される、という構図でまとめられます。これが外業分担です。一方キャンプ内に内業の組織があります。一日の外業の仕事が終わるとその日のうちに掘り出した土器を洗い、乾かして、次の日には共同して分類し、評価を下す。例えば、この遺物には特別なケアーが必要だ、これにはエジプトのヒエログリフが書いてあるので専門家へ送ろう、というように判定して、依頼先からコメントをもらう。その内業を束ねる主任が一人います。その下に洗う人、図を描く人、土器を復元する人がいる。外業には別に写真専門家、測量専門家、実測の専門家がいて、それぞれが必要な時、必要な場所へ行って仕事をする。そういうやり方でした。

梅原先生や小林先生の時代の日本の考古学は、一つの流れだけでやっていた。ディレクターも、エリア・スーパーヴァイザーも、あるいは学生も、外業も内業も分けずにやって行く。第一規模が違うわけですね。平城京に匹敵するようなパレスチナの都市遺跡を発掘する場合、日本考古学がやっていたトレンチを精密に掘る調査とは、縄文土器がどういう層序に積み重なっているか、弥生土器がどのような上下関係にあるかを調べるための遺跡の調査でありました。ところが、イスラエルでは広大な地域を掘り、遺跡から歴史を再構成する。歴史とは、イスラエルの場合、旧約聖書の歴史と対比して、聖書の歴史記述をチェックして行く、という仕事であります。それが考古学の仕事である。この点で私たちが京都大学で勉強した考古学のやり方と全く違うことが分かりました。ここに京都大学方式に対する大きな疑問が私の心の中に芽生えてきました。同時に、同じフリンダース・ペトリーの流れを汲みながら、どうしてパレスチナの場合と日本の場合と、こんなに考古学の方法が違ってしまったのか、ということも理解できました。日本の風土、社会的な事情も影響があったでしょう。社会的な事情とは理解し難いかもしれませんが、イスラエルの社会はある意味でイギリスの社会と非常に似たところがあって、どちらかというと階層が学歴に反映し、学歴で決まってくる社会です。発掘調査主任、内業主任、あるいは将来のディレクターになるエリア・スーパーヴァイザーは皆大学の卒業生で、考古学を専攻した者です。測量とか写真は技術者ですから、必ずしも大学を出ている必要がない。というわけでちょっとランクを下に見るのですね。この社会階層による仕事の分担の仕方は現代のイギリスにも残っています。日本の場合は、それが明治時代には多少はありましたが、大正・昭和に向かって崩れてしまいました。特に考古学の世界ではそうです。実力のある人が、より良い論文を書いた人が、認められた時代が永く続きました。しかし、もう一つの梅原末治という個人の力も大きく働いていたのではないでしょうか。それが日本の考古学を左右してきたのではないかと思います。

池上・曽根遺跡

私がイスラエルに行った一九六五年、帰って来て直ちに直面したのが池上・曽根遺跡の発掘調査であります。当時あの遺跡に一億円以上の予算がつきました。今でも一億円規模の発掘調査費はそれほど多くないでしょう。ここにいる京都府の技師の小池さんなんかは、恐らく一ヶ月に数億円使っておられるかもしれませんが。そして経理だって一人で算盤はじいて、全部済まされるかもしれません。しかし、一九六〇年代の一億円の調査、これは大変なものです。経理規模も今までとは違う想像を絶した経理、それから日数も限られる。これは万国博覧会が大阪で開かれるにあたって、大阪と和歌山をつなぐ国道がほとんど麻痺状態、そこで新しい国道を造らなければならない。国道二六号線であります。その国道の予定敷地内に遺跡がある。それを決められた期間に完全に発掘しなければならない。こういう大きな問題であります。

池上・曽根遺跡一つではなく、実は東日本からずっと西日本にかけて東名・名神高速道路の工事、あるいは新幹線工事など、大きな国家規模のプロジェクトがあるたびに大遺跡の大調査が行われる。今までトレンチで土器の上下関係を調べることを主にやっていた我々が対応できなくなりました。はじめは大学が対応しようということになりましたが、一週間もたつと大学の研究室は土器の山になってしまって、研究もなにもできない学生さんも朝から晩まで土器洗いばかりしている。こんなことでは勉強もできない。大学はすぐに手を上げてしまいました。そこで行政が責任をとることになりました。幸いにもそして不幸なことにも、日本では行政発掘が行われました。最初の大規模調査が大阪府では池上・曽根遺跡の発掘調査だったのです。

その時どういう方法で掘ろうか、委員会の議論で私はイスラエル方式を提案しました。疑心暗鬼のうちにこういう方式が定着しましたが、しかし、この方式もイスラエルがやっている方式のままではありません。日本的に改善され歪曲され現在の大発掘調査方式に変わって行きました。梅原先生の考古学の限界というか、個人プレイから、考古学者としての梅原先生の個人プレイから、何か社会が必要とする考古学、そういうものに転換したのが一九六〇年代。これは恐らく日本の経済的な変化と重なった時代ではなかったか、と思います。

さて、そういう時代に遭遇して、私は梅原先生の教えを受け、梅原考古学の素晴らしさ、あるいは個人プレイの追随しがたさ、そういうものはよく分かりましたけども、もう一度考古学とは何かということを考え直さなければいけないと思いました。考古ボーイの人達も、典型的な例で言えば我々の仲間の一人の佐原真さんなんかは本当に考古ボーイですね。学童疎開の時に絵本の代わりに東亜考古学会の報告書を抱えていって、赤峰紅山後や牧羊城の土器のタイプを頭の中に入れてしまった。そんな人が考古学者として育ってきて、なんの疑いもなかったのだけど、やはり彼も考古学とは何だということで悩み出す。こういう時代なのですね。で、一体考古学って何でしょうか、ということを今日は時間のある限り考えてみたいと思います。

考古学と古物学

日本で「考古学」と言う語が今のような意味で最初に使われたのは、これは講義でも申しましたけれども、一八七七年（明治一〇年）のことであります。この年、アメリカ合衆国からやって来たエドワード・モースが東京の大森貝塚の発掘調査で大きな成果をあげました。日本で初めての考古学的な調査の結果、縄文土器、人骨その他の遺物など、沢山の遺物が出土したので、明治天皇に見ていただこう、ということが決まりました。その上申書を書いたのは神田孝平という当時の文部省の、今で言えば学術局長か何かにあたる地位の方でした。彼は上申書を書いて当時の宮内大臣、内大臣の三条実美に出しましたが、その上申書に添えて、自分の上役であった文部事務次官の田中不二麻呂の『大森村古物発見の概記』という解説書も一緒に出したのであります。これが一二月一四日のことでありました。翌々日の一六日には、東京で出されておりました『朝野新聞』に報道されました。この問題はこの田中不二麻呂の書いた『概記』であります。そこに「考古学は久しく世に知られていなかった。この程ようやく古物学の学問分野が欧米各国で成立してから、古代の状況を伝える資料が広く採集され、博物館に収蔵され、あるいはそのために特に陳列室を設けるなど、競って設備が整えられるようになった。」ということが書かれています。考古学と古物学、この二つが並んで出てきていることが注目されるわけです。この『概記』を書いたのは名前は田中不二麻呂ですけれども、お役所の文書というのは下役が起草して、上の人がハンコだけついて自分の名前で出すということがよくあるのでひょっとしたら神田局長が書いたのかもしれません。どちらが作ったのかということを考える必要があります。また、どうして彼がこれらの名を選んだのか、これも考える必要があると思います。

込み入った議論になりますが、まず田中不二麻呂とはどのような人なのか、調べてみましょう。幸い天理大学には伊藤和雄さんと言う教育史の大先生がおられます。教えていただいて調べてみると、田中不二麻呂は一八四五年（弘化二年）に、尾張藩の藩士の家に生まれまして、幕末には藩校の明倫校の監生や助教になって若い藩士に漢文を教えたこともある秀才でした。その才を見いだされ、一八七一年、岩倉遣外使節の理事官として欧米を巡り、欧米の教育事情を視察しました。田中は日本の教育行政の遅れを痛感したのでしょう。帰って事務次官になり、日本の教育制度を今ある形に仕上げることに尽くしました。初期の官僚には立派な方が沢山あり、その一人だと思います。彼は、一八七六年（明治九年）アメリカの建国百年祭にも行きまして、やはりアメリカに一年半あまり滞在して教育事情を詳しく勉強しています。恐らくその発案でしょうけれども、まず一般のレベルを上げるために百科全書を日本でも作れということになり、考古の分野では『古物学』という本が作られました。これは最近やっと、イギリスのチェンバースという人の作った家庭百科事典のような本の「考古学」のところを抜き出して訳したものだ、ということが明らかになりました。柴田承桂という化学者がこの翻訳を『古物学』として出版したわけです。古物学だけでなくて、その他のものも翻訳し、文部省が一般に配布した。こういうこともあったのですね。田中は恐らく考古学・古物学に興味もあり、それから日本の博物館をヨーロッパなみに良くしなければと画策したことも確かです。この二つの名前を見ると、古物学は盛んだけれども考古学は旗色が悪いように受けとれます。明らかに二つを使い分けている。その中身はどうなのでしょう。まず、考古学という名前を何から取ったかということも考えなければならないし、二つの実態も考えてみなければいけないと思います。それからもう一つは、先ほど申しましたように、局長の神田孝平が上申書と共に大森貝塚の概記も書いたとすれば、なぜ彼はこの二つを選んだのかということも考えてみましょう。

神田孝平は一八三〇年（天保元年）会津藩士の家に生まれました。だから田中よりも一五歳ほど年上です。会津は賊軍ですから出世が遅れたのかも知れません。大変不思議な人で、数学が大好きで、独学で洋式の数学を学びました。幕府の開成校の数学の教授になり、その後文部省に引き上げられて局長まで行く。彼は数学が好きであるとともに、いわゆる好古趣味がありました。同じ趣味の人が会合をもちました。彼は集めた資料を図録として出しますが、その資料は毎日新聞社の本山コレクションとなり、関西大学の現在のコレクションとして残っています。非常に良いコレクションです。これらの二つの名を見れば、考古学の方は格調の高い学問的な名前であるけれども、古物学の方は通俗語的ですから、好古趣味の方から出ている名前であると思います。そうすると神田孝平がこの二つを考えた可能性もあります。佐原真さんの教示によって、イギリスにその頃ネイチャーという雑誌があり、その中で日本は考古学の活動が盛んである、二〇〇人ばかりの会員が毎月江戸に集まって集めたモノの研究会をしている、これは世界的に珍しい現象である、という紹介が載っていることを知りました。その会の名前は「古物会」です。神田孝平もその古物会の会員の一人だったと思います。神田は同時に新しい考古学の代表でもある東京人類学会の初回の会員でもありましたけれども、古物会の会員として江戸時代以来の伝統的な趣味の活動もしていました。古物会の学問だから古物学という名前ができたという可能性も考えられます。その頃の趣味の会の活動に関して言えば、「観古会」、「尚古会」、「好古会」などがあり、それからモースのことを観古学者といったように、色々な名前の会がありました。ですから、我々のやっている学問に考古学という名前が選ばれなかったら、我々は探古学者であるかもしれません。「天理大学観古学教室」、そういう名前で呼ばれる可能性だってあります。観古学なんていいですね。遠くの方でモノを眺めれば済みそうで。その中で古物学と考古学が学問の名として選ばれました。どうも古物学の方はモノを研究する実践活動の学として行われたらしい。じゃあ考古の方は何でしょうか。

もちろん神田孝平も漢学の素養があったでしょうが、考古学の名は田中不二麻呂が命名者ではないかと思います。田中の漢学の素養があって初めて考古と言う名前が出てくるような気がします。もちろん江戸時代にも考古学的な名前がなかったわけではありません。けれどもそれほど有名ではない。考古学の名と言えば中国を考えた方がよい。中国で私たちが今やっているような学問的実践活動を「考古」の名前で呼んだのは、北宋の呂大臨が『考古図』という書物を作ったことに始まるようです。呂大臨は一〇二七年から一〇九八年まで存命した長命な学者であります。この『考古図』は有名なそして模範的な青銅器の図録であります。東京大学におられた関野雄先生は「田中不二麻呂が『考古図』からヒントを得て考古学の名前を決めたのであろう。」としておられます。さらに指摘されていることは、このような活動、つまり遺跡を掘り、遺物を見つけて、それを学問の対象にして歴史を考えるような近代の学問が日本で考古学と呼ばれ、中国にはこれが逆輸入されたと述べておられます。中国になかったそういう活動に対して、有名な李済が山西省西陰村の発掘調査の報告の中で自らの活動を考古学として使ったのが中国でも最初であり、日本からの逆輸入だったということです。さらに関野先生は「発掘」について、それは中国ではあまり芳しからぬ語である、つまり墓をあばくという良くない行為のことだった。これも日本から考古学の発掘調査という学術用語として中国に逆輸入されたということも検証されました。

しかし、もう少し考古学について考えてみますと、北宋にたった一つ、灯台の明かりのように考古と言う語が『考古図』で出ただけで消えてしまったのは不思議です。むしろ宋の終わりから明、清にかけては、例えば程大昌、葉大慶、趙謙、紫紹柄などの中国の学者たちは、考古の名前で他のことを意味しておりました。『考古編』あるいは『考古質疑』などの書物がありますがその内容は今の古代史と同じように、史料から古い時代を考える学問です。それが南宋、明、清の考古学でした。私はむしろこの方が正解ではないか。つまり田中不二麻呂は考古学という言葉で、実はこういう史料から解き明かす古代史を意味させようとした。ただし、史料だけではなくて古物も資料も全部ひっくるめて考えるのが考古学である、そういう言い方をしようとしていたのではないかと思います。どうしてそう思ったかといえば、我々は日本の考古学や古物学が基づくヨーロッパの語源に辿らなければならない。神田や田中の頭の中にあった考古学や古物学は、実は彼らの独特の活動ではなくて、百科全書が示すようなヨーロッパの学問の表現として漢字を使ったに違いないからです。

ヨーロッパの学問で考古学は archaeology という言葉が念頭にのぼるのですが、その訳語として考古学ができたのではないか、ということになります。では archaeology の語がいつどこで作られたのか、ということになります。辿ると複雑な歴史になりますが、私たちが教えられ知っているのは、これはギリシア語で、元々の意味は「昔話」と言う程の意味であります。フランスのジョルジュ・ドーという考古学者がいましたが、このドーは、archaeology からアルケオローグ、つまり考古学者という言葉が出てきた。アルケオローグとは、紀元前後頃の地中海世界では喜劇役者です。今我々が電車に乗って知らない人から「あなたは何をやってますか。」「考古学やっています。」「えー、何ですか。」「考古学者です。」と言うと、みんな変な顔をして話してくれないか、おかしそうな顔で見られるに違いないと思うんですね。考古学者とはこの世の中から分離した滑稽な存在、という意味があるじゃないですか。しかし、地中海世界のアルケオローグというのはただ喜劇役者というのではなくて、昔話を面白おかしく演技してしゃべる、そう言う俳優だったのです。その後、今度はラテン語の世界の中で antiquitus という語が使われました。一七世紀の頃、フランスのジャック・スポンと言う人は、考古学という言葉を古い文献から拾い出して、自分の旅行記に名づけました。それでまた、フランス・イギリス・ドイツの世界にこの語が復活したようです。antiquitus という語からは英語の antiquity が作られた。両方とも同じように古代について研究する意味になったのです。一九世紀までの例は沢山ありますが、時間の都合で省きます。archaeology の方はどちらかと言う資料集と言う意味でした。しかし一九世紀になると少し変わって、モノの研究の意味にもなります。これを証拠立てるのが、アレキサンダー・ゴードンという人の『北方巡視の旅』Itinerari UID Septentrionale（一七二六年）という本です。スコットランド調査旅行の記録であります。原本はとても読めないので、グリン・ダニエルの紹介で知りました。その中でantiquityとarchaeology二つを使い分けています。どういうふうに使い分けているかというと、「理性と知識を持っていることが、人類を他の無知な動物から区分する特性だという見地に立つならば、最も進歩した学問のいくつかは、まさに最大の注目を受けるに価する。そうした学問の一つとしてantiquityは重要な分野を占め、なかでも今日まで遺されている遺物や、特に碑文を研究するarchaeology（原文はarchiology）は重要視さるべきである。」と書かれています。ですからantiquityはarchaeologyの上位概念である。つまり古代全般を調べる古代学がantiquity、遺物を調べるのがarchaeologyです。こういう使い分けはイギリスにもあったわけです。

田中不二麻呂が欧米を視察したとき、どんな百科全書が日本に必要か、どのような学問分野が欧米の諸国で盛んかということを恐らくリストアップしながら調べていったでしょう。それでヨーロッパにはantiquityという学問とarchaeologyという学問のあることも知りました。それを日本語に表わしたい。archaeologyの方は古物を調べる学問だから神田などがやっている古物学である、antiquityの方はなんと呼んでいいか知らないけれど、恐らく漢籍の目録で見ると宋から清に至る間、古代のモノと史料を総合して研究する学問、それは考古の学と呼ばれていたから、考古学という名前で呼んでいいのではないか。このように彼は考えたと思います。単に北宋の呂大臨の『考古図』から直結したのではなくて、彼の頭の中にはそういう曲折を経てこの語が出てきた、と思うのであります。実はantiquityという語を英語の辞書で引くと、古代学という訳語は出てきません。気になって、ＯＥＤ（Oxford English Dictionary）一六冊本を引きましたけれど出ていない。しかし、アレクサンダー・ゴードンがちゃんと書いているんですから、ＯＥＤの誤りだと思います。考古学の語を元の意味まで遡れば、梅原先生の実践してこられたようなただ遺物に密着し分析するような、それだけの学問ではなくて、もう少し広い、文献資料あるいは民俗資料をも含めたものであったと考えられます。大遺跡の調査も一極ではなく広い視野をもった調査でなければならない、と思うわけであります。

二一世紀の考古学

これからの考古学、二一世紀の考古学はどのような方向に進むのでしょうか。分析し資料を積むだけの学問ではなくて、むしろ我々考古学者がその中に自分を投入する世界がなければいけない。つまり自分自身が歴史の中に入っていってこそ、自分をその中に入れてこそ、新しい仕事がこれから展開する、と私は思います。客観的なモノと心を分けた分析、そういうものではなく、モノも心もひっくるめた一つの世界で新しい模索をする、何かを創造する。それがこれからの考古学ではないかと思います。それには仮説を作ってゆくことが必要であります。仮説はあくまで仮説です。新しいものが出れば仮に設けたものは常に崩れて行かなければならない。もし、これが恐ろしくて自分の作った説は永久に残らなければいけないという主張があるとすれば、その人は古い学問の中に閉じこもっていればいいのです。我々がもし新しい学問の水平を開くとすれば、仮説をたて、仮説を検証し、そしてそれが崩れれば、それでもいいのではないか。パラダイムを作って、パラダイムをどんどん組みかえてゆく。個人の名前を残そう、大学者であろう、そういう考え方は固陋である、と考えています。

アメリカでも一九五〇年代までは考古学はまさに分析の学問でありました。そして考古学者は発掘し、記録し、報告書を出せばそれでいいんだ、という風潮が普通でした。ところが、五〇年代以降、考古学を技術に過ぎないという決め付け方がしきりに行われることに反動して、ビンフォードなどは、考古学者の掘った資料を人類学者や歴史家が正しく理解して使えるのか、と発言しました。誰が一番資料を良く知って、誰が報告書をきちんと読めるか。日本史の先生、民俗学の先生で偉い方もおられますが、モノを扱う専門家は誰かというと、やはり考古学者でではないかと思っております。

す。考古学者がモノだけを扱い報告書を出して、それで済ましているということは怠慢ではないか、こういう決め付け方をいたしました。その後アメリカでは、ビンフォードの主唱によりニューアーケオロジーが誕生したことはよく知られています。日本にもそういう影響が入ってはきております。しかし、まだ古い考古学も残っている段階ではないかと思っております。

むすび

最後に、自分が今までやってきた誤りを懺悔し、お詫びしてこの講義を終わりたいと思っています。しかし、詳しいことを申し上げる時間がありません。

今までの、間違いばかりしている卑小な自分の足跡の中で、恥ずかしく思っていることの一つは、不注意による誤りであります。私が非常に若い頃、一九六〇年に書いた発掘報告の紹介です。中国の安志敏先生によって報告された、中国唐山の買各荘の報告書であります。『考古学報』に出ました。当時私たちは中国の考古学情報に飢えておりましたので、飛びついてこれを『史林』に紹介しました。その時に、あろうことか買各荘という遺跡名の「各」に木偏を入れてしまいました。恐らく頭の中に「価格」という単語があって価の人偏は消したけれど木編が残ってしまったんですね、心の中に。『史林』の表紙にキズをつけ、大変申し分けない。これは本当に不注意による誤りです。その頃、もう考古学はやめようかと思うくらい悩みました。

もう一つは学力不相応なことを試みた誤りです。当時、角田先生がやっておられた『古代学』という雑誌がありました。この『古代学』に角田先生がオランダのフォン・デル・オステンという学者が書いた龍山期の黒陶と西アジアの黒焼きの土器との比較の研究を示した論文を掲載しようとされた。「君、ドイツ語できるか。」「多少勉強いたしました。」「じゃあ、これを来週までに訳して出してくれ。」「そんな一週間では難しい。」「じゃあ二週間あげるから出しなさい。」辞書を手に一所懸命翻訳し、分からないところを先輩に教えてもらって、やっと作り上げて出しましたけれど、今、見るのもいやな文章です。直訳体の、本当にひどい、こなれていない誤訳もいっぱいあるでしょう。つくづくこんな仕事を安易に引き受けて、そしてひどい記録を残すというのは良くないことだ、と後悔しております。

第三の間違い。これは自分の心遣いが足らないために人を傷つけたことです。沢山あると思うのですけれども、その一つは、私が大学院生のころ京都大学で『史林』という雑誌の編集を手伝っていて、毎年、その年に出た報告書や論文の書評をすることになっていました。小林先生を中心に大学院生が書評をするわけです。それを『史林』のその年度の最後の号に出す。そこで私は山口県の島田川、静岡県の伊場遺跡の発掘調査の報告書の書評をしました。これは非常に辛辣な書評をしてしまいました。書いていることはそんなに間違いないと思うんですけれど、発掘して報告書を作るというのはどんなにつらい仕事であるか、どれほど急いでお書きになったか、そういう勘酌も配慮もなしに「これをこう言うのは間違い」とか「これは不適切」とかの決め付けをして、おやりになった方の心を傷付け、名誉をも失墜させたのではないか。心に残る失敗であります。

四番目の失敗の例は、固定観念による失敗です。

一つは山口県の土井ヶ浜遺跡の発掘調査の後の分析であります。土井ヶ浜遺跡は、皆さんもご存じかもしれませんが、日本の弥生時代に相当数の人が朝鮮半島から渡来してきた、そして新しい時代を開いたのではないかという仮説を証明した非常にユニークな遺跡でした。その遺跡の発掘調査の後、当時の社会を復原するために私はずいぶん慎阻なつもりで沢山の仮説を引っ張り出しました。特に、土井ヶ浜の遺跡を営んだ集団の人口がどれぐらいであったか、男女の比率がおなじくらいの集団であるとすれば、あるいは通常のように女性が少し多い集団であるとすれば、当時の死亡率が五〇より高いか低いか、もし高いとすれば、あるいは低いとすれば、といったたくさんの仮説を設けて、これだけ慎重に考えたからこの土井ヶ浜の母集団の人口はまず絶対間違いないだろう、と思ったんですね。ところが、墓がすべて前期末のものだけ作ったという固定観念があったのです。その後もっと優れた発掘技術で山口県の乗安和二三氏などが中心になってお掘りになりますと、実は我々が見落としていた発掘人骨の中に、時代の降る中期のものが入っていることが分かりました。

皆さんも修練されたかもしれませんが、砂丘を掘って墓穴を作って遺骸を入れて砂で覆う、それが遺跡として残る。それをもう一度掘る。そのばあいにどこから昔の墓穴が掘られていたのか、その分かれ目を出すのはとっても難しい。ちょっと一掻きしてしまうと上の穴の口が消えてしまう。ですからそういうことがうまくできていなかった技術の時代に掘った資料は、せっかく後でいろんな仮説を積み重ねても、基づくところが弱い、というか間違いである。ということで、この土井ヶ浜の人口推定あるいは社会復原などについて私がやった仕事も固定観念のなせるワザでありました。

たくさんあるうちの例をもうひとつだけあげておきます。本当はもっとあるんですけども。山口県の鋳銭司の調査をいたしました。これは古代の貨幣を造る役所、古代の造幣局です。この調査を頼まれたのは、ここに工場が進出してくるので、遺跡として認定しなければ遺跡は消滅してしまう、ということで駆けつけて掘りました。その時私の頭にあったのは、古代の官庁というものはほとんどが一町四方で、方形プランの施設だということでした。それで、非常に乏しい発掘成果から古代の鋳銭司はほぼこの範囲であろうという一町四方を推定し、国の史跡にして保存いたしました。しかしその後、国の中心施設などいろいろな古代官司の遺構の調査を通じて、どうも一町四方にきちっと限定されるわけではない、ということが分かってまいりました。むしろ今ではそれよりは小さなものが多いというのが常識になりました。私の提起した考え方は、一つは遺跡を守らなければならないという強迫観念、それからもう一つは、古代官司は必ず一町四方、半町四方というような方形区画でまとめられているという固定観念。その二つから間違いを犯したということになります。もっと沢山の誤りの中からほんの一例をあげました。

ということで、これから仕事をする際に、まず不注意は避ける。これは避けられるでしょう。よくよく吟味すればいい訳ですから。不相応な仕事に早く飛びつかない。学問をあたためるということであります。それから人のことをあげつらう場合には十分に配慮して心を十分に使う。最後は、固定観念によって仕事を進めない。こういうことが私の苦い経験を通じて誡めとするわけです。

ちょっと時間を超過いたしましたが、これで講義を終わりたいと思います。どうもありがとうございました。

一九九七年一月九日、第三時限目「考古学概論」

於天理大学二号棟22B教室

（この講義録は、中井精一が録音したテープから、前半を腰原綾が、後半を山本忠尚が書き起こし、全体を通して山本が統一を図った。）

講義を終えて

略年譜・著作目録

略年譜

［略歴］
一九二七年一一月一九日　京都市に生まれる
一九四九年三月　松江高等学校理科卒業
一九四九年四月　京都大学文学部入学
一九五三年三月　同右　史学科考古学専攻　卒業
一九五三年四月　京都大学大学院入学（考古学専攻）
一九五三年四月　奈良国立文化財研究所臨時筆生
一九五九年三月　同右　退職
一九五九年三月　京都大学大学院退学
一九五九年四月　天理大学講師
一九六六年四月　同右　助教授
一九七二年四月　同右　教授（一九九六年三月退任）
一九九六年四月〜　天理大学名誉教授

［大学内］
一九七四年八月〜一九七五年五月　インディアナ大学交換教授
一九七七年四月〜一九七九年三月　天理大学教務部長
一九八一年四月〜一九八三年三月　天理大学学芸部長
一九八七年四月〜一九八九年三月　天理大学教養部長

［大学外組織長等］
一九九一年二月〜二〇一三年三月　大阪府立弥生文化博物館館長
一九九九年八月〜二〇〇三年三月　ユネスコ・アジア文化センター文化遺産保護協力事務所長
二〇〇〇年一〇月〜二〇一一年一〇月　財団法人辰馬考古資料館館長
二〇一三年四月〜　大阪府弥生文化博物館名誉館長

［委員等（期間は省略）］
大阪府文化財保護審議委員
奈良県文化財保護審議委員
奈良国立博物館評議員会評議員
天理市文化財保存審議委員
高麗美術館理事
世界考古学会議（ＷＡＣ）中間会議大阪大会実行委員長

［受賞等］
二〇〇三年一一月　大阪文化賞受賞
二〇〇三年一一月　平成一五年度　地域文化功労者　文部科学大臣表彰
二〇一三年一月　世界考古学会議第七回ヨルダン大会会長賞
二〇一四年一一月　イスラエル考古局功労者表彰

金関 恕・著作目録

一九五三年

「滋賀県野洲郡祇王村宮山古墳発掘調査概報」（共著）『史林』第36巻第2号

一九五四年

「肥前永田遺蹟弥生式甕棺伴出の鏡と刀」（共著）『史林』第37巻第2号

一九五五年

「唐山市賈各荘の戦国墓」『史林』第38巻第2号

「摂津豊川村南塚古墳調査概報」（共著）『史林』第38巻第5号

「弥生文化」（共著）『日本考古学講座』第2巻 河出書房

一九五六年

「中国とオリエントの黝黒色土器の関係について」（翻訳／ハンス・ヘンニング・フォン・デル・オステン著）『古代学』第5巻第1号

「山口県豊浦郡土井ケ浜遺跡の調査（一九五六年度）」『日本考古学協会第18回総会』於：同志社大学

一九五七年

「福岡県浮羽郡法華原遺跡」『日本考古学年報』5（昭和27年度）日本考古学協会

『梶栗浜遺跡第二次調査概要（山口県下関市安岡町）』（共著）

「下関市安岡町梶栗浜遺跡」『日本考古学協会第19回総会』於：東京大学

一九五八年

「流通経済の発達 貨幣、度量衡」『世界考古学体系』第6巻 東アジア 平凡社

『下関市若宮古墳第一次調査概要』（共著）

「昭和32年度川原寺第一次調査概報」（共同発表）『日本考古学協会第21回総会』於：東京国立博物館

「大宅廃寺調査概報」（共同発表）『日本考古学協会第22回総会』於：七尾市文化センター

一九五九年

「かじくりはまーいせき」「どいがはまーいせき」「ひろたーいせき」「みつーながたーいせき」『図解考古学辞典』東京創元社

「山口県豊浦郡土井ケ浜遺跡（第三次）」（共著）『日本考古学年報』8 日本考古学協会

一九六〇年

「農耕神話と農耕儀礼」「葬制と祭儀」『図説世界文化史大系』

第20巻 日本Ⅰ 角川書店
「弥生時代の工芸」『世界美術全集』第1巻 日本（1）先史 角川書店

一九六一年

「松林寺礴塔発見の遺宝」『朝鮮学報』第18輯
「新開古墳」（共著）『滋賀県史跡調査報告』第12冊 滋賀県教育委員会
「佐賀県三津永田遺跡」（共著）「佐賀県切通遺跡」（共著）「山口県土井ケ浜遺跡」（共著）『日本農耕文化の生成』東京堂
「藤田亮作先生著作目録」（共著）『朝鮮学報』第20輯
「梶栗浜遺跡」（共著）「若宮古墳」『山口県文化財概要』第4集 山口県教育委員会

一九六二年

「大和東大寺山古墳出土銅製鐶頭二種」『考古学雑誌』第47巻第4号
「大和東大寺山古墳の調査」『大和文化研究』第7巻第11号

一九六三年

「山口県豊浦郡土井ケ浜遺跡」「佐賀県神碕郡三津永田遺跡」「滋賀県野洲郡宮山古墳」『日本考古学年報』6（昭和28年度）日本考古学協会

一九六四年

「山口県下関市若宮古墳」『日本考古学年報』12（昭和34年度）日本考古学協会
「弥生式土器―山陰Ⅰ―」『弥生式土器集成』本篇1 東京堂

一九六五年

「梶栗浜遺跡」「吉母浜遺跡」「若宮古墳」「武久浜遺跡」『下関市史』原始―中世篇 下関市教育委員会

一九六六年

「奈良県天理市東大寺山古墳」『日本考古学年報』14（昭和36年度）日本考古学協会

一九六七年

「山口県下関市吉母浜遺跡」『日本考古学年報』15（昭和37年度）日本考古学協会
『天理参考館図録 中国編』朝日新聞社（共著）
『下関市綾羅木郷台地遺跡発掘調査概報（一九六七年七月二〇日～八月一〇日）』下関市教育委員会

一九六八年

「金関丈夫博士著作目録抄」「金関丈夫博士年譜」『日本民族と南方文化』金関丈夫博士古稀記念論文集、平凡社
「天理参考館蔵の銅鍑と銅甑」『朝鮮学報』第49輯 中山正善先

生記念号

「一九六八年度下関市郷台地遺跡第1～4次調査」（共同発表）『日本考古学協会68年度大会』於：松本市厚生文化会館

一九六九年

「弥生の社会」『大地と呪術』日本文化の歴史1 学習研究社

「下関市郷台地遺跡の破壊と緊急指定をめぐって」（共著）『考古学研究』第16巻第1号

「埋蔵文化財の保存」『古墳』第1号 天理大学歴史研究同好会

一九七〇年

『池上・四ッ池』第二阪和国道内遺跡調査会（共著）

一九七一年

「神を招く鳥―池上遺跡の発掘を終って―」『朝日新聞』7月14日夕刊

「稗田地蔵堂発見の蓋弓帽」『下関文化』第1号 下関市文化協会

「下関市綾羅木郷台地遺跡」（共著）『埋蔵文化財白書―埋蔵文化財破壊の現状とその対策―』日本考古学協会

一九七二年

『下関市岩屋古墳発掘調査報告』山口県教育委員会（共著）

「東大寺山古墳」『世界大百科事典』22 平凡社

一九七三年

『史跡周防国衙跡発掘調査概要報告書』周防国衙跡調査会（共著）

「パレスチナの青銅器時代」『天理大学広報』第25号

一九七四年

「周防鋳銭司遺跡の発掘調査」『月刊文化財』第116号

「イスラエル通信」『えとのす』第1号 新日本教育図書

The Tel Zerol Excavation, The Society for Near Eastern Studies in Japan

一九七五年

『稲作のはじまり』古代史発掘 第4巻、講談社（共著）

「卑弥呼と東大寺山古墳」『古代史発掘』第6巻 古墳と古代国家の成立ち 講談社

「生活圏と交通」『日本生活文化史』第1巻 日本的生活の母胎 河出書房新社

「タンポポとサーベル―インディアナ大学から帰って―」『天理大学広報』第36号

『大和東大寺山古墳』天理ギャラリー第43回展図録 天理ギャラリー

一九七六年

「弥生時代の宗教」『宗教研究』第49巻第3号

「考古学からみた日本人の起源」（対談）『歴史公論』第2巻第

12号　雄山閣

一九七七年

『秋根遺跡』下関市教育委員会（共著）

「弥生時代の精神生活」『講演会資料―弥生時代の東大阪―』於：東大阪市立中央公民館視聴覚室　東大阪市遺跡保護調査会

一九七八年

『周防鋳銭司遺跡』山口市教育委員会（共著）

「鈴木治先生追想」『ビブリア』第68号　天理大学附属天理図書館

「造形活動の展開1はじめに」「造形活動の展開2旧石器時代の東西」「造形活動の展開3　縄文時代の発展と停滞」「造形活動の停滞4　弥生時代の木工と祭儀」「図版目録・解説」（共著）「英文解説」（共著）『武器　装身具』日本原始美術大系第5巻　講談社

'The Yayoi Period'（共著）*Asian Perspectives*, xix (i), 1976, The University Press

『天理市布留遺跡杣之内町木堂方字山本発掘調査概要（遺構篇）』（共著）『研究討議資料』9　天理大学博物館学研究室

「東アジアの青銅器文化」『アジアレビュー』第36号　朝日新聞社

「考古学方法論の比較」『布留』第6号　天理大学歴史研究会

一九七九年

「アイ」「アヴェダット」「アシュドッド」「アジュール」「アスケロン」「アッチャナ，テル」「アフェク」「エンゲディ」「カエサレア」（共著）「ガッスル文化」「カペルナウム」「ゲゼル」「サマリア」「シェイフ・エル・アレイニ」「ジェメー」「シドン」「シナゴーグ」「シャール・ハゴラン」「ゼロール，テル」「ティルス」「ハツォール」「バーブ・エッ・ドラ」「ハマトゥ」「ビブロス」「ヒルベト・クムラン」「ヒルベト・ケラク土器」「ファラー，テル」「ベイト・ミルシム」「ヘシ」「ベト・シェアリム」「ベト・シャン」「ベールシェバ，テル」「マサダ」「メギッド」「ラキッシュ」「ワディ・エル・ティムナ」『世界考古学事典』上　平凡社

「精神生活」『日本考古学を学ぶ』2　―原始・古代の生産と生活―　有斐閣

一九八〇年

「北浦における弥生前期の社会」『日本民族文化とその周辺』考古編　国分直一博士古稀記念論集　新日本教育図書

一九八一年

「長門国府」（共著）『長門国府周辺遺跡発掘調査報告書』Ⅳ　下関市教育委員会

『綾羅木郷台地遺跡発掘調査報告』第Ⅰ集　下関市教育委員会（共著）

「考古学と関連諸科学による台湾文化の解明」『台湾考古民俗誌』内容見本リーフレット 慶友社

「神を招く鳥」『考古学論考』小林行雄博士古稀記念論文集 平凡社

一九八二年

「考古学入門講座①」『えとのす』第18号 新日本教育図書

「弥生文化にみる日本人の精神生活の源流」（座談会）『歴史公論』第8巻第9号 雄山閣

「祖霊信仰から首長霊信仰へ」『歴史公論』第8巻第9号 雄山閣

「考古学入門講座②」『えとのす』第19号 新日本教育図書

「今、明かされる悲劇の舞台」『天理時報』12月12日

「農耕文化の渡来」『日・韓古代文化の流れ』帝塚山考古学研究所設立記念シンポジウム 帝塚山考古学研究所

「土井ケ浜の秋」『大望』第14巻第5号 天理教青年会本部

「貝文化の伝統」『大望』第14巻第9号 天理教青年会本部

「種子島広田遺跡の貝札とその問題―「広田遺跡」に関する主要文献―」『日本考古学協会82年度大会』於：同志社大学

「I urning-over Method」『布留』第9号 天理大学歴史研究会

一九八三年

「長生と蘇塗」『大望』第15巻第1号 天理教青年会本部

『弥生時代における南島産貝製品の考古学的研究』昭和56・57年度科学研究費補助金（一般研究C）研究成果報告書（研究代表者）

「前方後円墳の起源」『展望 アジアの考古学』樋口隆康教授退官記念論集 新潮社

「考古学入門講座③」『えとのす』第20号 新日本教育図書

「弥生時代の呪術と呪具」『考古学研究』第30巻第1号

'Protohistoric Archaeology' *Kodansha Encyclopedia of Japan* Vol.1, Kodansha

一九八四年

「邪馬台国の背景」（座談会）『季刊考古学』第6号 雄山閣

「弥生時代の祭祀と稲作」『考古学ジャーナル』第228号 ニュー・サイエンス社

「縄文と弥生の間で」『縄文から弥生へ』帝塚山考古学研究所

「聖書考古学の先駆者たち」『本』第9巻第9号 講談社

「Ⅱ 史跡 中ノ浜遺跡の意義」「Ⅲ 発掘調査の概要 1 中ノ浜遺跡の調査―無田地方総合研究調査団―」『史跡 中ノ浜遺跡保存管理計画策定報告書』豊浦町教育委員会

『中ノ浜』豊浦町教育委員会（共著）

「カナダから北京まで」『布留』第11号 理大学歴史研究会

一九八五年

「古代祭祀の源流―東南アジア―」『日本宗教事典』弘文堂

「山陰の弥生社会」講演要旨」『山陰中央新報』3月23日

「弥生土器絵画における家屋の表現」『国立歴史民俗博物館研究

報告』第7集
「考古学から観た古事記の歌謡」『天理大学学報』第145集
「大和の国と邪馬台国」『天理大学学報』別冊1―大和の国と天理の歴史―
「Ⅳ 層序と遺構 2 弥生時代の遺構」「Ⅴ 出土遺物 14 古銭」「Ⅷ 結語」『吉母浜遺跡』下関市教育委員会、
『弥生文化の研究』第5巻 道具と技術Ⅰ 山閣（共著）
「「遺物の考古学」・「遺跡の考古学」」『同朋 1985-11』No.89
「世界の考古学と日本の考古学」『岩波講座 日本考古学』第1巻 岩波書店
「青銅器文化と青銅器時代」『日本考古学協会85年度大会』於：奈良市史跡文化センター
「聖書考古学の先駆者たち」『布留』第12号 天理大学歴史研究会

一九八六年

「総論」『弥生文化の研究』第7巻 弥生集落 雄山閣（共著）
「漢という時代」「漢代の人・もの・心」（座談会）『ひとものこころ―漢代の銅器・陶器―』天理教道友社（責任編集）
「呪術と祭」『岩波講座 日本考古学』第4巻 岩波書店
『ひとものこころ―韓国の民俗―』天理教道友社（責任編集）
「古代思想の原点」「「まじない」と「うらない」の世界」『宇宙への祈り』日本古代史―③ 集英社（責任編集）
「国際化と日本文化」『天理大学広報』第96号 国際化を考えるⅦ
「古代中国の人間模様」（座談会）『ひとものこころ―画像塼―』天理教道友社（責任編集）
「総論」「中国と弥生文化」『弥生文化の研究』第9巻 弥生人の世界 雄山閣（共著）
「殷・周の人々のロマンと英知」（座談会）「資料解説」（共著）『ひとものこころ―殷周の文物―』天理教道友社（責任編集）
'The Evidence For Social Change between the Early and Middle Yayoi' *Window on Japanese Past : Studies in Archaeology and Prehistory*, Pearson. R.J.ed. University of Michigan Press
『弥生文化の研究』第6巻 道具と技術Ⅱ 雄山閣（共著）
『弥生文化の研究』第3巻 弥生土器Ⅰ 雄山閣（共著）
「輸入文化にみる独特性―日本人の伝統文化」『G－TEN』第10号 天理教表統領室教養問題事務局
「日本とドイツは、比較教育の接点」（対談）『G－TEN』第11号
「「人間」のためにある」（対談）『G－TEN』第12号
「歴史のなかの「狂」―明治維新を動かしたもの」（対談）『G－TEN』第13号
「大阪府池上遺跡」（共著）『日本考古学年報』21 日本考古学協会
「大阪府池上遺跡」（共著）『日本考古学年報』22 日本考古学協会
「大阪府池上遺跡」（共著）『日本考古学年報』23 日本考古学協会
「遺物の考古学・遺跡の考古学」『布留』第13号 天理大学歴史研究会

一九八七年

「甲骨文字のある風景」（座談会）『ひとものこころ―甲骨文字―』天理教道友社（責任編集）

「総論」『弥生文化の研究』第８巻 祭と墓と装い 雄山閣（共著）

「弥生時代の年中行事」「シンポジウム 弥生人の生業を考える」『シンポジウム 弥生人の四季』六興出版

『ひとものこころ―北京の看板―』天理教道友社（責任編集）

『弥生文化の研究』第４巻 弥生土器Ⅱ 雄山閣（共著）

「まわり途のすすめ」『天理大学広報』第100号

「島の生活と文化」（座談会）『ひとものこころ―東南アジアの島々―』天理教道友社（責任編集）

「食文化は、人間と神とともにある」（対談）『G－TEN』第15号

「ユダヤの思想―その歴史の流れから」（対談）『G－TEN』第16号

「動物の社会と人間」（対談）『G－TEN』第17号

「モダンダンスの心は「自由」」（対談）『G－TEN』第18号

「危機にある日本のチームスポーツ―ホッケーからみる世界のスポーツ」（対談）『G－TEN』第19号 天理やまと文化会議事務局

「今、原始性をとり戻す時」（対談）『G－TEN』第20号

「はるかなアラブ、深い文化」（対談）『G－TEN』第21号

「変りゆく宗教―古代宗教の変遷と考古学」（対談）『G－TEN』第22号

「弥生人の世界」『布留』第14号 天理大学歴史研究会

一九八八年

「古墳祭祀の新発見」『毎日新聞』２月５日夕刊

「総論」『弥生文化の研究』第２巻 生業 雄山閣（共著）

「音楽は技術よりも表現が大切」（対談）『G－TEN』第28号

「原始・古代の日本」「いにしえ人の生活と知恵」（座談会）『ひとものこころ―縄文・弥生・古墳―』天理教道友社（責任編集）

「ササン朝のガラス碗―シルクロード博によせて―」『天理大学広報』第106号

「邪馬台国の人々の暮らし」『邪馬台国の謎に挑む』エコール・ド・ロイヤル古代日本を考える第12巻 学生社

『ひとものこころ―阿波浄瑠璃人形―』天理教道友社（責任編集）

「水野清一論」『弥生文化の研究』第10巻 研究の歩み 雄山閣（共著）

「古墳祭祀の発見」『布留』第15号 天理大学歴史研究会

一九八九年

「未来文化のテーマは「共存」」（パネルディスカッション）『G－TEN』第38号

「揺らぐ『大和』説」『西日本新聞』３月４日夕刊

「カメ棺文化の謎」『弥生の使者 徐福―稲作渡来と有明のみち』弥生の使者徐福刊行会（監修）

「総論」『弥生文化の研究』第1巻 弥生人とその環境 雄山閣（共著）

『ひとものこころ―パプアニューギニア―』天理教道友社（責任編集）

一九九〇年

「吉野ヶ里シンポ 金関教授に聞く」『中日新聞』1月27日夕刊

「鳥夷と倭人」『毎日新聞』6月6日夕刊

「旧約聖書時代のエン・ゲヴ遺跡（イスラエル）」『文明発祥の地からのメッセージ―メソポタミアからナイルまで―』予稿集 クバプロ

『ひとものこころ―古代オリエントⅠ―』石像・土器・青銅器 天理教道友社（責任編集）

『ひとものこころ―古代オリエントⅡ―』金銀器・陶器 天理教道友社（責任編集）

「旧約聖書時代のエン・ゲヴ時代（イスラエル）」『文明発祥の地からのメッセージ―メソポタミアからナイルまで―』第4回「大学と科学」公開シンポジウム組織委員会 クバプロ

「吉野ヶ里遺跡は都市遺跡だろうか」『古代人の暮らし―吉野ヶ里遺跡―』YOMIURI SPECIAL 42 読売新聞社

一九九一年

『ひとものこころ―アンデスの染織―』天理教道友社（責任編集）

『弥生文化―日本文化の源流をさぐる―』弥生文化叢書1 平凡社（共同監修）

「ごあいさつ」『弥生文化の流れ―東アジアの中の弥生文化―』開館記念国際シンポジウム資料集 大阪府立弥生文化博物館

「ごあいさつ」「弥生の美をめぐって」（座談会）『弥生の美―開館記念特別展―』大阪府立弥生文化博物館図録1

「渡来文化の意義」『謎の五世紀』エコール・ド・ロイヤル古代日本を考える第14巻 学生社

『ひとものこころ―アイヌのきもの―』、天理教道友社（責任編集）

「ごあいさつ」「事鬼道能惑衆―卑弥呼像を復元する―」『平成三年秋季特別展 卑弥呼の世界』大阪府立弥生文化博物館図録2

「世界の墳丘墓」『古代史シンポジウム―吉野ヶ里遺跡発―古代国家階級制度成立の謎を追え―Key Word は墳丘墓―』佐賀県教育委員会文化財課吉野ヶ里遺跡保存対策室

「年賀状」『中日新聞』1月8日夕刊

「匂い」『中日新聞』1月22日夕刊

「テルアビブ」『中日新聞』1月29日夕刊

「そば道」『中日新聞』2月5日夕刊

「村のしきたり」『中日新聞』2月12日夕刊

「エジプトのタクシー」『中日新聞』2月19日夕刊

「考古学ブーム」『中日新聞』2月26日夕刊

「ボランティア」『中日新聞』3月5日夕刊

「フックスさん」『中日新聞』3月12日夕刊

「喜劇誕生」『中日新聞』3月19日夕刊

「大和礼賛」『中日新聞』 3月28日夕刊
「卑弥呼の館」『中日新聞』 4月2日夕刊
「瓢箪の美しさ」『中日新聞』 4月9日夕刊
「すくすく育って」『中日新聞』 4月16日夕刊
「一度っきりの海外旅行」『中日新聞』 4月23日夕刊
「昔の酒」『中日新聞』 4月30日夕刊
「古色」『中日新聞』 5月7日夕刊
「水口祭」『中日新聞』 5月14日夕刊
「明窓浄机」『中日新聞』 5月21日夕刊
「運転免許」『中日新聞』 5月28日夕刊
「旅を楽しく」『中日新聞』 6月4日夕刊
「ものと心」『中日新聞』 6月11日夕刊
「老後の不安」『中日新聞』 6月18日夕刊
「消え去った人々」『中日新聞』 6月26日夕刊

一九九二年

「日中合同シンポジウム　古代有明海文化圏とその背景」「呉越と倭国」「日中合同シンポジウム　古代往来　倭と呉越」『東アジアの古代文化』第70号　大和書房
『シンポジウム　東アジアの文明の盛衰と環境変動』文部省科学研究費補助金平成3年度重点領域研究「文明と環境」金関班事務局（共著）
「ごあいさつ」『平成四年冬季企画展　船橋展』大阪府立弥生文化博物館図録3
「刊行にあたって」『弥生文化博物館研究報告』第1集
「弥生人の時間」『弥生倶楽部』第2号、大阪府立弥生文化博物館だより
「ごあいさつ」「宗教と考古学」「祭場の復元」『平成4年春季特別展　弥生の神々―祭りの源流を探る―』大阪府立弥生文化博物館図録4
「弥生文化　想像以上に中国の影響」『毎日新聞』 5月21日夕刊
「スケッチから写真記録へ」『埋文写真研究』Vol.3　埋蔵文化財写真技術研究会
「古代の墓制」『季刊仏教』No.20　法蔵館書店
「日本歴史の原点」『中日新聞』 8月30日朝刊
「世界の墳丘墓」『平成四年秋季特別展　激動の3世紀―古墳誕生の謎―』大阪府立弥生文化博物館図録5
「吉野ヶ里遺跡発掘調査の意義」『特別展　吉野ヶ里遺跡―吉野ヶ里文化へのいざない―』蒲郡市博物館
「河内、和泉の大王陵の謎」『大王陵と古代豪族の謎』エコール・ド・ロイヤル古代日本を考える第17巻　学生社
「図版解説　エン・ゲヴ遺跡の発掘調査」『古代文化』Vol.44　古代学協会

一九九三年

「考古学からみた大和・河内・北九州」『河内王権の謎―巨大前方後円墳の世紀―』学生社
『シンポジウム　東アジアにおける環境と文明―考古学からのア

プローチ―』文部省科学研究費補助金平成4年度重点領域研究「環境と文明」金関班事務局（共著）

「マニュアルの考古学」『弥生文化博物館研究報告』第2集

『滋賀県野洲郡野洲町 宮山一号墳調査報告書』野洲町教育委員会（共著）

「農耕社会の成立―日本海と地中海―」『平成五年春季特別展 みちのく弥生文化』大阪府立弥生文化博物館図録6

「高庄墓出土の画象紋について」『論苑 考古学』天山舎

「日中合同シンポジウム 歌垣と越からの樹葉信」「日中合同シンポジウム 弥生文化のキーワード「鳥、舟、貝」」「日中合同シンポジウム 南の視点から吉野ヶ里の検証」「森と黒潮」は何を日本に伝えたか」『東アジアの古代文化』第75号 大和書房

「古代文学と考古学」『古代文学とは何か』古代文学講座1 勉誠社

『ひとものこころ―台湾原住民の服飾―』天理教道友社（責任編集）

『ひとものこころ―台湾原住民の生活用具―』天理教道友社（責任編集）

「卑弥呼と帯方郡」『平成五年秋季特別展 弥生人の見た楽浪文化』大阪府立弥生文化博物館図録7

「唐古・鍵遺跡出土の土器に描かれた楼閣」『福岡からアジアへ』1 弥生文化の源流を探る「文明のクロスロード・ふくおか」地域文化フォーラム実行委員会 西日本新聞社

一九九四年

「小林先生の宿題」『小林行雄先生追悼録』天山舎

「考古学と中国古典」『弥生文化博物館研究報告』第3集

「文化の変化」『平成六年春季特別展 富士山を望む弥生の国々』大阪府立弥生文化博物館図録8

「唐津―いま文明の十字路で（第一部）」「唐津―いま文明の十字路で（第二部）」「楼観と弥生社会」「古代に我々は何を学ぶか」『東アジアの古代文化』第79号 大和書房

「弥生文化における高床式建物」「討論 大型建物の源流を探る」『東アジアの古代文化』第80号 大和書房

「三角縁神獣鏡と大和説」『邪馬台国は東遷したか』三一書房

「不思議な文様を刻んだ貝符」「広田遺跡の調査」「東アジアの中の広田遺跡」『平成六年秋季特別展 サンゴ礁をわたる碧の風―南西諸島の中の弥生文化―』大阪府立弥生文化博物館図録9

「はしがき」「一月十九日のシンポジウム まとめ・総合討論」『沖縄の歴史と文化―海上の道探求―』吉川弘文館（共著）

一九九五年

「南島の貝文化―種子島 広田遺跡の貝製品―」『南方神話と古代の日本』角川新書

「中国と弥生の埋葬習俗」「大型建物の源流を探る」『福岡からアジアへ』2 かめ棺の源流を探る「文明のクロスロード・ふくおか」地域文化フォーラム実行委員会 西日本新聞社

「『魏書』東夷伝沃沮の鏟と青森県今津遺跡出土の鬲形土製品」『西谷眞治先生古稀記念論文集』勉誠社
『渡来の神 天日槍』環日本海歴史文化シンポジウム いずし・但馬理想の都祭典実行委員会
「中国思想と弥生文化」『弥生文化博物館研究報告』第4集
「倭人性酒を嗜む」『平成七年春季特別展 弥生人の食卓―米食事始め―』、大阪府立弥生文化博物館図録10
「やまと盆地と山の辺の道」『盆地の宇宙・歴史の道』善本社
「学んだ多くのこと」『埋文写真研究』別冊、高橋猪之介写真集 英 埋蔵文化財写真技術研究会
「大阪府立弥生文化博物館」『東アジアの古代文化』第85号 大和書房
「日本海」「ディスカッション」『アジア古代文明を探る―歴史と水の流れ―』第9回「大学と科学」公開シンポジウム組織委員会
「考古学の新しいパラダイム」『弥生文化の成立―大変革の主体は「縄紋人」だった』角川選書265 角川書店
「対馬の卒士」『平成七年秋季特別展 邪馬台国への海の道―壱岐・対馬の弥生文化―』大阪府立弥生文化博物館図録11
「鳥装の羽人」『九州歴史大学講座』9月号 ―特集―鳥装の羽人 九州歴史講座事務局
「弥生人と戦争」『吉野ヶ里遺跡と古代国家』佐賀県教育委員会

一九九六年
「父を見て学んだ古いものの価値」『産経新聞』2月24日朝刊
「はじめに」『弥生から古墳へ―日本の古代はこうして始まった―』弥生文化博物館叢書3 弥生文化博物館シンポジウム記録集 第2集 同朋社
「鶏を抱く女」「古代中国人とイヌ」『平成8年春季特別展 卑弥呼の動物ランド―よみがえった弥生犬―』大阪府立弥生文化博物館図録12
「古代文明の盛衰と環境変動」『考古学から環境を考える』平成8年度文化財講座資料集 大阪府文化財調査研究センター
「序」『ヒト・モノ・コトバの人類学』国分直一博士米寿記念論文集 慶友社
「あとがき」『都市と文明』講座〔文明と環境〕第4巻 朝倉書店（共著）
「池上曽根遺跡で見いだされた大型建物の宗教的性格について」『ヒストリア』第152号 大阪歴史学会
「ごあいさつ 学芸課の五年」『弥生倶楽部』第11号 大阪府立弥生文化博物館だより
「はじめに」「山東半島と弥生文化のつながり―廟島列島の南長山島で出土した青銅器の画像紋から考える―」『平成8年秋季特別展 開館5周年記念 中国 仙人のふるさと―山東省文物展―』大阪府立弥生文化博物館図録13
「「青銅のメッセージ」加茂岩倉銅鐸」（座談会）『読売新聞』12月11日朝刊

「池上曽根の大型建物とパレスチナ古代神殿の始まり」『池上曽根遺跡史跡指定20周年記念 弥生の環濠都市と巨大神殿』池上曽根遺跡史跡指定20周年記念事業実行委員会

「儀礼がわかる貴重な発見」『広報たわらもと』⑪ 特集 清水風遺跡発掘調査から 田原本町役場総務課

一九九七年

「邪馬台国への道筋—古代都市形成の前夜—」シンポジウム「魏志倭人伝と一支国～甦る一支国の王都・原の辻遺跡『長崎新聞』2月21日

「遺物の考古学・遺跡の考古学 金関恕先生最終講義録」『古事 天理大学考古学研究室紀要』第1冊

「歴博フォーラム「銅鐸の絵と子供の絵」」「現代の絵・民族芸術と銅鐸の絵」『歴博フォーラム 銅鐸の絵を読み解く』小学館

「災害と世界の遺跡」『明日への文化財』第39号 第27回神戸大会特集号 文化財保存全国協議会

「遺構各説」（共著）「遺跡の性格と年代」『宮崎県宮崎市池内所在池内横穴墓群発掘調査整理報告書』宮崎県教育委員会

「3文化圏が相互影響」公開シンポジウム・日本文化—北と南のネットワーク・帝塚山学院大国際理解研究所シンポジウム実行委員会『毎日新聞』4月7日夕刊

「パレスチナのテクノポリス—ティムナ遺跡の踏査」『平成9年春季特別展 青銅の弥生都市—吉野ヶ里をめぐる有明のクニグニ—』大阪府立弥生文化博物館図録14

「南島考古学の可能性」『日本文化財学会 第14回大会 研究発表要旨集』日本文化財学会

『邪馬台国と吉野ヶ里』学生社（共著）

「渡来人とは」「縄文から弥生への移行」「銅鐸の起源と使用法」「縄文と弥生の戦争の形態」「弥生から古墳へ」「種子島出土の〝山〟の字」『縄文と弥生』第11回「大学と科学」公開シンポジウム組織委員会 クバプロ（共著）

「争乱を鎮めた大刀」「弥生時代の大型建物と祭祀」『平成9年秋季特別展 卑弥呼誕生 邪馬台国は畿内にあった？』大阪府立弥生文化博物館図録15

「王都繁栄しのぶ遺構」「魏志倭人伝と一支国～甦る一支国の王都・原の辻遺跡」「シンポジウム弥生のロマンに迫る」『一支国王都 原の辻遺跡 甦える「魏志倭人伝」の世界』長崎新聞社

「シンポジウムの開催にあたって 大型建物と祭られる神像」『弥生のまつりと大型建物—弥生神殿をさぐる—』池上曽根シンポジウム3資料集 史跡池上曽根遺跡整備委員会

「古代出雲文化展シンポジウム 時空超え探る神話の郷」『朝日新聞』11月30日朝刊

「弥生時代 民族形成をさぐる弥生研究の100年」『考古学雑誌』第83巻第1号 日本考古学会創立100周年記念特集号

一九九八年

「Who's Who 金関恕 大阪府立弥生文化博物館館長」『朝日新聞』夕刊

「パレスチナの古代神殿と神像」「ペトリーとパレスチナ考古学」『神像と神殿―古代パレスチナの信仰―』天理大学考古学研究室

「都市の成立―西と東―」『考古学研究』第44巻第4号 考古学研究会第44回総会講演要旨

「巻頭座談会「都市と工業と流通」」「都市の出現」『古代史の論点』3 都市と工業と流通 小学館（共著）

「鳥霊信仰のひろがり」『平成10年春季特別展 縄紋の祈り・弥生の心―森の神から稲作の神へ―』大阪府立弥生文化博物館図録16

「パレスチナ古代神殿のはじまり」（共著）『日本古代史 都市と神殿の誕生』新人物往来社

「銅鐸の埋納」『松前健著作集』第8巻月報 出雲神話の形成 おう風社

「畿内説に有利 東大寺山古墳出土の大刀」『月刊古代研究』創刊号 第16回奈良学セミナー 邪馬台国の謎 古代研究編集室

「吉野ヶ里遺跡」自叙伝 この道1『東京新聞』6月8日夕刊

（以下、この道100までを東京新聞夕刊に連載されたので、「タイトル」号数 月日のみを掲載する）

「一瞬の動揺」この道2 6月9日／／「揺らぐ邪馬台国」この道3 6月10日／「よみがえった記憶」この道4 6月11日／「必死の一撃」この道5 6月12日／「実測と記録」この道6 6月13日夕刊／「土井ケ浜遺跡」この道7 6月15日／「砂地の墓地」この道8 6月16日／「英雄と指輪」この道9 6月17日／「タカラモノ」この道10 6月18日／「弥生人と縄文人」この道11 6月19日／「土井ケ浜人」この道12 6月20日／「埋葬のしきたり」この道13 6月22日／「忘れられない女」この道14 6月23日／「資料と遺骨の間」この道15 6月24日／「骨につかれた人」この道16 6月25日／「祖父の骨格標本」この道17 6月26日／「対面」この道18 6月27日／「本籍地・榎井」この道19 6月29日／「祖父・喜三郎」この道20 6月30日／「松江時代の父」この道21 7月1日／「親父の結婚」この道22 7月2日／「母の実家」この道23 7月3日／「酒のない婚礼」この道24 7月4日／「先達」この道25 7月6日／「浜田先生」この道26 7月7日／「ご老公と考古学」この道27 7月8日／「考古学の樹立」この道28 7月9日／「遊学」この道29 7月10日／「沢瀉大明神」この道30 7月11日／「反骨」この道31 7月13日／「下手物」この道32 7月14日／「霊能力」この道33 7月15日／「異界との交流」この道34 7月16日／「幽霊のお礼」この道35 7月17日／「霊長目ヒト科」この道36 7月18日／「台湾行き」この道37 7月21日／「新天地」この道38 7月22日／「音楽おたく」この道39 7月23日／「逃避」この道40 7月24日／「跡継ぎ」この道41 7月25日／「陣地造り」こ

の道42　7月27日／「裸足の兵隊」この道43　7月28日／「兵隊さんお断り」この道44　7月29日／「敗戦」この道45　7月30日／「芋の汁粉」この道46　7月31日／「考古学への転進」この道47　8月1日／「梅原教室へ入門」この道48　8月3日／「修行の始まり」この道49　8月4日／「演習合格」この道50　8月5日／「考古学の近代化」この道51　8月6日／「臨時筆生」この道52　8月7日／「初仕事」この道53　8月8日／「四天王寺式?」この道54　8月10日／「三面金堂」この道55　8月11日／「麻雀勝負」この道56　8月12日／「仏舎利を確認」この道57　8月13日／「ゴールドラッシュ」この道58　8月14日／「酒で人を試す」この道59　8月15日／「飲みくらべ」この道60　8月17日／「板ばさみ」この道61　8月18日／「婚約」この道62　8月19日／「天理での新生活」この道63　8月20日／「新婚のころ」この道64　8月21日／「遅れた届け出」この道65　8月22日／「東大寺山古墳」この道66　8月24日／「武器類の大量出土」この道67　8月25日／「さびから銘文」この道68　8月26日／「同情陣痛」この道69　8月27日／「銘文のなぞ」この道70　8月28日／「紀年銘考」この道71　8月29日／「中平銘と卑弥呼」この道72　8月31日／「公孫度①」この道73　9月1日／「公孫度②」この道74　9月2日／「推理の果て」この道75　9月3日／「仮説・中平銘刀」この道76　9月4日／「寝耳に水」この道77　9月5日／「イスラエルへ」この道78　9月7日／「エルサレム到着」この道79　9月8日／「準備開始」この道80　9月9日／「聖書考古学」この道81　9月10日／「チームワーク」この道82　9月11日／「エン・ゲブ遺跡」この道83　9月12日／「聖書の町」この道84　9月14日／「開発と遺跡」この道85　9月16日／「破壊」この道86　9月17日／「史跡に指定」この道87　9月18日／「裁判」この道88　9月19日／「第二阪和国道」この道89　9月21日／「鳥形の木製品」この道90　9月22日／「蘇塗」この道91　9月24日／「最大級の建物跡」この道92　9月25日／「交換教授」この道93　9月26日／「運転免許証」この道94　9月28日／「帰国」この道95　9月29日／「究極の演奏」この道96　9月30日／「西周の車馬坑」この道97　10月1日／「親父の死」この道98　10月2日／「母の死」この道99　10月3日／「茫漠たる過去」この道100　10月5日

「考古資料から見たアジアの中の日本」『アジアの中の日本を探る』大阪府立中央図書館ライティ・カレッジシリーズ　文英堂

「奈良県東大寺山古墳」『季刊　考古学』第65号　雄山閣

「沐浴—地中海の周辺世界—」『平成10年秋季特別展　卑弥呼の宝石箱—ちょっとオシャレな弥生人—』大阪府立弥生文化博物館図録17

「序文」『黄泉国の成立』学生社

「（1）日本考古学の歩み　民族国家形成の基盤」『日本考古学』第6号 特集 日本考古学の50年

「都市の成立―西と東―」「考古学研究会第44回総会 研究報告についての討議」『考古学研究』第45巻第3号
「コメント」『古代出雲の文化―銅剣・銅鐸と巨大建物』朝日新聞社

一九九九年

『考古学は謎解きだ』東京新聞出版局
「鉄刀鉄剣―豪族ワニ氏と東大寺山古墳 卑弥呼が与えた金象嵌中平銘鉄刀―」『月刊 古代研究』第7号 奈良日日新聞社古代研究編集室
「巻頭座談会「神と祭り」」「原始美術と宗教」「まとめと展望」『古代史の論点』5 神と祭り 小学館（共著）
「弥生時代の大型建物と祭祀空間」「シンポジウム 祭祀儀礼空間の形成と展開」『祭祀空間・儀礼空間』雄山閣
「漢と弥生」『よみがえる漢王朝―二〇〇〇年の時をこえて―』読売新聞大阪本社
「渡来人のもたらした宗教」『平成11年春季特別展 渡来人の登場―弥生文化を開いた人々―』大阪府立弥生文化博物館図録18
「「よみがえる漢王朝」展」『読売新聞』5月13日夕刊
「大和東大寺山古墳と黒塚古墳の被葬者（増補論考）」「弥生時代の大型建物と祭祀」『卑弥呼誕生―畿内の弥生社会からヤマト政権へ―』東京美術
「はしがき」「倭人性酒を嗜む（再録）」『卑弥呼の食卓』吉川弘文館
「音楽に魅せられた人々」『平成11年秋季特別展 仙界伝説―卑弥呼の求めた世界―』大阪府立弥生文化博物館図録19
「唐古・鍵遺跡座談会総柱が語る 弥生のクニ」『毎日新聞』10月21日朝刊
「本書によせて 年輪年代の意義」『卑弥呼の謎 年輪の証言』講談社

二〇〇〇年

「野生稲に宿るたくましい精神―彫刻家 田辺光彰の作品に思う―」『毎日新聞』2月18日夕刊
「セッション2『世界の金属文化』」「セッション3 総合討論『金属と文明―未来への提言―』」『シルクロード学研究叢書』3―金属と文明―「和の国連続国際シンポジウム」シルクロード学研究センター
「総論」「梶栗浜遺跡」「地蔵堂遺跡」「吉母浜遺跡」「岩屋古墳」「武久浜石棺群」「若宮古墳群」『山口県史』資料編 考古1 山口県（監修）
「シンポジウム 山の辺の古代文化」「山の辺の道と古墳群」「シンポジウム 布留郷の歴史と文化を探る」「古代文化（弥生）」『山の辺の歴史と文化を探る』山の辺文化会議
「小銅鐸が投げかける謎」『なにわ大阪再発見』第3号 大阪21世紀協会
「登呂・池上曽根・吉野ヶ里」『日本考古学を見直す』学生社

「弥生の聖地 田和山遺跡―破壊、消滅させてはならない―」『毎日新聞』4月14日夕刊

「記紀歌謡からうかがえる弥生の祭り」『平成12年春季特別展 神々の源流―出雲・石見・隠岐の弥生文化―』大阪府立弥生文化博物館図録20

「総合討論 テーマ『金属と文明』」『シルクロード学研究叢書』3 金属と文明―和の国連続国際シンポジウム― 奈良シルクロード学研究センター

「雲南麗江の納西の人々」『平成12年秋季特別展 卑弥呼の音楽会―ま・つ・り・の・ひ・び・き―』大阪府立弥生文化博物館図録21

「御坊市出土のヤリガンナの鋳型」『堅田遺跡シンポジウム・レジュメ』村・ヤリガンナ・港 御坊市

「世界文化遺産の紹介―中国雲南省麗江―」『文化遺産ニュース』Vol.3、ユネスコ・アジア文化センター

二〇〇一年

「国分直一先生にきく」『天理台湾学会年報』10号 天理台湾学会

「討論」「弥生時代集落分析の視点」『弥生時代の集落』学生社（監修）

「開館10周年の節目にあたって」『弥生倶楽部』第20号 大阪府立弥生文化博物館だより

「朝鮮半島東部から日本海地域に渡来か」『毎日新聞』四月16日夕刊

「石家河の環濠都市」『平成13年春季特別展 弥生都市は語る―環濠からのメッセージ―』大阪府立弥生文化博物館図録22

「漢と弥生」「参考出品」『漢代王者の輝き―中国山東双乳山済北王陵出土文物―』特別展図録、京都府京都文化博物館、山口県立萩美術館・浦上記念館（監修）

「はじめに」「邪馬台国論争に拍車をかける出土遺跡」『遺跡は語る―真実の縄文、弥生、古墳、飛鳥』角川書店

「古代東アジア文化と唐古・鍵遺跡」「鼎談「唐古・鍵遺跡を語る」」『唐古・鍵遺跡の考古学』学生社

「吉野ヶ里に見る古代の都市と宗教」インターネット「佐賀ときめき大学」ときめきゼミナール講義編 第5講義、於：吉野ヶ里歴史公園

「文化の交流に想う」『平成13年秋季特別展 弥生クロスロード―再考・信濃の農耕社会―』大阪府立弥生文化博物館図録23

二〇〇二年

「アジア・太平洋地域における文化遺産の保存」「21世紀の文化財」（共著）『日本文化財科学会会報』第42・43合併号

「総合討論」『シルクロード学研究叢書』5 21世紀へのメッセージ―和の国連続国際シンポジウム― シルクロード学研究センター

「みんなで考えよう、世界遺産の保護―文化遺産は人類にとってかけがえのない財産―」国際シンポジウム ユネスコ・アジア文化センター文化遺産保護協力事務所ＨＰ

「白水朗の「あわびおこし」」『平成14年春季特別展 青いガラスの燦き―丹後王国が見えてきた―』大阪府立弥生文化博物館図録24
「序」『稲作の考古学』第一書房
「吉野ヶ里に見る古代の都市と宗教」ときめきゼミナール基礎講座 佐賀ときめきＨＰ
「鳥形木製品」『日本考古学事典』三省堂
「弥生時代の宗教同盟」『平成14年度秋季特別展 王の居館を探る』大阪府立弥生文化博物館図録25
「対談 考古学と日本語（上）」『図書』第643号 岩波書店
「対談 考古学と日本語（下）」『図書』第644号 岩波書店
「はじめに」「日本文化の源流」「討論 銅鐸から描く弥生時代」「あとがき」『銅鐸から描く弥生時代』学生社（共著）
「先史社会の戦い」（共同翻訳／V.G. チャイルド著）『攻撃と防衛の軌跡』東洋書林

二〇〇三年

「総括」『種子島広田遺跡』鹿児島県立歴史資料センター黎明館
「石器時代から金属器時代へ」『平成15年度春季特別展 弥生創世記―検証・縄文から弥生へ―』大阪府立弥生文化博物館図録26
「弥生時代像は変わるか」（座談会）「妻木晩田遺跡の保存と活用」（座談会）『妻木晩田遺跡をどう生かすか』むきばんだ応援団
『考古学今昔物語』（株）文化財サービス（共著）
「佐原真先生を悼む」佐賀ときめき大学ＨＰ
「はじめに」『平成15年夏季企画展 世界の貨幣展―金は天下のまわりもの―』大阪府立弥生文化博物館図録27
「はじめに」「ジャーナリズムからみた高松塚以後三十年」（座談会）『季刊考古学』別冊12 雄山閣
「佐原真の人と学問」『平成15年度秋季特別展 弥生文化研究への熱いまなざし 森本六爾、小林行雄と佐原真』大阪府立弥生文化博物館図録27
「早くなるか、弥生の始まり」（対談）『しんぶん赤旗』10月4・5日
「博物館長としての大庭先生」『大阪府立近つ飛鳥博物館館報8 大庭脩前館長追悼号 大阪府立近つ飛鳥博物館
「佐原真」『文化遺産の世界』Vol.11 国際航業株式会社

二〇〇四年

『弥生の習俗と宗教』学生社
「文化・環境共同体としての日本海」『日本海／東アジアの地中海』桂書房（監修）
「続縄文の文化現象」『平成16年度春季特別展 弥生のころの北海道』大阪府立弥生文化博物館図録29
「総説」「吉母浜遺跡」「周防鋳銭司跡」「あとがき」『山口県史』資料編 考古2 山口県
「年代測定の普及と弥生時代」『季刊考古学』第88号 雄山閣
「玦と珥と玦状耳飾」『三笠宮殿下米壽記念論集』三笠宮殿下米

寿記念論集刊行会 刀水書房
「陳寿がみた卑弥呼の鬼道」『平成16年度秋季特別展 大和王権と渡来人』大阪府立弥生文化博物館図録30
「弥生人の精神世界」『台状墓の世界』但馬考古学研究会・両丹考古学研究会

二〇〇五年

『戦争の考古学』佐原真の仕事4 岩波書店（共著）
『美術の考古学』佐原真の仕事3 岩波書店（共著）
「国分直一先生の逝去を悼む」『日本考古学協会会報』No.154
「発掘調査の始まり」『東地中海沿岸の古代遺跡 テル・ゼロールの出土遺物―墓地編―』天理大学文学部考古学・民俗学研究室、天理大学附属天理参考館考古美術室
「刊行にあたって」「解説」『考古学への案内』佐原真の仕事1 岩波書店（共著）
「都江堰散策」『平成17年度春季特別展 東海の弥生フロンティア』大阪府立弥生文化博物館図録31
「国分直一先生を偲ぶ」『月刊考古学ジャーナル』No.528 ニュー・サイエンス社
「序文」『石上神宮の七支刀と菅政友』吉川弘文館
『道具の考古学』佐原真の仕事2 岩波書店（共著）
「早くなるか、弥生の始まり」『苅谷俊介の考古学対談』新日本出版社
「王権の成立と王墓の築造」『古墳のはじまりを考える』学生社
「坪井清足氏インタビュー」「あとがき」『酒庫器物控』辰馬考古資料館
「高松塚壁画の保存に思う」『東京新聞』夕刊
『衣食住の考古学』佐原真の仕事5 岩波書店（共著）
『考古学と現代』佐原真の仕事6 岩波書店（共著）
「イスラエル考古学研究会の発足」『イスラエル考古学研究会ニュースレター』No.1 イスラエル考古学研究会 電子版
「玦と玦状耳飾」『平成17年度秋季特別展 北陸の玉と鉄―弥生王権の光と影―』大阪府立弥生文化博物館図録32
「国境超え人類の過去に敬意を」『毎日新聞』12月20日朝刊
「弥生時代のはじまり」『日本の考古学（上）ドイツ展記念概説』学生社

二〇〇六年

「発掘調査の始まり」『日本調査隊の軌跡 テル・ゼロール出土遺物I―墓地編―』天理参考館資料案内シリーズNo.28 天理大学出版部
「世界考古学会議 大阪大会記念シンポジウム」『毎日新聞』2月2日朝刊
「金関丈夫」『文化遺産の世界』Vol.20 私が影響を受けた考古学者（ひと）、国際航業株式会社
「刊行にあたって」『船橋遺跡出土資料』1 弥生土器編 大阪府立弥生文化博物館
「解説」『発掘から推理する』岩波現代文庫 社会130 岩波書店

「天大の学生が羨ましい」『天理大学80年の軌跡 1925→2005』
天理大学出版部
「序」『弥生文化博物館研究報告』第6集
「人面鳥身の神」『平成18年度春季特別展 弥生画帖—弥生人が描いた世界—』大阪府立弥生文化博物館図録33
「後漢中平紀年銘鉄刀再論」『高麗美術館紀要』第5号 有光教一先生白寿記念論叢 財団法人高麗美術館
「徐福伝説と弥生時代」『平成18年度秋季特別展 弥生人 躍動す—池上曽根と吉野ヶ里—』大阪府立弥生文化博物館図録34
『考古学・人類学・言語学との対話—日本語はどこから来たのか—』岩波書店（共著）

二〇〇七年

『遺跡ウオッチング—古代のロマンを訪ねて—』NHK趣味悠々 日本放送出版協会
「先史社会の戦い」（翻訳／V・G・チャイルド著）『平成19年度春季特別展 稲作とともに伝わった武器』大阪府立弥生文化博物館図録35
「守るのも人 壊すのも人」第11回地震火災フォーラム「千三百年の都に私の宝、あります—災害から日本の文化財をまもっていますか—」『毎日新聞』8月28日朝刊
『よみがえる日本の古代—旧石器～奈良時代の日本がわかる復元画古代史—』小学館（監修）

二〇〇八年

「会長あいさつ」『なら・シルクロード』第7号 なら・シルクロード友の会事務局
「第1節 東大寺山古墳の調査—金象嵌銘花形飾環頭大刀の出土」『重要文化財東大寺山古墳出土金象嵌銘花形飾環頭大刀』東京国立博物館所蔵重要考古資料学術調査報告書 同成社

二〇〇九年

「会長あいさつ」『なら・シルクロード』第9号 なら・シルクロード友の会事務局
「今昔の感」天理大学歴史研究会創部40周年『布留』特別号Ⅱ 天理大学歴史研究会
「龍を味わった夏の孔甲」『平成20年度冬季特別展 倭人がみた龍—龍の絵とかたち—』、大阪府立弥生文化博物館図録40

二〇一〇年

「会長あいさつ」『なら・シルクロード』第11号 なら・シルクロード友の会事務局
「纒向遺跡のロマン」『陽気』第62巻第2号 養徳社
「考古学から見た地中海世界と日本海」『東アジア内海の環境と文化』桂書房（監修）
『東大寺山古墳の研究—初期大和王権の対外交渉と地域間交流の考古学的研究—』平成19～21年度科学研究費補助金（基盤研究（B））研究成果報告書 東大寺山古墳研究会・天理

大学・天理大学附属天理参考館（研究代表者）

「東大寺山古墳と中平銘鉄刀」「パネルディスカッション」『東大寺山古墳と謎の鉄刀』雄山閣（共著）

「序文」「文化財放談　坪井先生、青山先生と奈文研創設期を大いに語る」『坪井清足先生卒寿記念論文集―埋文行政と研究のはざまで―』坪井清足先生の卒寿をお祝いする会　明新社

「仮面のない文化」『平成22年度夏季特別展 MASK―仮面の考古学―』、大阪府立弥生文化博物館図録43

「中平銘鉄刀と卑弥呼の時代」『平成22年度秋季特別展　邪馬台国―九州と近畿―』、大阪府立弥生文化博物館図録44

二〇一一年

「シンポジウム　東アジアの鏡文化」「あとがき」『古代の鏡と東アジア―卑弥呼の鏡は海を越えたか―』学生社（監修）

「シンポジウム　東アジアの鏡文化」司会／金関恕、福永伸哉、菅谷文則、森下章司、新井宏、「あとがき」

『古代の鏡と東アジア―卑弥呼の鏡は海を越えたか―』、金関恕／監修、池上曽根史跡公園編、学生社

「弥生時代祭祀と銅鐸」『平成23年度夏季特別展　豊穣をもたらす響き　銅鐸―第2回大阪・滋賀博物館連携企画「銅鐸を探る」―』、大阪府立弥生文化博物館図録45

「吉村次郎（一九〇七―一九八七）さんと下関の考古学」『平成23年度秋季特別展　弥生文化のはじまり―土井ヶ浜遺跡と響灘周辺―』、大阪府立弥生文化博物館図録46

二〇一三年

「天理大学で過ごした日々」『天理大学ふるさと会報』第60号、天理大学ふるさと会

二〇一四年

「ごあいさつ」『テル・ゼロールからテル・レヘシュへ―イスラエルにおける日本考古学調査団の50年の歩み』立教大学池袋キャンパス、立川記念会館多目的ホール、11月29日

二〇一五年

『弥生の習俗と宗教』Ⅱ　金関恕先生の米寿をお祝いする会、天理大学考古学・民俗学研究室編

「追悼　樋口隆康さんのご逝去を悼む」『古代文化』第67巻第3号、古代学協会

二〇一六年

「鬼道―卑弥呼の祭りとその空間」『モノと図像から探る妖怪・怪獣の誕生』、天理大学考古学・民俗学シリーズ2、天理大学考古学・民俗学研究室編、勉成出版

「元奈文研所長　坪井清足さんを悼む―考古学研鑽に燃える情熱―」『朝日新聞』5月18日付夕刊

「坪井清足氏を悼む―戦陣でも考古学への情熱忘れず―」『京都新聞』6月7日付、文化面。金関恕さんに聞く→共同通信記者が執筆。数種の地方紙に掲載。

「坪井清足さんのご逝去を悼む」『日本考古学協会会報』No.188、日本考古学協会

「小川秀雄先生の傘寿を言祝ぐ」『小川英雄先生傘寿記念献呈論文集―古代オリエント研究の地平―』小川英雄先生傘寿記念献呈論文集刊行会、東京

二〇一七年

「卑弥呼女王の共立―東大寺山古墳の紀年銘鉄刀は語る―」日本考古学会第109回総会二〇一一年七月二日／土、『考古学雑誌』第99巻第2号、日本考古学会

付記：本目録は、竹谷俊夫が作成したものに、編集（主に省略）を加えたものである。

私の歩んできた道――あとがきにかえて

私は、一九二七年の十一月に京都相国寺の北を南流する旧中川の畔の棟割り長屋で、金関丈夫・みどりの次男として生まれた。京都大学医学部で助教授をしていた父は、そのころから文学部でも人類学の講義を始め、考古学の研究室に出入りし、主任で博識多才な濱田耕作教授主催の談話会の常連に加わっていたようである。家の二階の父の書架は史書、文芸・美術書で埋もれていて、医学関係の本など見たこともない。建築技術者であった祖父は、父に実学の途に進むように命じ、父も私たちに同じ事を慫慂したが私はその期待を裏切った。

幼児のころ、建て付けの粗末な借家を寒い隙間風が吹き通す夜、母が寝物語に読み聴かせてくれたのは『平家物語』の伝える怪鳥鵺（ぬえ）退治の一節だった。父はいつも帰りが遅い。ふと訴えかけるような声がどこかから聞こえてくる。「鵺か」と身を竦めたが、それは二条駅を発着する列車案内のアナウンスだった。遠い我が家にその声が届くほど京の夜は森閑としていた。

鳥にとり憑かれるようになったのは、これが始まりだったかもしれない。昭和十一年の秋、新設された台北帝国大学医学部に赴任する父に従い一家は台北に引っ越した。これで私の幼児期は終わった。

亜熱帯の陽光煌めく台北ではすべてが新鮮で明るく、鵺など現れる気配も無かった。以後、ほぼ十年をその地で過ごした。しかし現実の世界では日中戦争が拡大し、巷には無敵を誇る関東軍が満蒙でソ連軍に大敗したという暗いニュースが拡がった。ナチス・ドイツのゲルニカ無差別爆撃に遅れること三年ばかり、一九四〇年には引率されて、重慶爆撃に飛び立つ航空隊を台北北郊の松山飛行場で見送った。その待ち時間にふと拾い上げたのは斧の刃のような形の石ころであった。持ち帰って父に見せると先史時代の石器だという。その後、家近くの植物園でも綺麗に磨かれた石斧を見つけ、台北郊外の江頭遺跡、基隆大沙湾海岸遺跡などの発掘調査を手伝う機会にも恵まれた。松村武雄や西村真次の日本民族起源解説書を学んで魅惑され、鵜が跳梁するよりもっと古い世界に惹き込まれた。戦が終わり私たち兄弟は、中華民国政府に徴用された家族を離れて帰国し、兄は医学部に、私もその進学コースに転学したが、父の眼が届かないのを幸いに大学は史学科の考古学を選んだ。大不況の折、その志願者は唯一人だった。父は失望したであろうがこの親不孝にも寛容であった。進学した大学では梅原末治教授の晩年の学生となり、小林行雄先生や台湾で知り合った坪井清足先輩に鍛えられた。臆病な私には恐ろしい、いや畏れ多い存在であった。数年後に帰国した父は、九州大学医学部に職を得て弥生人起源問題に手を染めた。その過程でおこなった山口県土井ヶ浜墓地遺跡の発掘調査には、私も参加して多少の役には立ったと思っている。山口では以後下関市の梶栗浜や若宮古墳などの発掘調査を続行した。

大学院を終えた後、私は坪井さんの薦めで新設の国立奈良文化財研究所の臨時筆生となり奈良や飛鳥の寺跡の発掘調査にも携わった。その心礎の柱穴から金銅の舎利容器と小粒ながら数多の光沢鮮やかなガラス小玉を掘り出した折の心のときめきは今も忘れられない。当時、京都大学を定年でお辞めになった梅原先生は天理大学に再就職され私に移職して仕事を援けるよう求められた。先生が若い折（一九二七年ごろ）真冬に暖房もないロシアのレニングラード所在の物質文化学院で作られたという、外蒙古ノイン・ウラ遺跡出土遺物記録の整理が主な仕事であった。三度辞退したが許されない。移職を激怒した坪井さんからは絶交を申し渡されたが意を決して赴任した。

＊　＊　＊

天理大学では、建築工事の事前調査として櫟本町東大寺山丘陵頂上の南端部にあった前方後円墳（東大寺山古墳）の発掘（一九六一〜六二年）をおこなった。その発掘では木棺を覆う粘土の中に封入されていた数多くの鉄剣や槍・革甲（鎧）などの武器・武具が見つかった。何分人手が足らないので臨月近くの家内も手伝いに呼びつけ、丘頂にテントを張り、泊まり込んで仕事を進めた。発掘調査中にはそのころ天理大学で集中講義をされていた三笠宮殿下とご同道で、第二代中山正善真柱も視察に見え知遇を忝なくした。調査員の一人であった天理大学附属天理参考館の白木原和美さん（現熊本大学名誉教授）は出土した遺物を整理中、青銅製環頭飾りを装着した鉄刀の一ふりの峰部に金象嵌の銘文があることを発見し、その銘文によりこの刀が後漢の中平年間（一八四〜一八八年）に彼地で作れたものであることがわかった。日本では古い紀年銘資料である。発掘調査直後に概報は出したが、報告書の作成は遅れに遅れ、二〇一〇年に東大寺山古墳研究会・天理大学・天理大学附属天理参考館による共同編集でようやく刊行された。出土資料は一括して国有となり、二〇一六年には国宝に指定され今は東京国立博物館に収蔵されている。

古墳調査の折りに、調査を見に来られた第二代真柱様のご知遇を得、その後、ご学友であった大畠　清教授にご推挙していただき、大畠教授が企画されていた聖書遺跡調査団の一員として、イスラエル西北海岸近くのテル・ゼロール遺跡発掘調査の一員として派遣され、またヨーロッパ各国の博物館見学の機会も与えられた。イスラエルの発掘調査は今も天理大学の桑原久男教授を中心に続けられ、大きな成果が挙げられている。

その後に私の関わった大規模な調査は、和泉市所在の池上曽根遺跡の発掘である。ここでは、弥生時代の大集落跡が見つかり、集落を取り囲む溝の中から六点の鳥形の木製品が見つかった。普通なら朽ち果ててしまう木製品が、二千年もの永い間水気の多い土中にあったためかよく残っていて、昔日の人々の信仰（鳥が神の世界と人の世界の仲だちをするという信仰＝鳥霊魂信仰）を物語ってくれる。

私は大学定年退職後には大阪府の設立した弥生文化博物館、西宮の辰馬考古資料館をも勤め上げて、九十歳の今はもう第二の故郷ともなった天理の片隅に隠棲して老妻と楽しく暮らしている。この度、私が昔に書き散らした文章を纏め上梓下さるとのこと、編集責任を担って下さった桑原久男先生はじめ天理大学考古学研究室、附属天理参考館の皆様、ご援助賜った天理学園理事会、古くから馴染みの出版社、雄山閣の皆様に篤くお礼申し上げたい。

蕪雑な短文を書いて想い出に耽ける機会を与えて下さった皆様に重ねて厚くお礼申し上げます。

二〇一七年十月

金関　恕

■著者紹介

金関　恕（かなせき ひろし　Kanaseki Hiroshi）

1927年京都市に生まれる。

1953年京都大学文学部（考古学専攻）卒業。

1959年京都大学大学院修了。

奈良国立文化財研究所臨時筆生、天理大学教授、大阪府立弥生文化博物館館長を経て、現在、天理大学名誉教授・大阪府立弥生文化博物館名誉館長。

《主要著書》
『邪馬台国と吉野ケ里』（共著）学生社 1997年
『考古学は謎解きだ』東京新聞出版局 1999年
『弥生の習俗と宗教』学生社 2004年
『東大寺山古墳と謎の鉄刀』（共著）雄山閣 2010年　など

2017年11月30日　初版発行　　《検印省略》

弥生の木の鳥の歌（やよいのきのとりのうた）—習俗と宗教の考古学（しゅうぞくとしゅうきょうのこうこがく）—

著　者　金関　恕
発行者　宮田哲男
発行所　株式会社 雄山閣
東京都千代田区富士見2-6-9
TEL　03-3262-3231 / FAX　03-3262-6938
URL　http: //www.yuzankaku.co.jp
e-mail　info@yuzankaku.co.jp
振　替：00130-5-1685

印刷・製本　株式会社ティーケー出版印刷

ISBN978-4-639-02542-9 C0021
N.D.C.210　228p　21cm